| DEIN ONLINE-PLUS | ZUM FiNALE ARBEITSBUCH |

 # FiNALEonline.de

FiNALEonline.de ist die digitale Ergänzung zu deinem Arbeitsbuch. Hier findest du eine Vielzahl an Angeboten, die dich zusätzlich bei deiner Prüfungsvorbereitung in Mathematik unterstützen!

Das Plus für deine Prüfungsvorbereitung:

→ über 50 Lernvideos mit Schritt-für-Schritt-Erklärungen

→ Original-Prüfungsaufgaben mit Lösungen (bitte Code von S. 2 eingeben)

→ Tipps zur Prüfungsvorbereitung, die das Lernen erleichtern

Online-Grundlagentraining

Du hast noch Lücken aus den vorherigen Schuljahren? Kein Problem! Das Online-Grundlagentraining auf FiNALEonline.de hilft dir dabei, wichtigen Lernstoff nachzuarbeiten und zu wiederholen. Und so funktioniert es:

Unser Tipp für Lehrerinnen und Lehrer: Nutzen Sie unsere vielfältigen Arbeitsblätter auch für Ihren Unterricht.

Für Lehrerinnen und Lehrer:
Die Lehrerhandreichung für den optimalen Einsatz der Arbeitsbücher im Unterricht zum kostenlosen Download!

Für das Fach Mathematik stehen dir über 100 Aufgaben zu prüfungsrelevanten Grundlagen in kurzen Trainingseinheiten zur Verfügung.

Du übst lieber auf Papier? Dann klicke auf „PDF" und drucke dir die gewünschte Trainingseinheit einfach aus.

BUCHEMPFEHLUNG ZUM FiNALE ARBEITSBUCH

FiNALE Grundlagentraining Mathematik

Das FiNALE Grundlagentraining ist die ideale Ergänzung zu diesem Arbeitsbuch. Es bietet eine große Auswahl an Materialien, mit deren Hilfe du prüfungsrelevantes Grundlagenwissen auffrischen und aktiv trainieren kannst.

Folgende Inhalte werden in diesem Band behandelt:

- Arithmetik/Algebra, Funktionen, Geometrie, Stochastik
- die wichtigsten Begriffe und Symbole
- Größen, Umrechnungen und Zehnerpotenzen

Mit Formelsammlung und anschaulichen Lösungen

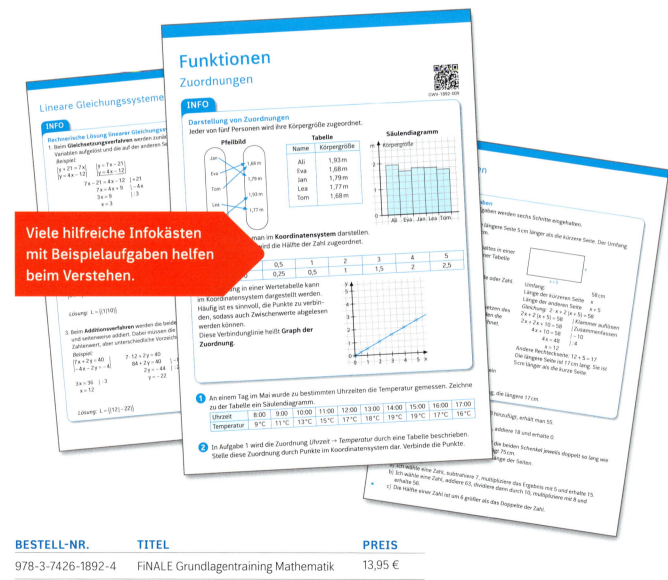

Viele hilfreiche Infokästen mit Beispielaufgaben helfen beim Verstehen.

BESTELL-NR.	TITEL	PREIS
978-3-7426-1892-4	FiNALE Grundlagentraining Mathematik	13,95 €

FiNALE Grundlagentraining gibt es auch für die Fächer Deutsch und Englisch.

westermann

FiNALE
Prüfungstraining

Nordrhein-Westfalen

**Mittlerer Schulabschluss,
Realschule, Hauptschule Typ B und
Gesamtschule Erweiterungskurs**

2023

Mathematik

Lösungen und Formelsammlung

Bernhard Humpert
Dr. Martina Lenze
Dr. Bernd Liebau
Ursula Schmidt
Peter Welzel

ISBN 978-3-7426-2308-9

Formelsammlung – Anforderungsniveau MSA

Ebene Figuren

Quadrat
Flächeninhalt:
$A = a \cdot a = a^2$

Umfang:
$u = 4 \cdot a$

Rechteck
Flächeninhalt:
$A = a \cdot b$

Umfang:
$u = 2 \cdot a + 2 \cdot b$

Dreieck
Flächeninhalt:
$A = \dfrac{g \cdot h}{2}$

Umfang:
$u = a + b + c$

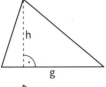
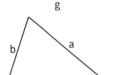

Parallelogramm
Flächeninhalt:
$A = g \cdot h$

Umfang:
$u = 2 \cdot a + 2 \cdot b$

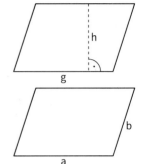

Trapez
Flächeninhalt:
$A = \dfrac{a+c}{2} \cdot h$

Umfang:
$u = a + b + c + d$

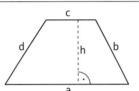

Kreis
Radius: r

Durchmesser: $d = 2 \cdot r$

Flächeninhalt: $A = \pi \cdot r^2$

Umfang: $u = 2 \cdot \pi \cdot r$

Kreissektor
Flächeninhalt:
$A = \pi \cdot r^2 \cdot \dfrac{\alpha}{360°}$

Kreisbogen:
$b = 2 \cdot \pi \cdot r \cdot \dfrac{\alpha}{360°}$

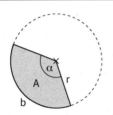

Kreisring
Flächeninhalt:
$A = A_1 - A_2$
$A = \pi \cdot r_1^2 - \pi \cdot r_2^2$

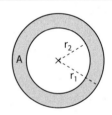

Beziehungen im rechtwinkligen Dreieck

Im rechtwinkligen Dreieck gilt:

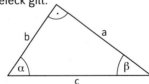

Die beiden *Katheten* a und b bilden einen rechten Winkel.
Die *Hypotenuse* c ist die längste Seite des Dreiecks und liegt dem rechten Winkel gegenüber.

Satz des Pythagoras
$a^2 + b^2 = c^2$

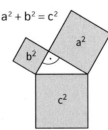

Trigonometrie
$\sin \alpha = \dfrac{a}{c} = \dfrac{\text{Gegenkathete von } \alpha}{\text{Hypotenuse}}$

$\cos \alpha = \dfrac{b}{c} = \dfrac{\text{Ankathete von } \alpha}{\text{Hypotenuse}}$

$\tan \alpha = \dfrac{a}{b} = \dfrac{\text{Gegenkathete von } \alpha}{\text{Ankathete von } \alpha}$

Maßeinheiten

Länge
Kilometer, Meter, Dezimeter, Zentimeter, Millimeter

1 km = 1000 m
1 m = 10 dm
1 dm = 10 cm
1 cm = 10 mm

Fläche
Quadratmeter, Quadratdezimeter, Quadratzentimeter, Quadratmillimeter

1 m² = 100 dm²
1 dm² = 100 cm²
1 cm² = 100 mm²

Anforderungsniveau MSA – Formelsammlung

Geometrische Körper

Würfel

Volumen:
$V = a \cdot a \cdot a = a^3$

Oberfläche:
$O = 6 \cdot a \cdot a = 6 \cdot a^2$

Quader

Volumen:
$V = a \cdot b \cdot c$

Oberfläche:
$O = 2 \cdot a \cdot b + 2 \cdot b \cdot c + 2 \cdot c \cdot a$

Prisma — Beispiel: Dreiecksprisma

Grundfläche: G

Höhe des Körpers: h_K

Umfang der Grundfläche: u

Volumen: $V = G \cdot h_K$

Mantelfläche: $M = u \cdot h_K$

Oberfläche: $O = 2 \cdot G + M$

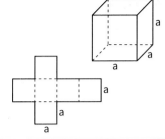

Zylinder

Grundfläche (Kreis): $G = \pi \cdot r^2$

Höhe des Körpers: h_K

Umfang der Grundfläche: $u = 2 \cdot \pi \cdot r$

Volumen: $V = G \cdot h_K$

Mantelfläche: $M = u \cdot h_K$

Oberfläche: $O = 2 \cdot G + M$

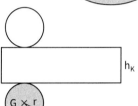

Pyramide — Beispiel: Quadratische Pyramide

Grundfläche: G

Höhe des Körpers: h_K

Höhe der Seitenfläche: s

Volumen: $V = \frac{1}{3} \cdot G \cdot h_K$

Mantelfläche: M

Oberfläche: $O = G + M$

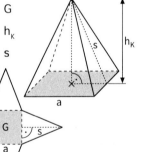

Kegel

Grundfläche (Kreis): $G = \pi \cdot r^2$

Höhe des Körpers: h_k

Länge der Mantellinie: s

Volumen: $V = \frac{1}{3} \cdot G \cdot h_K$

Mantelfläche: $M = \pi \cdot r \cdot s$

Oberfläche: $O = G + M$

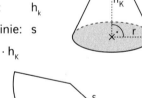

Kugel

Volumen: $V = \frac{4}{3} \cdot \pi \cdot r^3$

Oberfläche: $O = 4 \cdot \pi \cdot r^2$

Maßeinheiten

Volumen

Kubikmeter   Kubikdezimeter   Kubikzentimeter   Kubikmillimeter

$1\ m^3 = 1000\ dm^3$
$1\ dm^3 = 1000\ cm^3$
$1\ cm^3 = 1000\ mm^3$

Liter (ℓ) $1\ dm^3 = 1\ \ell = 1000\ m\ell$
$1\ cm^3 = 1\ m\ell$

Masse

Tonne   Kilogramm   Gramm   Milligramm

$1\ t = 1000\ kg$
$1\ kg = 1000\ g$
$1\ g = 1000\ mg$

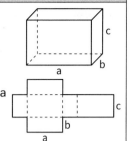

Formelsammlung – Anforderungsniveau MSA

Zentrische Streckung und Ähnlichkeitsbeziehungen

Bei einer zentrischen Streckung mit dem Zentrum Z und dem Streckungsfaktor k ($k \neq 0$) wird jeder Punkt P auf einen Bildpunkt P' abgebildet.

Es gilt:
- Z, P und P' liegen auf einer Geraden.
- $\overline{ZP'} = |k| \cdot \overline{ZP}$
- k > 0: P' und P liegen auf derselben Seite von Z
- k < 0: P' und P liegen auf gegenüberliegenden Seiten von Z

Beispiel: zentrische Streckung eines Dreiecks
k > 0

$$k = \frac{\overline{ZA'}}{\overline{ZA}} = \frac{\overline{ZB'}}{\overline{ZB}} = \ldots$$

außerdem gilt:
$$k = \frac{\overline{A'B'}}{\overline{AB}} = \frac{\overline{A'C'}}{\overline{AC}} = \ldots$$

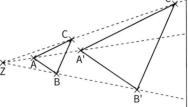

Original- und Bildfigur sind zueinander ähnlich, d. h. die Bildstrecken sind parallel zu den Orginalstrecken und die Winkelgrößen bleiben erhalten.

Prozent- und Zinsrechnung

Prozentrechnung

Grundwert: $G \triangleq 100\%$

$G = \frac{W}{p\%}$

Prozentsatz: $p\% = \frac{p}{100}$

$p\% = \frac{W}{G}$

Prozentwert: W

$W = G \cdot p\%$

	Anteil	Größe
	100 %	G
:100	1 %	$\frac{G}{100}$	:100
·p	p %	W	·p

Prozentsätze zur Orientierung

$1\% = \frac{1}{100} = 0{,}01$
$5\% = \frac{1}{20} = 0{,}05$
$10\% = \frac{1}{10} = 0{,}1$
$25\% = \frac{1}{4} = 0{,}25$
$33{,}\overline{3}\% = \frac{1}{3} = 0{,}\overline{3}$
$50\% = \frac{1}{2} = 0{,}5$

Zinsrechung

Kapital: $K \triangleq 100\%$
Zinssatz: p%
Zinsen: Z

Jahreszinsen

$Z = K \cdot p\%$

Monatszinsen
m: Anzahl der Monate
$Z_m = K \cdot p\% \cdot \frac{m}{12}$

Tageszinsen
t: Anzahl der Tage
$Z_t = K \cdot p\% \cdot \frac{t}{360}$

Zinseszins

Anfangskapital: K_0

Zinsfaktor: $q = 1 + \frac{p}{100}$

Anzahl der Jahre: n

Kapital mit Zinseszins Jahr für Jahr
1. Jahr: $K_1 = K_0 \cdot q$
2. Jahr: $K_2 = K_1 \cdot q$
⋮

Kapital mit Zinseszins nach n Jahren
$K_n = K_0 \cdot q^n$

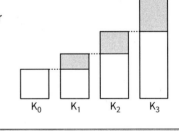

Diagramme

Werte darstellen
Säulendiagramm

Anteile darstellen
Streifendiagramm

| 30 % | 20 % | 50 % |

Balkendiagramm

Kreisdiagramm

$100\% \triangleq 360°$
$10\% \triangleq 36°$
$1\% \triangleq 3{,}6°$

Anforderungsniveau MSA – Formelsammlung

Daten

Häufigkeiten

absolute Häufigkeit:
Die absolute Häufigkeit gibt an, wie oft ein bestimmter Wert (Merkmal/Ergebnis/Ereignis) bei einer Befragung/einem Experiment auftritt.

relative Häufigkeit:
Die relative Häufigkeit gibt das Verhältnis von der absoluten Häufigkeit eines Wertes zu der Anzahl aller Werte an.

$$\text{relative Häufigkeit} = \frac{\text{absolute Häufigkeit}}{\text{Anzahl aller Werte}}$$

Daten sammeln und ordnen

Urliste:
In einer Urliste liegen alle Werte einer Befragung in der Reihenfolge vor, wie sie beobachtet wurden.

Rangliste:
In einer Rangliste liegen alle Werte einer Befragung in geordneter Reihenfolge vor, vom kleinsten zum größten Wert sortiert.

Mittelwerte

arithmetisches Mittel $\bar{x}$:
Das arithmetische Mittel (Durchschnittswert) ist die Summe aller Werte geteilt durch die Anzahl n der Werte.

$$\bar{x} = \frac{x_1 + x_2 + \ldots + x_n}{n}$$

Median $\tilde{x}$:
Der Wert, der in der Mitte einer Rangliste steht, heißt Median (Zentralwert).

Median bei ungerader Anzahl:
38; 39; <u>39</u>; 40; 43
         Median

$\tilde{x} = 39$

Median bei gerader Anzahl:
38; <u>39; 40</u>; 45
    Median

$\tilde{x} = 39$ oder $\tilde{x} = 40$
bzw.:
$(39 + 40) : 2 = 39{,}5$

Statistische Kennwerte im Boxplot darstellen

Minimum: x_{Min}
Maximum: x_{Max}
Spannweite: $x_{Max} - x_{Min}$
Median: $\tilde{x}$
unteres Quartil: q_u (Median der unteren Hälfte der Werte)
oberes Quartil: q_o (Median der oberen Hälfte der Werte)

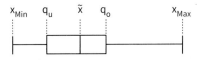

Wahrscheinlichkeitsrechnung

Laplace-Wahrscheinlichkeit

Laplace-Versuche sind Zufallsversuche, bei denen jedes Ergebnis gleich wahrscheinlich ist.

Für die Wahrscheinlichkeit P eines Ereignisses E gilt dann:

$$P(E) = \frac{\text{Anzahl der günstigen Ergebnisse}}{\text{Anzahl der möglichen Ergebnisse}}$$

Mehrstufige Zufallsversuche

Mehrstufige Zufallsversuche lassen sich in einem Baumdiagramm darstellen. Die Wahrscheinlichkeiten lassen sich mithilfe der Pfadregeln berechnen.

1. Pfadregel (Produktregel)
Die Wahrscheinlichkeit eines Ergebnisses E ist gleich dem Produkt der Wahrscheinlichkeiten entlang des zugehörigen Pfades.

$P(E) = p_1 \cdot p_2$

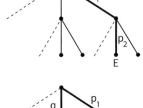

2. Pfadregel (Summenregel)
Die Wahrscheinlichkeit eines zusammengesetzten Ereignisses E ist gleich der Summe der einzelnen Wahrscheinlichkeiten der zugehörigen Ergebnisse.

$P(E) = P(E_1) + P(E_2) = p_1 \cdot p_2 + q_1 \cdot q_2$

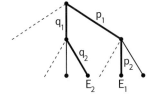

Formelsammlung – Anforderungsniveau MSA

Funktionen

Eine Funktion ist eine eindeutige Zuordnung. Dabei wird jeder Ausgangsgröße eine Größe zugeordnet. Eine Funktion kann auf unterschiedliche Weise angegeben werden:

Wortform
Beispiel:
„Jeder Zahl wird ihre Quadratzahl zugeordnet."

Zuordnungsvorschrift
$x \mapsto x^2$

Funktionsgleichung
$y = x^2$ oder $f(x) = x^2$

Wertetabelle

x	−2	−1	0	1	2
y	4	1	0	1	4

Graph

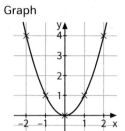

Schnittpunkte und Berührungspunkte mit den Koordinatenachsen:
Wenn $f(x_0) = 0$, dann ist x_0 eine Nullstelle von f. Der Graph von f schneidet oder berührt die x-Achse im Punkt $(x_0 | 0)$.
Wenn der Graph einer Funktion f die y-Achse schneidet, dann ist an der Stelle $x = 0$ der Schnittpunkt mit den Koordinaten $(0 | y_0)$.

Lineare Funktionen

allgemeine Geradengleichung
$g: y = m \cdot x + n$

Steigung der Geraden

$m = \dfrac{y_2 - y_1}{x_2 - x_1} \quad x_2 \neq x_1$

y-Achsen-Abschnitt: n

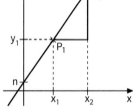

$m > 0$
die Gerade g steigt

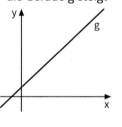

$m < 0$
die Gerade g fällt

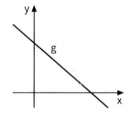

Eigenschaften von quadratischen Funktionen

gestreckte / gestauchte Parabel: $y = a \cdot x^2$

Normalparabel
$y = x^2$

Scheitelpunkt: $S(0|0)$

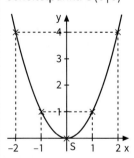

Streckfaktor: $a, a \neq 0$

Die Parabel ist gestreckt, wenn $a > 1$

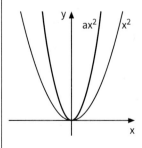

Die Parabel ist gestaucht, wenn $0 < a < 1$

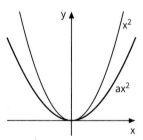

Die Parabel ist nach unten geöffnet, wenn $a < 0$

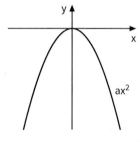

allgemeine Form
$y = a \cdot x^2 + b \cdot x + c, (a \neq 0)$

Schnittpunkt mit der y-Achse: $(0|c)$

Scheitelpunktform
$y = a \cdot (x - d)^2 + e, (a \neq 0)$

Scheitelpunkt: $S(d|e)$

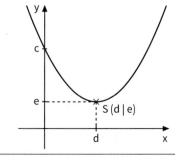

Anforderungsniveau MSA – Formelsammlung

Exponentialfunktionen und exponentielles Wachstum

allgemeine Form
$y = q^x \quad (q \in \mathbb{R}^+)$

Definitionsbereich: $x \in \mathbb{R}$

Wertebereich: $y \in \mathbb{R}^+$

Schnittpunkt mit der y-Achse: $(0|1)$

Kein Schnittpunkt mit der x-Achse

exponentielles Wachstum
$y = a \cdot q^x \quad (a \in \mathbb{R} \setminus \{0\}, q \in \mathbb{R}^+)$

Anfangswert (Startwert): a

Wachstumsfaktor: q

prozentuale Zunahme um p %:
$q > 1, q = 1 + \frac{p}{100}$

prozentuale Abnahme um p %:
$0 < q < 1, q = 1 - \frac{p}{100}$

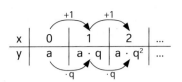

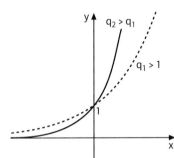

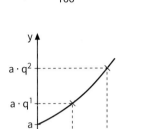

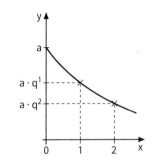

Sinusfunktion
$y = \sin \alpha$

Wertebereich: $-1 \leq y \leq 1$

Periode: 360°, also $\sin \alpha = \sin(\alpha + 360°)$

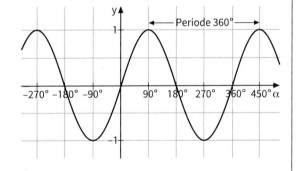

Binomische Formeln

$(a + b)^2 = a^2 + 2 \cdot a \cdot b + b^2 \qquad (a - b)^2 = a^2 - 2 \cdot a \cdot b + b^2 \qquad (a + b) \cdot (a - b) = a^2 - b^2$

Quadratische Gleichungen

Normalform:
$x^2 + p \cdot x + q = 0; \quad p, q \in \mathbb{R}$

Lösung: $x_{1/2} = -\frac{p}{2} \pm \sqrt{\left(\frac{p}{2}\right)^2 - q}$; wenn $\left(\frac{p}{2}\right)^2 - q \geq 0$

Es gibt keine Lösung, wenn $\left(\frac{p}{2}\right)^2 - q < 0$.

Potenz- und Wurzelgesetze

Potenzgesetze

$m, n \in \mathbb{Q}$, wenn $a, b \in \mathbb{R}^+$ oder $m, n \in \mathbb{Z}$, wenn $a, b \in \mathbb{R} \setminus \{0\}$

$a^m \cdot a^n = a^{m+n} \qquad a^n \cdot b^n = (a \cdot b)^n \qquad (a^m)^n = a^{m \cdot n} \qquad a^0 = 1$

$a^m : a^n = a^{m-n} \qquad a^n : b^n = (a : b)^n \qquad \qquad \qquad a^{-n} = \frac{1}{a^n}$

Wurzelgesetze

$a, b \in \mathbb{R}_0^+ \quad$ und $\quad m, n \in \mathbb{N} \qquad \sqrt[n]{a} = a^{\frac{1}{n}}$

$\sqrt[n]{a} \cdot \sqrt[n]{b} = \sqrt[n]{a \cdot b} \qquad \frac{\sqrt[n]{a}}{\sqrt[n]{b}} = \sqrt[n]{\frac{a}{b}} \quad (b > 0) \qquad \sqrt[n]{\sqrt[m]{a}} = \sqrt[m]{\sqrt[n]{a}} = \sqrt[m \cdot n]{a} \qquad (\sqrt[n]{a})^m = \sqrt[n]{a^m} = a^{\frac{m}{n}}$

Kurzlösungen – Eingangstest Teil A Basisaufgaben

Arithmetik/Algebra (Eingangstest)

1 **Rechnen und Ordnen**
a) (1) 6   (2) 0,9   (3) 1   (4) 11,9   (5) −2,9   (6) 5
b) $-0,7 < -\frac{1}{2} < 0,5 < 0,6 < \frac{3}{4} < \frac{4}{3} < 1\frac{3}{5}$

2 **Prozente**
a) 75 €   b) 5 %   c) 200 kg   d) 24,80 €

3 **Gleichungssysteme**
a) $x = 2, y = -1$
b) Breite 6,5 cm, Länge 8,5 cm

4 **Schätzen**
Oberfläche Schokoladentafel: 30 000 mm²   Höhe Kirchturm: 0,085 km
Volumen Badewasser: 320 l, also ca. 0,300 m³

5 **Wintercheck**
a) C3   b) 16,50 €   c) =Summe(D3:D8)   d) =D10*0,19; =D10*B11/100

6 **Aussagen**
a) (1) Ja   (2) Nein   (3) Ja   (4) Nein
b) $x = 32$ (1) Max 32 Jahre; Vera 28 Jahre   (2) 1. Tag 32 km; 2. Tag 28 km

Funktionen (Eingangstest)

7 **Zuordnungen**
Richtig anzukreuzen ist jeweils …
a) p (proportional)   b) k (keines von beiden)
c) a (antiproportional)   d) k (keines von beiden)

8 **Gleichungen und Graphen**
$g_1: y = -x - 2$ $g_3: y = 2x^2$ $g_5: y = x - 2$
$g_2: y = -0,5x^2$ $g_4: y = -x + 2$ $g_6: y = x^2 + 2x + 2$

9 **Parabeln in verschiedenen Darstellungen**
Scheitelpunktform: $f(x) = 2(x - 3)^2 - 15$ Allgemeine Form: $f(x) = 2x^2 - 12x + 3$

10 **Lineare Funktion – Füllmenge**
a) 150 l   b) Abnahme pro Minute: 2 l   c) $y = -2x + 150$

11 **Exponentielles Wachstum**
Nach 5 Jahren hat die Stadt ca. 46 371 Einwohner.

Geometrie (Eingangstest)

12 **Rechteck**
Weil a = 8 cm und der Umfang u = 2a + 2b = 30 cm, ist b = 7 cm.
Damit ist der Flächeninhalt A = a · b = 56 cm².

Teil A Basisaufgaben – Eingangstest

13 Dreieck im Koordinatensystem
a) P(−1|3); Q(−1|−2); R(4|−1)
b) g = 5 cm; h = 5 cm; A = $\frac{5\,cm \cdot 5\,cm}{2}$ = 12,5 cm²
c) Die Figur PQRS ist ein Parallelogramm.
d) A = g · h → A = 5 cm · 5 cm = 25 cm²

14 Umzug
Volumen eines Kartons: V = 0,6 m · 0,33 m · 0,34 m = 0,06732 m³
90 Kartons haben das Volumen 90 · 0,06732 m³ = 6,0588 m³.
Zu empfehlen ist der Transporter mit dem Ladevolumen von 9,5 m³.

15 Zylinder
a) Netz:
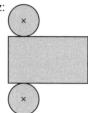

b) O = 2 · π · r² + 2 · π · r · h
O = 2 · π · (14 cm)² + 2 · π · 14 cm · 8 cm
O ≈ 1 935 cm²

16 Buchstaben-Design
$\overline{CD}$ = $\frac{1}{3}$ · $\overline{AB}$ = $\frac{1}{3}$ · 6 cm = 2 cm

$\overline{SC}$ = $\frac{2\,cm \cdot 6{,}7\,cm}{6\,cm}$ $\overline{SC}$ = 2,2$\overline{3}$ cm   Die Strecke in der Zeichnung sollte ungefähr 2,2 cm lang sein.

17 Drachen
a) a² + b² = e²   e ≈ 35,36 cm   f = 3 · $\frac{e}{2}$ = 3 · 17,68 cm = 53,04 cm
b) c² = $\left(\frac{e}{2}\right)^2$ + e²;   c ≈ 39,53 cm
u = 2 · 25 cm + 2 · 39,53 cm ≈ 129 cm
Die Schnur rund um den Drachen ist ungefähr 130 cm lang.

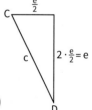

18 Winkel
a) β = 180° − 40° = 140° (Nebenwinkel von α)   δ = 140° (Stufenwinkel zu β)
γ = 40° (Scheitelwinkel zu α)   ε = 140° (Wechselwinkel zu β)
b) α = 105°, also β = 75°, γ = 105°, δ = ε = β = 75°

Daten und Zufall (Eingangstest)

19 Tablet
a) Median: 269 €, Spannweite: 68 €, arithmetisches Mittel: 275,20 €
b) Beim sechsten Angebot kostet das Tablet 208 €.

20 Nutzflächen in Deutschland
a) 1 mm ≙ 4 000 km²

b)/c)

	(1) Flächeninhalt (in km²)	(2) Relative Häufigkeit (in %)	(3) Winkel im Kreisdiagramm	(3) mm im Streifendiagramm
Landwirtschaft	181 000	50,6	182°	51 mm
Wald	107 000	30,0	108°	30 mm
Siedlung und Verkehr	51 500	14,4	52°	14 mm
sonstige Fläche	18 000	5,0	18°	5 mm
Gesamtfläche	357 500	100,0	360°	100 mm

21 Farbige Kugeln
a) P(blau) = 20 %
b) P(nicht rot) = 70 %

22 Würfel
a) P(4) = $\frac{1}{3}$
b) P(größer als 3) = $\frac{5}{6}$
c) Das war vermutlich der Würfel (1).

Übungsaufgaben Teil A Basisaufgaben

Arithmetik/Algebra (Übungsaufgaben)

S. 14

1 a) $1{,}2 \cdot 7{,}6 = 9{,}12$
b) $0{,}45 \cdot 10{,}5 = 4{,}725$
c) $\frac{2}{5} + \frac{3}{10} = \frac{4}{10} + \frac{3}{10} = \frac{7}{10}$
d) $\frac{1}{3} + \frac{2}{5} = \frac{5}{15} + \frac{6}{15} = \frac{11}{15}$
e) $\frac{1}{3} \cdot \frac{2}{5} = \frac{2}{15}$
f) $\frac{1}{3} : \frac{2}{5} = \frac{1}{3} \cdot \frac{5}{2} = \frac{5}{6}$

2 (1) $(11 - 8) : 5 = 0{,}6$ (2) $\frac{1}{5} \cdot (-2)^3 = \frac{1}{5} \cdot (-8) = -1{,}6$ (3) $(2{,}9 - 5{,}7) : 2 = -1{,}4$
(4) $2{,}5 + (-3) \cdot 1{,}5 = 2{,}5 - 4{,}5 = -2$ (5) $4{,}8 \cdot x = -1{,}2 \quad x = -\frac{1}{4}$

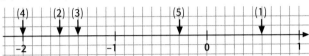

3 Es ist besser, die Zahlen zum Vergleich dezimal zu schreiben.
a) $0{,}4 \mid \frac{3}{6} = 0{,}5 \mid 0{,}38 \mid \frac{1}{4} = 0{,}25 \mid \frac{3}{8} = 0{,}375 \mid 0{,}44$
$\frac{1}{4} < \frac{3}{8} < 0{,}38 < 0{,}4 < 0{,}44 < \frac{3}{6}$
b) $-1\frac{1}{2} = -1{,}5 \mid -\frac{7}{5} = -1{,}4 \mid -\frac{3}{4} = -0{,}75 \mid -0{,}8 \mid -\frac{11}{8} = -1{,}375 \mid -1{,}3$
Bei negativen Zahlen (z. B. $-7; -3$) hat die größere Zahl (-3) den kleineren Betrag $|-3| < |-7|$.
$-1\frac{1}{2} < -\frac{7}{5} < -\frac{11}{8} < -1{,}3 < -0{,}8 < -\frac{3}{4}$
c) $0{,}7 \mid -\frac{3}{4} = -0{,}75 \mid -1{,}34 \mid \frac{4}{5} = 0{,}8 \mid -\frac{4}{3} = -1{,}\overline{3} \mid \frac{17}{20} = 0{,}85$
$-1{,}34 < -\frac{4}{3} < -\frac{3}{4} < 0{,}7 < \frac{4}{5} < \frac{17}{20}$
d) $2{,}8 \mid -0{,}41 \mid -\frac{2}{5} = -0{,}4 \mid \frac{29}{10} = 2{,}9 \mid -\frac{9}{2} = -4{,}5 \mid 2{,}805$
$-\frac{9}{2} < -0{,}41 < -\frac{2}{5} < 2{,}8 < 2{,}805 < \frac{29}{10}$

S. 15

1 a) $0{,}4 \cdot 650\,€ = 260\,€$ b) $0{,}23 \cdot 40\,\text{m} = 9{,}20\,\text{m}$

2 Gegeben: $p\,\% = 45\,\% = 0{,}45$; $W = 288\,\text{m}$ Gesucht: G
Formel: $G = \frac{W}{p\,\%}$ $G = \frac{288\,\text{m}}{0{,}45} = 640\,\text{m}$ Die gesamte Strecke ist 640 m lang.

3 a) $\frac{3\,\text{kg}}{60\,\text{kg}} = 0{,}05 = 5\,\%$ b) $\frac{12\,\text{cm}}{120\,\text{cm}} = 0{,}1 = 10\,\%$

4 a) $Z = 3200\,€ \cdot 0{,}005 = 16\,€$ b) $Z = 560\,€ \cdot 0{,}012 = 6{,}72\,€$ (pro Jahr)
Zinsen für 6 Monate: 3,36 €

5 a) $0{,}035 \cdot 550\,€ = 19{,}25\,€$ b) $550\,€ + 19{,}25\,€ = 569{,}25\,€$

6 a) Restlicher Kaufpreis: $32\,000\,€ - 4\,000\,€ = 28\,000\,€$
$0{,}08 \cdot 28\,000\,€ = 2240\,€$
Der Rabatt beträgt 2240 €.
b) Ersparnis $4\,000\,€ + 2240\,€ = 6240\,€$
$\frac{6240\,€}{32\,000\,€} = 0{,}195 = 19{,}5\,\%$
Familie Özdemir spart 19,5 % vom Kaufpreis.

Teil A Basisaufgaben – Übungsaufgaben

1 Es sind immer mehrere Lösungsverfahren möglich. Abgebildet wird jeweils eine Lösung.

a) Lösung mit dem Gleichsetzungsverfahren
- I. $x + 9y = -41$
- II. $x - 4y = 24$

Ia. $x = -41 - 9y$
IIa. $x = 24 + 4y$

Ia. = IIa. $24 + 4y = -41 - 9y$ $\quad |+9y - 24$
$\qquad\qquad 13y = -65 \quad |:13$
$\qquad\qquad y = -5$

y eingesetzt in IIa. $x = 24 + 4 \cdot (-5)$
$\qquad\qquad x = 24 - 20$
$\qquad\qquad x = 4$

Lösung: $x = 4$ und $y = -5$

b) Lösung mit dem Einsetzungsverfahren
- I. $x + 5y = 17$
- II. $2x - 4y = 20$

Ia. $x = 17 - 5y$

Ia. in II. eingesetzt:
$2 \cdot (17 - 5y) - 4y = 20$
$34 - 10y - 4y = 20 \quad |-34$
$-14y = -14 \quad |:(-14)$
$y = 1$

y eingesetzt in Ia. $x = 17 - 5 \cdot 1$
$\qquad\qquad x = 12$

Lösung: $x = 12$ und $y = 1$

c) Lösung mit dem Additionsverfahren
- I. $2x - 3y = 8 \quad |\cdot 2$
- II. $5x + 6y = 20$

Ia. $4x - 6y = 16$
II. $5x + 6y = 20$

Ia. + II.: $9x = 36 \quad |:9$
$\qquad\qquad x = 4$

x eingesetzt in I.: $2 \cdot 4 - 3y = 8 \quad |-8$
$\qquad\qquad -3y = 0 \quad |:(-3)$
$\qquad\qquad y = 0$

Lösung: $x = 4$ und $y = 0$

d) Lösung mit dem Subtraktionsverfahren
- I. $3x + 4y = 1 \quad |\cdot 2$
- II. $6x + 8y = 0$

Ia. $6x + 8y = 2$
II. $6x + 8y = 0$

Ia. – II. $0 = 2$

Dies ist jedoch für alle Wertepaare x und y falsch. Deshalb gibt es keine Lösungen.

2 x: Anzahl der kleinen Scheine (5-€-Scheine); y: Anzahl der größeren Scheine (10-€-Scheine)
- I. $5x + 10y = 50$
- II. $x = 3y$

x eingesetzt in I.: $5 \cdot 3y + 10y = 50$
$\qquad\qquad 25y = 50 \quad |:25$
$\qquad\qquad y = 2$

y eingesetzt in II.: $x = 3 \cdot 2$
$\qquad\qquad x = 6$

Es sind zwei 10 €-Scheine und sechs 5-€-Scheine.

3 Lösung mit Gleichungen:
x = Preis der Flasche (in €); y = Preis des Korkens (in €)
- I. $x + y = 1{,}1$
- II. $x = y + 1$

II. eingesetzt in I.: $(y + 1) + y = 1{,}1$
$\qquad\qquad 2y + 1 = 1{,}1 \quad |-1$
$\qquad\qquad 2y = 0{,}1 \quad |:2$
$\qquad\qquad y = 0{,}05$

y eingesetzt in II.: $x = 0{,}05 + 1 = 1{,}05$

Die Flasche kostet 1,05 € und der Korken 0,05 € (5 Cent).

4 a)
- I. $a + b = 43$
- II. $a - b = 9$

I. + II. $2a = 52 \quad |:2$
$\qquad\qquad a = 26$

a eingesetzt in I.: $26 + b = 43 \quad |-26$
$\qquad\qquad b = 17$

Lösung: $a = 26$ und $b = 17$

Übungsaufgaben – Teil A Basisaufgaben

S. 16

b) I. $a + 12 = 3b$ $|-12$
II. $4b - 6a = 2$

Ia. $a = 3b - 12$

a eingesetzt in II.:
$4b - 6(3b - 12) = 2$
$4b - 18b + 72 = 2$
$-14b + 72 = 2$ $|-72$
$-14b = -70$ $|:(-14)$
$b = 5$

b eingesetzt in I.: $a = 15 - 12$
$a = 3$

Lösung: $a = 3$ und $b = 5$

S. 17

1 Eine Schülerin ist ungefähr 5 Zeitstunden pro Tag, 5 Tage in der Woche, 40 Wochen im Jahr und 10 Jahre in der Schule.
$5\,h \cdot 5 \cdot 40 \cdot 10 = 10\,000\,h$; $10\,000\,h = 10\,000 \cdot 60 \cdot 60\,s = 36\,000\,000\,s$
[x] 36 000 000 s muss angekreuzt werden.

2 Ein 20-€-Schein ist 133 mm lang und 72 mm breit.
Flächeninhalt: $A = 133\,mm \cdot 72\,mm = 9576\,mm^2$
[x] 9576 mm² muss angekreuzt werden.

3 a) Es ist hilfreich, die gegebenen Größen in m² umzurechnen.
72 m², 720 dm² = 7,2 m², 720 000 mm² = 0,72 m², 7 200 dm² = 72 m²
Weniger als 1 m² kann nicht zutreffend sein. 72 m² ist zu groß.
[x] 720 dm² muss angekreuzt werden.

b) Um die Mengen besser vergleichen zu können, rechnet man alle Angaben in die Einheit m³ um:
37 hl = 3 700 l = 3,7 m³, 370 000 ml = 0,37 m³, 0,037 m³, 37 000 l = 37 m³   (1 m³ = 1 000 l)
3,7 m³ oder gar 37 m³ sind sicherlich zu viel; 0,037 m³ sind gerade einmal 37 l und sicherlich zu wenig.
[x] 370 000 ml muss angekreuzt werden.

4 a) 35 cm = 350 mm   b) 2,5 m² = 250 dm²   c) 85 min = 5 100 s

5 a) 56 000 mm = 5 600 cm   b) 5 050 m² = 50,5 a   c) 150 min = 2,5 h

6 a) 500 g = 0,5 kg   c) 25 ha = 250 000 m²   e) 4 500 l = 4,5 m³   g) 1,2 h = 72 min
b) 1,8 t = 1 800 kg   d) 4 600 cm² = 0,46 m²   f) 180 s = 3 min

S. 18

1 ☐ 1 000 € – 19 € ist falsch, weil 19 % ein Anteil vom Grundwert ist und kein Geldbetrag.
☐ 1 000 € – 190 € ist falsch, weil hier 19 % von 1 000 € = 190 € berechnet wurden. Damit wird von einem falschen Grundwert ausgegangen. Der richtige Grundwert ist der Preis **vor** dem Aufschlag der Mehrwertsteuer. Diesen nennt man auch Nettopreis.
☐ 1 000 € : 0,19 ist falsch.
Um den Bruttopreis zu erhalten, wird die Mehrwertsteuer zum Nettopreis addiert. Hier gilt:
Nettopreis + Mehrwertsteuer = Nettopreis + (Nettopreis · 0,19) = Nettopreis · (1 + 0,19) = Nettopreis · 1,19 = 1 000 €
Der richtige Ansatz zur Berechnung des Nettopreises (vor dem Aufschlag durch die Mehrwertsteuer) ist also:
[X] 1 000 € : 1,19

2 a) Formel für Zelle D2: =B2*C2   c) Formel für Zelle E3: =B3/(A3–A2)*100

a), b)

	A	B	C	D	E
1	Kilometer	Liter	Preis pro Liter	Gesamtpreis	Verbrauch in Liter auf 100 km
2	35000	35,7	1,46 €	52,12 €	----
3	35867	49,4	1,62 €	80,03 €	5,7
4	36422	29,4	1,55 €	45,57 €	5,3
5	37225	52,5	1,52 €	79,80 €	6,5

Teil A Basisaufgaben – Übungsaufgaben

S.18 **3** Formeln: C3: =A3*B3   C7: =Summe(C3:C5)   C8: =C7*0,19

S.19 **1** a) $3x - 7 = 35$ $|+7$
$3x = 42$ $|:3$
$x = 14$

b) $9 - 4x = 13$ $|-9$
$-4x = 4$ $|:(-4)$
$x = -1$

c) $8 - (2x + 6) = 5x + 16$
$8 - 2x - 6 = 5x + 16$
$2 - 2x = 5x + 16$ $|-2$
$-2x = 5x + 14$ $|-5x$
$-7x = 14$ $|:(-7)$
$x = -2$

d) $7(2 - 5)x = (9 - x) \cdot 5 - 1$
$14 - 35x = 45 - 5x - 1$
$14 - 35x = 44 - 5x$ $|-14$
$-35x = 30 - 5x$ $|+5x$
$-30x = 30$ $|:(-30)$
$x = -1$

2 Preis für einen Stift: x €
$3 \cdot 1{,}25 \text{ €} + 8{,}85 \text{ €} + 8x = 16{,}04 \text{ €}$
$12{,}60 \text{ €} + 8x = 16{,}04 \text{ €}$ $|-12{,}60 \text{ €}$
$8x = 3{,}44 \text{ €}$ $|:8$
$x = 0{,}43 \text{ €}$
Ein Stift kostet 0,43 €.

3 a) $9x - 7 = 47$ $|+7$
$9x = 54$ $|:9$
$x = 6$

b) $\frac{x}{3} + 17 = 30$ $|-17$
$\frac{x}{3} = 13$ $|\cdot 3$
$x = 39$

c) $8x - 9 = 6x + 3$ $|+9$
$8x = 6x + 12$ $|-6x$
$2x = 12$ $|:2$
$x = 6$

4 (1) Preis der Kinokarte für eine Person: x
Preis für Popcorn: 17 €
Gleichung: $5x + 17 = 57$.   Passt.
(2) Preis für 1 Flasche Wein: x; Preis für 1 Flasche Sekt: y
Gleichung: $5x + 17y = 57$.   Passt nicht.
(3) Hierzu lässt sich keine sinnvolle Gleichung aufstellen.
(4) Ladung des kleinen Lkw: x; Ladung des großen Lkw: 17
Gleichung: $5x + 17 = 57$.   Passt.
(5) Länge des Rechtecks: x; Breite des Rechtecks: 5
Gleichung: $5x + 17 = 57$ Passt.

Funktionen (Übungsaufgaben)

S.20 **1** Zuordnung (A) ist proportional, weil zum Doppelten der Ausgangsgröße das Doppelte der zugeordneten Größe gehört bzw. weil der Quotient Preis/Anzahl immer 0,5 ist.
Zuordnung (B) ist nicht proportional, weil z. B. der Summe der beiden Ausgangsgrößen 2 und 3 nicht die Summe der jeweils zugeordneten Größen (1200 m + 1800 m = 3000 m) zugeordnet wird.

2 a) Bei proportionalen Zuordnungen ist der **Quotient** aus Ausgangs- und Eingangsgröße stets gleich. Beim ersten Zahlenpaar beträgt dieser Quotient $4{,}5 : 1{,}5 = 3$.
Also:

x	1,5	3
y	4,5	9

$3 \cdot 3$

b) Bei antiproportionalen Zuordnungen ist das **Produkt** aus Ausgangs- und Eingangsgröße stets gleich. Beim ersten Zahlenpaar beträgt dieses Produkt $20 \cdot 7{,}5 = 150$.
Also:

x	7,5	2,5
y	20	60

$150 : 2{,}5$

oder: Weil zu einem Drittel der Ausgangsgröße das Dreifache der zugeordneten Größe gehört.

Übungsaufgaben – Teil A Basisaufgaben

S. 20

3 Es handelt sich um eine antiproportionale Zuordnung.
Wir lösen die Aufgabe mit dem Dreisatz:

Anzahl	Länge (in cm)
20	12
1	240
15	16

: 20 / · 20
· 15 / : 15

Du erhältst 15 Stücke, die jeweils 16 cm lang sind.

4 Es handelt sich um eine proportionale Zuordnung.
Wir lösen die Aufgabe mit dem Dreisatz:

Weg (in km)	Zeit (in min)
16	40
1	2,5
10	25
2	5
48	120

: 16 / : 16
· 10 / · 10
: 5 / : 5
· 24 / · 24

Das Schiff legt bei gleichbleibender Durchschnittsgeschwindigkeit in 25 Minuten 10 km zurück, in 5 Minuten 2 km und in 120 Minuten 48 km.

5

1)  2)  3) 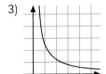 4)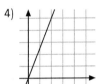

1: Die Kochzeit ist bei haushaltsüblichen Mengen unabhängig von der Anzahl der Eier; also handelt es sich um eine konstante Funktion.

2: Durch die 3 € Grundgebühr schneidet der Graph die y-Achse bei 3 und hat eine konstante Steigung; also handelt es sich um eine lineare, aber nicht proportionale Funktion.

3: Verdoppelt sich die durchschnittliche Geschwindigkeit, so halbiert sich die Fahrdauer und es gilt: durchschnittliche Geschwindigkeit (in $\frac{km}{h}$) · Fahrdauer (in h) = 10. Also handelt es sich um eine antiproportionale Funktion.

4: Da man für 0 kg Kartoffeln nichts bezahlen muss, geht der Graph der Funktion durch den Ursprung und wächst – wenn keine Mengenrabatte auf die Kartoffeln gegeben werden – dann mit konstanter Steigung; also handelt es sich um eine proportionale Funktion.

S. 21

1 a)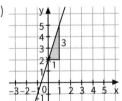

Der y-Achsenabschnitt ist 2,
die Steigung ist + 3.
Die zugehörige Funktionsgleichung
lautet also: $y = 3x + 2$

b)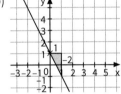

Der y-Achsenabschnitt ist 1,
die Steigung ist – 2.
Die zugehörige Funktionsgleichung
lautet also: $y = -2x + 1$

c)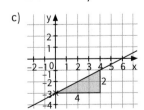

Der y-Achsenabschnitt ist – 3,
die Steigung ist + $\frac{1}{2}$.
Die zugehörige Funktionsgleichung
lautet also: $y = \frac{1}{2}x - 3$

d)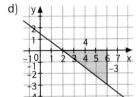

Der y-Achsenabschnitt ist 1,5. Die
Steigung ist $-\frac{3}{4}$. Die zugehörige Funktionsgleichung lautet also:
$y = -\frac{3}{4}x + 1,5$

Teil A Basisaufgaben – Übungsaufgaben

2 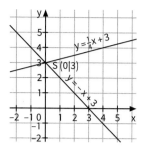 Die Koordinaten des Schnittpunkts S lauten: S(0|3)

3 *Zeichnerische Lösung:*
Wenn man die beiden Punkte A(−2|5) und B(3|2,5) ins Koordinatensystem einzeichnet, kann man die Funktionsgleichung mithilfe des y-Achsenabschnitts und der Steigung bestimmen.
Aus der Darstellung im Koordinatensystem ist abzulesen:
Der y-Achsenabschnitt ist 4. Die Steigung ist $-\frac{1}{2}$. Die zugehörige Funktionsgleichung lautet also:
$y = -\frac{1}{2}x + 4$

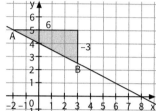

Rechnerische Lösung:
Die Steigung m kann man berechnen, indem man den Unterschied der y-Werte geteilt durch den Unterschied der x-Werte der beiden Punkte A(−2|5) und B(3|2,5) bestimmt.
$m = \frac{5-2,5}{-2-3} = \frac{2,5}{-5} = -\frac{1}{2}$
Der Funktionsterm lautet also: $y = -\frac{1}{2}x + n$.

Den y-Achsenabschnitt n kann man bestimmen, indem man die Koordinaten eines der beiden Punkte A oder B in die halbfertige Funktionsgleichung $y = -\frac{1}{2}x + n$ einsetzt und dann die Gleichung nach n auflöst.
Für den Punkt A(−2|5) sieht das so aus:
$5 = -\frac{1}{2} \cdot (-2) + n$ | Zusammenfassen
$5 = 1 + n$ | −1
$4 = n$
Die zugehörige Funktionsgleichung lautet also: $y = -\frac{1}{2}x + 4$.

4 a) Die Parabel g ist eine um 1 nach oben verschobene Normalparabel. Zu ihr gehört die Funktionsgleichung (1):
$y = x^2 + 1$.
Die Parabel f ist enger als die Normalparabel und um 1 nach oben verschoben. Zu ihr gehört die Funktionsgleichung (3):
$y = 2x^2 + 1$.
Die Parabel h ist nach oben geöffnet und breiter als die Normalparabel, also muss gelten $0 < |a| < 1$. Sie schneidet die y-Achse bei y = −4. Dazu passt nur die Funktionsgleichung (4):
$y = 0,5x^2 - 2x - 4$.
Die Parabel k ist nach unten geöffnet und schneidet die y-Achse bei y = −1. Dazu passt nur die Funktionsgleichung (2):
$y = -x^2 + 2x - 1$.

b) Die Scheitelpunkte der Parabeln mit den Gleichungen (1) bis (4) kann man aus dem Koordinatensystem ablesen.
$S_1(0|1)$ $S_2(1|0)$ $S_3(0|1)$ $S_4(2|-6)$

Übungsaufgaben – Teil A Basisaufgaben

S. 21

5 a) Wertetabelle zu (1): $y = x^2 - 3$

x	-3	-2	-1	0	1	2	3
y	6	1	-2	-3	-2	1	6

Wertetabelle zu (2): $y = -x^2 + 2x - 6$

x	-3	-2	-1	0	1	2	3
y	-21	-14	-9	-6	-5	-6	-9

b) Mithilfe der Wertetabellen aus a) kannst du die Parabeln im Koordinatensystem skizzieren und anschließend die Scheitelpunkte ablesen.

$S_1(0|-3)$
$S_2(1|-5)$

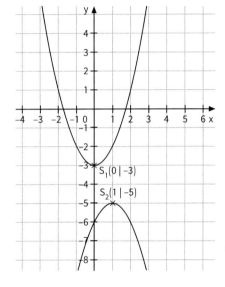

S. 22

1 a) Um die gesuchte Scheitelpunktform aufzustellen, notiert man erstmal alle gegebenen Werte.
Aus $S(2|-3)$ folgt: $d = 2$ und $e = -3$. Zudem ist der Faktor a gegeben: $a = 0{,}5$
Diese Werte setzt man in die Scheitelpunktform ein:
$f(x) = 0{,}5(x - 2)^2 - 3$
Die allgemeine Form der quadratischen Funktion erhält man dann, indem man die Gleichung umformt:

$f(x) = 0{,}5(x - 2)^2 - 3$ | bin. Formel anwenden
$f(x) = 0{,}5(x^2 - 4x + 4) - 3$ | Ausmultiplizieren
$f(x) = 0{,}5 x^2 - 2x + 2 - 3$ | Zusammenfassen
$f(x) = 0{,}5 x^2 - 2x - 1$

2 a) $y = x^2 + 4x + 1$ | quadratische Ergänzung
$y = x^2 + 4x + 2^2 - 2^2 + 1$ | erste bin. Formel
$y = (x + 2)^2 - 2^2 + 1$ | Zusammenfassen
$y = (x + 2)^2 - 3$
Scheitelpunkt: $S(-2|-3)$

b) $y = 2x^2 - 20x + 2$ | Ausklammern
$y = 2(x^2 - 10x + 1)$ | quadratische Ergänzung
$y = 2(x^2 - 10x + 5^2 - 5^2 + 1)$ | zweite bin. Formel
$y = 2((x - 5)^2 - 5^2 + 1)$ | Zusammenfassen
$y = 2((x - 5)^2 - 24)$ | teilweise Ausmultiplizieren
$y = 2(x - 5)^2 - 48$
Scheitelpunkt: $S(5|-48)$

c) $y = -0{,}5x^2 + 8x + 4$ | Ausklammern
$y = -0{,}5(x^2 - 16x - 8)$ | quadratische Ergänzung
$y = -0{,}5(x^2 - 16x + 8^2 - 8^2 - 8)$ | zweite bin. Formel
$y = -0{,}5((x - 8)^2 - 8^2 - 8)$ | Zusammenfassen
$y = -0{,}5((x - 8)^2 - 72)$ | teilweise Ausmultiplizieren
$y = -0{,}5(x - 8)^2 + 36$
Scheitelpunkt: $S(8|36)$

Teil A Basisaufgaben – Übungsaufgaben

S. 22

d) $y = -4x^2 - 12x + 2$ | Ausklammern
$y = -4(x^2 + 3x - 0,5)$ | quadratische Ergänzung
$y = -4(x^2 + 3x + 1,5^2 - 1,5^2 - 0,5)$ | erste bin. Formel
$y = -4((x + 1,5)^2 - 1,5^2 - 0,5)$ | Zusammenfassen
$y = -4((x + 1,5)^2 - 2,75)$ | teilweise Ausmultiplizieren
$y = -4(x + 1,5)^2 + 11$
Scheitelpunkt: $S(-1,5 | 11)$

3 a) Aus der Scheitelpunktform $f(x) = a(x - d)^2 + e$ kann man die Koordinaten des Scheitelpunkts der zugehörigen Parabel direkt ablesen: $S(d|e)$
Die Parabel mit der Gleichung $f(x) = -1,5(x + 4)^2 + 8$ hat also den Scheitelpunkt $S(-4|8)$.

b) So kann man die Parabel mit der Gleichung $f(x) = -1,5(x + 4)^2 + 8$ aus der Normalparabel gewinnen:
- Man streckt die Normalparabel mit dem Faktor $a = -1,5$.
- Die entstandene Parabel ist eine nach unten geöffnete, gegenüber der Normalparabel gestreckte (engere) Parabel.
- Da $d = -4$ und $e = 8$ gilt, muss man nun noch den Scheitelpunkt der Parabel um 4 Einheiten entlang der x-Achse nach links und um 8 Einheiten parallel zur y-Achse nach oben verschieben.

c) $f(x) = -1,5(x + 4)^2 + 8$ | erste bin. Formel anwenden
$f(x) = -1,5(x^2 + 8x + 16) + 8$ | Ausmultiplizieren
$f(x) = -1,5x^2 - 12x - 24 + 8$ | Zusammenfassen
$f(x) = -1,5x^2 - 12x - 16$

4 Falls Lukas recht hat, müssten sich alle drei Gleichungen durch Umformungen auf dieselbe Form bringen lassen.
(1) $f(x) = (x - 1,5)^2 - 20,25$ | zweite bin. Formel anwenden
$f(x) = x^2 - 3x + 2,25 - 20,25$ | Zusammenfassen
$f(x) = x^2 - 3x - 18$
Damit gilt also: $f(x) = g(x)$

(3) $h(x) = (x + 3) \cdot (x - 6)$ | Ausmultiplizieren
$h(x) = x^2 - 6x + 3x - 18$ | Zusammenfassen
$h(x) = x^2 - 3x - 18$
Damit gilt also: $h(x) = g(x)$

Insgesamt folgt dann: $f(x) = g(x) = h(x)$. Lukas hat also recht.

5 a) $y = (x - 2)^2 - 1$ $S(2|-1)$ b) $y = (x + 4)^2 - 16$ $S(-4|-16)$
$(x - 2)^2 - 1 = 0$ $(x + 4)^2 - 16 = 0$
$(x - 2)^2 = 1$ $(x + 4)^2 = 16$
$x - 2 = 1$ oder $x - 2 = -1$ $x + 4 = 4$ oder $x + 4 = -4$
$x_1 = 3 \quad x_2 = 1$ $x_1 = 0 \quad x_2 = -8$

c) $y = 0,5(x + 4)^2 - 8$ $S(-4|-8)$ d) $y = -2,5(x + 1)^2 + 10$ $S(-1|10)$
$0,5(x + 4)^2 - 8 = 0$ | $+ 8$ $-2,5(x + 1)^2 + 10 = 0$ | -10
$0,5(x + 4)^2 = 8$ | $\cdot 2$ $-2,5(x + 1)^2 = -10$ | $:(-2,5)$
$(x + 4)^2 = 16$ $(x + 1)^2 = 4$
$x + 4 = 4$ oder $x + 4 = -4$ $x + 1 = \sqrt{4}$ oder $x + 1 = -\sqrt{4}$
$x_1 = 0 \quad x_2 = -8$ $x_1 = 1 \quad x_2 = -3$

S. 23

1 Bei der Sachsituation (A) wird für die Endreinigung 30 € verlangt, dazu passt der Graph g, der den y-Achsenabschnitt von 30 hat.
Bei der Sachsituation (B) handelt es sich um eine proportionale Zuordnung, da der doppelten Anzahl von Reisenden der doppelte Preis zugeordnet wird. Hierzu passt der Graph h, der im Ursprung beginnt.

Übungsaufgaben – Teil A Basisaufgaben

S. 23

2 a) Der Graph schneidet die y-Achse an der Stelle 100.
Am Anfang sind 100 kg Futter vorhanden.

b) Der Graph schneidet die x-Achse an der Stelle 20.
Nach 20 Tagen ist das Futter aufgebraucht.

c) Bei der Funktionsgleichung y = mx + n steht n für
den y-Achsenabschnitt und m für die Steigung.
Aus a) ist bekannt: n = 100
Aus b) kann man folgern: m = –5
Die Funktionsgleichung lautet also: y = –5x + 100

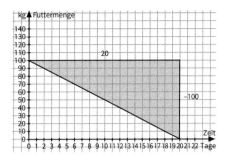

3 *1. Schritt:*
Um die Graphen der beiden linearen Funktionen in ein Koordinatensystem einzuzeichnen, kann man aus den Funktionsgleichungen den y-Achsenabschnitt und die Steigung ablesen:
Bei y = –3x + 4 ist der y-Achsenabschnitt 4 und die Steigung –3.
Bei y = 4x – 3 ist der y-Achsenabschnitt –3 und die Steigung 4.

2. Schritt:
Dann stellt man die Steigungen als Bruch dar.

Bei y = –3x + 4: $m = -3 = \frac{-3}{1}$
Bei y = 4x – 3: $m = 4 = \frac{4}{1}$

3. Schritt:
Markiere jeweils den y-Achsenabschnitt und trage von dem markierten Punkt die zugehörige Steigung ab.
Bei y = –3x + 4: Gehe vom Punkt P(0|4) um 1 nach rechts und um 3 nach unten. Verbinde dann diesen Punkt mit dem Punkt P durch eine Gerade.
Bei y = 4x – 3: Gehe vom Punkt Q(0|–3) um 1 nach rechts und um 4 nach oben. Verbinde dann diesen Punkt mit dem Punkt Q durch eine Gerade.
Den Schnittpunkt der beiden Graphen kannst du aus dem Koordinatensystem ablesen: S(1|1)

S. 24

1

Stunde	0	1	2	3	4
Anzahl	20 000	20 800	21 632	22 497	23 397

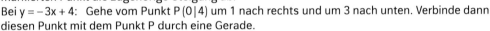

· 1,04   · 1,04   · 1,04   · 1,04

Nach 4 Stunden ist die Anzahl der
Bakterien auf 23 397 angestiegen.   ganzzahlig abgerundet

2 a) Man berechnet den Wachstumsfaktor q so: 5 · q = 3
$q = \frac{3}{5} = \frac{6}{10} = 0,6$

x	17	18	19	20
y	1,8 · 0,6 = 1,08	3 · 0,6 = 1,8	3	5

b) Man berechnet den Wachstumsfaktor q so: 12 · q = 18
$q = \frac{18}{12} = \frac{3}{1} = 1,5$

x	1	2	3	4
y	12 : 1,5 = **8**	12	18	18 · 1,5 = **27**

3 G = 12 000 $q = 1 - 2\% = 1 - \frac{2}{100} = 0,98$ n = 8

Mit dem Term 12 000 · 0,98⁸ wird berechnet, wie viele Einwohner nach 8 Jahren noch in der Kleinstadt leben, wenn in dieser Zeit pro Jahr etwa 2 % in die Großstadt ziehen.

Teil A Basisaufgaben – Übungsaufgaben

S. 24

4 Guthaben am 18. Geburtstag: $G_{18} = G \cdot q^{18} = 2000\ \text{€} \cdot 1{,}025^{18} \approx 3119{,}32\ \text{€}$

5 $G = 50\ \text{m}^2$ (die Hälfte des 100 m² großen Sees) $\quad q = 1{,}05 \quad n = ?$
Du kannst die Lösung durch Schätzen und systematisches Probieren finden.
Für $n = 10$ ist $G_{10} = 50 \cdot 1{,}05^{10} \cdot 81{,}44$ (zu wenig)
Für $n = 20$ ist $G_{20} = 50 \cdot 1{,}05^{20} \approx 132{,}66$ (zu viel)
Für $n = 15$ ist $G_{15} = 50 \cdot 1{,}05^{15} \approx 103{,}95$ (zu viel)
Für $n = 14$ ist $G_{14} = 50 \cdot 1{,}05^{14} \approx 99$ (zu wenig)
Nach etwa 15 Monaten ist der gesamte See von Seerosen bedeckt.

Geometrie (Übungsaufgaben)

S. 25

1 Da jede Seite doppelt vorkommt, muss gelten: $a + b = 9$ cm.

Breite	1 cm	2 cm	3 cm	4 cm
Länge	8 cm	7 cm	6 cm	5 cm

2 a) $A = 32\ \text{m} \cdot 24\ \text{m} = 768\ \text{m}^2$
b) Der Grundstückspreis P berechnet sich so: $\quad P = 768\ \text{m}^2 \cdot 75\ \frac{\text{€}}{\text{m}^2}$
$\hspace{11cm} P = 57\,600\ \text{€}$

3 $a = 7$ cm; $b = 10$ cm (7 cm + 3 cm)
$A = 7\ \text{cm} \cdot 10\ \text{cm} = 70\ \text{cm}^2 \qquad u = 2 \cdot 7\ \text{cm} + 2 \cdot 10\ \text{cm} = 34\ \text{cm}$

4 a) In der Vorstellung geht man einmal um den Bolzplatz und addiert dabei die Längen aller Seiten.
Das ist der Umfang des Rechtecks: $u = 2 \cdot 25\ \text{m} + 2 \cdot 45\ \text{m} = 140\ \text{m}$
Davon werden noch $3 \cdot 1\ \text{m} = 3\ \text{m}$ wegen der drei Türen abgezogen. Es werden also 137 m Zaun gebraucht.

b) Gesucht ist der Flächeninhalt des rechteckigen Bolzplatzes A_B.
$A_B = 25\ \text{m} \cdot 45\ \text{m} = 1125\ \text{m}^2$
Es werden 1 125 m² Bodenbelag gebraucht.

c) Man kann den Flächeninhalt A_F des alten Fußballplatzes berechnen (das große Rechteck in der Zeichnung) und davon den Flächeninhalt A_B des Bolzplatzes (rotes kleines Rechteck) abziehen.
$A_F = 45\ \text{m} \cdot 70\ \text{m} = 3150\ \text{m}^2$
$A_F - A_B = 3150\ \text{m}^2 - 1125\ \text{m}^2 = 2025\ \text{m}^2$
Für 800 m² braucht man 25 kg Rasensamen.

$\frac{2025\ \text{m}^2}{800\ \text{m}^2} \approx 2{,}5$

Für den neuen Platz müssen drei Säcke Rasensamen gekauft werden.

1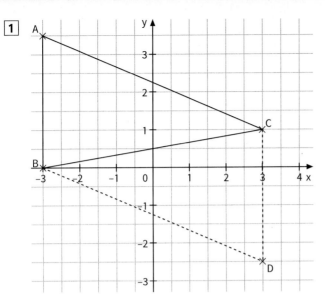

a) Geeignet ist $c = \overline{AB}$ als Grundseite und h_c als zugehörige Höhe.
   $c = 3{,}5$ cm, $h_c = 6$ cm
   $A = \dfrac{3{,}5 \text{ cm} \cdot 6 \text{ cm}}{2} = 10{,}5$ cm²

b) $D(3|-2{,}5)$
   Es gibt weitere Lösungen:
   $D(3|4{,}5)$ oder $D(-9|2{,}5)$.

c) Das Parallelogramm ABDC hat den doppelten Flächeninhalt des Dreiecks ABC: $A = 21$ cm².

2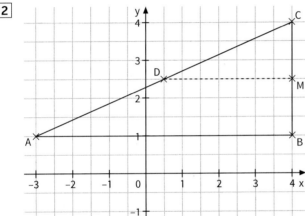

a) $g = 7$ cm; $h = 3$ cm → $A_\triangle = \dfrac{7 \text{ cm} \cdot 3 \text{ cm}}{2} = 10{,}5$ cm²

b) $M(4|2{,}5)$

c) Das Viereck ABMD ist ein Trapez.
   $A_T = \dfrac{a+c}{2} \cdot h$
   $A_T = \dfrac{7 \text{ cm} + 3{,}5 \text{ cm}}{2} \cdot 1{,}5$ cm $A_T = 7{,}875$ cm²

3 a) Der Spiegelpunkt von C ist im Rahmen der Ablesegenauigkeit $C'(1{,}5|-4)$.

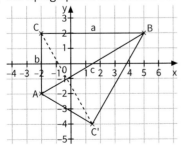

b) Das Viereck AC'BC ist ein Drachenviereck. Sein Umfang ist $u = 2 \cdot (a + b)$.
   $u = 2 \cdot (7 \text{ cm} + 4 \text{ cm}) = 2 \cdot 11$ cm $= 22$ cm
   Die Fläche des Drachenvierecks ist doppelt so groß wie die Fläche des Dreiecks ABC:
   $A = 2 \cdot \left(\dfrac{7 \text{ cm} \cdot 4 \text{ cm}}{2} \right) = 28$ cm²

Teil A Basisaufgaben – Übungsaufgaben

S. 27

1 Da 1 l = 1 dm³ gilt, rechnet man am besten in der Einheit dm.
Die Wasserhöhe beträgt: 6 dm (Aquariumhöhe) – 0,5 dm = 5,5 dm.
V = 8 dm · 4,5 dm · 5,5 dm
V = 198 dm³ = 198 l
Es befinden sich 198 l Wasser im Aquarium.

2 Der Quader ist 8 cm lang, 6 cm breit und 2 cm hoch.
Volumen V = Länge · Breite · Höhe; V = 8 cm · 6 cm · 2 cm = 96 cm³
Für den Oberflächeninhalt eines Quaders gilt die Formel O = 2 · (ab + ac + bc), wobei a die Länge, b die Breite und c die Höhe ist. Hieraus ergibt sich:
O = 2 · (8 cm · 6 cm + 8 cm · 2 cm + 6 cm · 2 cm) = 2 · (48 cm² + 16 cm² + 12 cm²) = 152 cm²

3 Für das Volumen eines Quaders gilt V = a · b · c. Vor dem Einsetzen in die Formel werden alle Längenangaben auf eine gemeinsame Einheit (hier: cm) umgerechnet: a = 0,7 m = 70 cm,
b = 20 cm und c = 30 mm = 3 cm.
V = 70 cm · 20 cm · 3 cm = 4200 cm³

4 Das Schwimmbecken ist 8 · 1,50 m, also 12 m breit.
Für das Volumen des Wassers gilt:
25 m · 12 m · h = 750 m³   (hier ist h die Wassertiefe)
    300 m² · h = 750 m³ |: 300 m²
           $h = \frac{750 \text{ m}^3}{300 \text{ m}^2}$
           h = 2,5 m
Das Schwimmbecken ist 2,5 m tief.

5 Hier gibt es verschiedene Lösungswege, z. B.:

(1) Man findet die Lösung durch systematisches Probieren:

Breite	Länge	Höhe	Volumen
1 cm	2 cm	3 cm	6 cm³
2 cm	4 cm	6 cm	48 cm³

(2) Man kann die Breite x nennen, dann beschreiben die Terme 2x die Länge und 3x die Höhe und es gilt die Gleichung:
x · 2x · 3x = 48
     6x³ = 48 |: 6
      x³ = 8 |$\sqrt[3]{}$
       x = 2   Der Quader ist 2 cm breit.

6 a) V = 4 m · 2,5 m · 1,8 m = 18 m³
Es mussten 18 m³ Erde ausgehoben werden.

b) m = 18 m³ · 1700 $\frac{kg}{m^3}$ = 30 600 kg = 30,6 t

Die Masse des Erdaushubs beträgt 30,6 t.

S. 28

1 Für den Umfang eines Kreises gilt die Formel u = 2 · π · r.
Hier: u = 2 · π · 9,15 m ≈ 57,49 m.
Für den Flächeninhalt eines Kreises gilt: A = π · r².
Hier: A = π · (9,15 m)² ≈ 263,02 m²

2 a) Ein Reifen hat einen Durchmesser von d = 26 · 2,54 cm = 66,04 cm.
Für den Umfang gilt die Formel:
u = π · d; u = π · 66,04 cm ≈ 207,5 cm = 2,075 m

b) Der Schulweg ist 4600 m lang, der Umfang des Reifens beträgt u = 2,075 m.
4600 m : 2,075 m ≈ 2217
Bis zur Schule dreht sich jeder Reifen ungefähr 2200-mal.

Übungsaufgaben – Teil A Basisaufgaben

S. 28

3 a) Für die Zeichnung wird der Umfang benötigt.
$u = 2 \cdot \pi \cdot r$
$u = 2 \cdot \pi \cdot 1 \text{ cm}$
$u = 6{,}28 \text{ cm} \approx 6{,}3 \text{ cm}$

b) Der Mantel ist ein Rechteck (siehe Abbildung).
Seine Länge entspricht dem Kreisumfang.
$M = 2 \cdot \pi \cdot r \cdot h$
$M = 2 \cdot \pi \cdot 1 \text{ cm} \cdot 6 \text{ cm}$
$M \approx 37{,}7 \text{ cm}^2$

$O = 2 \cdot G + M \qquad O = 2 \cdot \pi \cdot r^2 + M$
$O \approx 2 \cdot \pi \cdot (1 \text{ cm})^2 + 37{,}7 \text{ cm}^2 \qquad O \approx 44{,}0 \text{ cm}^2$

c) Wegen $1\,l = 1\text{ dm}^3$ wird bei dieser Volumenberechnung mit der Einheit „dm" gearbeitet.
$r = 0{,}1 \text{ dm}; \quad h = 0{,}6 \text{ dm}$
$V = \pi \cdot r^2 \cdot h \qquad V = \pi \cdot (0{,}1 \text{ dm})^2 \cdot 0{,}6 \text{ dm}$
$V \approx 0{,}02 \text{ dm}^3$, also $V \approx 0{,}02\,l$

4 Der Umfang der kreisförmigen Grundfläche beträgt $1{,}5 \text{ dm} = 15 \text{ cm}$.
$u = \pi \cdot d$
$d = \frac{u}{\pi}$
$d = \frac{15 \text{ cm}}{\pi} \approx 4{,}78 \text{ cm} \qquad r \approx 2{,}39 \text{ cm}$

$V = \pi \cdot r^2 \cdot h \qquad V = \pi \cdot (2{,}39 \text{ cm})^2 \cdot 8 \text{ cm} \qquad V \approx 143{,}56 \text{ cm}^3$

5 a) Die Bodenfläche (Grundfläche) ist ein Kreis mit dem Durchmesser $d = 3{,}05 \text{ m}$ und dem Radius
$r = \frac{d}{2} = 1{,}525 \text{ m}$. Für den Flächeninhalt gilt: $\quad G = \pi \cdot r^2 \qquad G = \pi \cdot (1{,}525 \text{ m})^2 \approx 7{,}31 \text{ m}^2$

b) Die Wassertiefe beträgt $70 \text{ cm} = 0{,}7 \text{ m} \quad (= 76 \text{ cm} - 6 \text{ cm})$.
Volumen $V = G \cdot h \qquad V = 7{,}31 \text{ m}^2 \cdot 0{,}7 \text{ m} \approx 5{,}11 \text{ m}^3$; Kosten: $5{,}11 \cdot 1{,}68\,€ \approx 8{,}59\,€$
Eine Poolfüllung kostet damit ungefähr 8,60 €.

6 a) $1\,000 \text{ ml} = 1\,000 \text{ cm}^3$
Bei dieser Volumenberechnung wird deshalb mit der Einheit „cm" gearbeitet.
$r = 10{,}4 \text{ cm} : 2 = 5{,}2 \text{ cm}; \quad h = 12 \text{ cm}$
$V = \pi \cdot r^2 \cdot h \qquad V = \pi \cdot (5{,}2 \text{ cm})^2 \cdot 12 \text{ cm} \qquad V \approx 1\,019 \text{ cm}^3$
1 000 ml passen in die Dose.

b) Da der Papierbedarf in „m²" angegeben werden soll, wird mit der Einheit „m" gerechnet.
Die Banderole entspricht dem Mantel der zylinderförmigen Dose.
$M = 2 \cdot \pi \cdot r \cdot h = \pi \cdot d \cdot h$
$M = \pi \cdot 0{,}104 \text{ m} \cdot 0{,}12 \text{ m} \approx 0{,}0392 \text{ m}^2$
$50\,000 \cdot M = 1\,960 \text{ m}^2$
Es werden ungefähr 2 000 m² Papier benötigt.

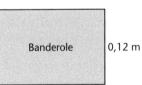

S. 29

1 a) Nach dem Strahlensatz gilt: $\frac{x}{3} = \frac{2{,}2}{2{,}2 + 1{,}9}$, also $x = 3 \cdot \frac{2{,}2}{4{,}1} \approx 1{,}6$

b) Das Verhältnis entsprechender Streckenabschnitte ist gleich:

$\frac{x}{1{,}5} = \frac{2}{1{,}3} \qquad |\cdot 1{,}5$

$x = \frac{2 \cdot 1{,}5}{1{,}3} \approx 2{,}31$

Teil A Basisaufgaben – Übungsaufgaben

S. 29

2 Höhe des Hauses: h = x + 1,75 m
Berechnung der Länge x mit dem Strahlensatz:
x : 1,25 = 12,4 : 1,8 | · 1,25
$$x = \frac{12{,}4 \text{ m} \cdot 1{,}25 \text{ m}}{1{,}8 \text{ m}}$$
x ≈ 8,60 m

h = 8,60 m + 1,75 m = 10,35 m
Das Haus ist ungefähr 10,35 m hoch.

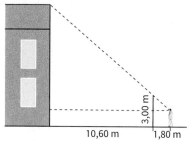

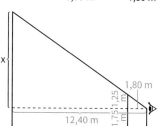

3 Da die beiden Seiten $\overline{XY}$ und $\overline{VW}$ parallel zueinander sind, kann man den Strahlensatz anwenden. Dieser besagt, dass das Verhältnis der beiden Seitenlängen $\overline{UX}$ und $\overline{UV}$ gleich dem Verhältnis der beiden Seitenlängen $\overline{XY}$ und $\overline{VW}$ ist. Aus der Gleichung $\frac{1}{3}\overline{UX} = \overline{UV}$ erkennt man, dass $\overline{UX}$ dreimal so lang ist wie $\overline{UV}$. Also muss auch $\overline{XY}$ dreimal so lang sein wie $\overline{VW}$; also gilt: $3 \cdot \overline{VW} = \overline{XY}$.

4 Größe von Sebastian: x
Berechnung von x mit dem Strahlensatz:
$$\frac{x}{1{,}45 \text{ m}} = \frac{1{,}50 \text{ m}}{1{,}20 \text{ m}} \quad | \cdot 1{,}45 \text{ m}$$
$$x = \frac{1{,}50 \text{ m} \cdot 1{,}45 \text{ m}}{1{,}20 \text{ m}}$$
x ≈ 1,81 m

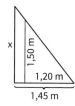

S. 30

1 a) b und c sind die Katheten, weil sie den rechten Winkel einschließen. a liegt ihm gegenüber, ist also die Hypotenuse: $b^2 + c^2 = a^2$
$(2 \text{ cm})^2 + (3{,}5 \text{ cm})^2 = a^2$
$a^2 = 16{,}25 \text{ cm}^2$
$a \approx 4{,}03 \text{ cm}$

b) r ist die Hypotenuse, p und q sind die Katheten: $p^2 + q^2 = r^2$
$(4{,}2 \text{ m})^2 + q^2 = (7{,}5 \text{ m})^2$
$q^2 = (7{,}5 \text{ m})^2 - (4{,}2 \text{ m})^2$
$q^2 = 38{,}61 \text{ m}^2$
$q \approx 6{,}21 \text{ m}$

2 Wenn $a^2 + b^2 = c^2$, dann ist das Dreieck rechtwinklig (Umkehrung des Satzes von Pythagoras). Dies ist hier der Fall, da:
$a^2 + b^2 = (5 \text{ cm})^2 + (12 \text{ cm})^2 = 25 \text{ cm}^2 + 144 \text{ cm}^2 = 169 \text{ cm}^2$
$c^2 = (13 \text{ cm})^2 = 169 \text{ cm}^2$

3 a) D(9|−1)

b) Die Diagonalen teilen die Raute in vier rechtwinklige Dreiecke. Nach dem Satz des Pythagoras gilt z. B. für die Länge der Seite $\overline{AB}$:
$(\overline{AB})^2 = (4 \text{ cm})^2 + (3 \text{ cm})^2$
$= 16 \text{ cm}^2 + 9 \text{ cm}^2$
$= 25 \text{ cm}^2$
$\overline{AB} = 5 \text{ cm}$
Umfang u = 4 · 5 cm = 20 cm

Flächeninhalt: $A = 4 \cdot \frac{4 \text{ cm} \cdot 3 \text{ cm}}{2} = 2 \cdot 12 \text{ cm}^2 = 24 \text{ cm}^2$

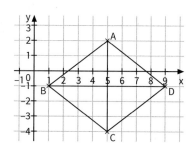

Übungsaufgaben – Teil A Basisaufgaben

S. 30

4

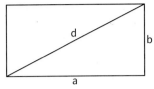

Die Länge der Diagonalen d wird mit dem Satz des Pythagoras bestimmt.

$a^2 + b^2 = d^2$, also: $d = \sqrt{a^2 + b^2}$

$d = \sqrt{121{,}2^2 + 68{,}2^2}$ cm $\approx 139{,}07$ cm

Die Bildschirmdiagonale ist ungefähr 139 cm lang, das sind (139,07 : 2,54) Zoll ≈ 55 Zoll.

5 Der Koffer ist 58 cm lang und 38 cm breit. Die Diagonale dieses Rechtecks wird mit $d = \sqrt{a^2 + b^2}$ berechnet.
$d = \sqrt{(58 \text{ cm})^2 + (38 \text{ cm})^2} \approx 69{,}3$ cm < 70 cm
Man kann die Stöcke nicht flach in den Koffer legen. Evtl. könnte man sie entlang der Raumdiagonalen legen, aber dann wird es schwer, die restlichen Sachen in den Koffer zu packen. Lara sollte einen anderen Koffer wählen.

S. 31

1

Größe		Begründung
α	50°	Nebenwinkel zu dem eingezeichneten 130°-Winkel
β	40°	Scheitelwinkel zu dem eingezeichneten 40°-Winkel
γ	90°	Winkelsumme im Dreieck: γ = 180° – 50° – 40° = 90°
δ	40°	Stufenwinkel zu β = 40°
ε	50°	Wechselwinkel zu α = 50° oder: δ, ε und γ bilden einen gestreckten Winkel (180°)

2 α ist ein Wechselwinkel zu dem eingezeichneten 30°-Winkel und damit ebenfalls 30° groß.
Da α + 50° + γ = 180°
(Winkelsumme im Dreieck), gilt:
80° + γ = 180° → γ = 100°.
φ ist ein Nebenwinkel von γ:
φ = 180° – γ = 80°.

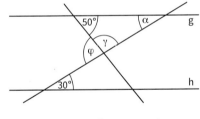

3 δ + ε = 180°, weil ε ein Nebenwinkel von δ ist.
Da ε auch ein Stufenwinkel von α ist, ist ε = α.
Eingesetzt ergibt sich: δ + α = 180°.
Ganz analog gilt: φ + γ = 180° und φ = β, also
β + γ = 180°.

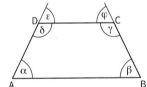

Daten und Zufall (Übungsaufgaben)

S. 32

1 a) Daten der Größe nach geordnet:
65,80 €; 84,30 €; 99,70 €; 107,20 €; 111,40 €

Die Spannweite ist die Differenz zwischen dem größten und dem kleinsten Wert:
111,40 – 65,80 € = 45,60 €.

Der Median ist bei ungerader Anzahl der Wert in der Mitte: 99,70 €

arithmetisches Mittel: $\dfrac{65{,}80 \text{ €} + 84{,}30 \text{ €} + 99{,}70 \text{ €} + 107{,}20 \text{ €} + 111{,}40 \text{ €}}{5} = 93{,}68$ €

Teil A Basisaufgaben – Übungsaufgaben

S. 32

b) Daten der Größe nach geordnet:
4,20 m; 4,50 m; 4,60 m; 4,80 m; 5,10 m; 5,30 m
Spannweite: 5,30 m – 4,20 m = 1,10 m
Der Median ist bei gerader Anzahl das arithmetische Mittel der beiden mittleren Werte:
$$\frac{4,60\,m + 4,80\,m}{2} = 4,70\,m$$

arithmetisches Mittel: $\frac{4,20\,m + 4,50\,m + 4,60\,m + 4,80\,m + 5,10\,m + 5,30\,m}{6} = 4,75\,m$

2 Zunächst ist es sinnvoll, die Gewichte der Größe nach zu ordnen:
54,5 kg; 56,8 kg; 67,5 kg; 72,2 kg; 73,8 kg; 78,2 kg; 78,5 kg; 81,4 kg; 84,3 kg; 93,4 kg; 96 kg; 98,6 kg
Das arithmetische Mittel (Summe aller 12 Gewichte, geteilt durch 12) ist $77,9\overline{3}$ kg.
Der Durchschnitt von 80 kg wird also unterschritten.

3 Die bekannten fünf Weiten werden der Größe nach geordnet und addiert:
3,95 m + 4,10 m + 4,20 m + 4,45 m + 4,65 m = 21,35 m
Da Sabine im sechsten Sprung ihre schlechteste Weite erzielte, muss er weniger als 3,95 m weit gewesen sein. Da der siebte Sprung mittelmäßig war, ist Sabines weitester Sprung 4,65 m. Die Spannweite zwischen bestem und schlechtestem Sprung beträgt 90 cm. Also ist Sabine im sechsten Sprung 4,65 m – 0,90 m, also 3,75 m weit gesprungen.
Das arithmetische Mittel bei sieben Sprüngen beträgt 4,20 m. Alle sieben Sprünge zusammen sind also 29,40 m (= 7 · 4,20 m) weit. Zieht man davon die bereits bekannten sechs Sprungweiten ab, ergibt sich die Weite des siebten Sprungs: 29,40 m – 3,75 m – 21,35 m = 4,30 m.

S. 33

1 Zuerst wird der Anteil jeder Verbrauchsart am Gesamtverbrauch berechnet (Literzahl durch 126 dividieren), für den Winkel wird dieser Anteil mit 360° multipliziert.

	Verbrauch	Anteil	Winkel
Baden/Duschen	45 l	≈ 36 %	≈ 130°
Toilette	34 l	≈ 27 %	≈ 97°
Wäsche	15 l	≈ 12 %	≈ 43°
Sonstiges (Rest)	32 l	≈ 25 %	≈ 90°

2 Um die Winkel besser messen zu können, sollte man die Radien verlängern.

	Winkel	a) Anteil am Umsatz (in %)	b) Anteil am Umsatz (in Mio. €)
Lebensmittel	101°	101° : 360° ≈ 28,1 %	0,281 · 128,6 ≈ 36,14
Elektrogeräte	32°	32° : 360° ≈ 8,9 %	0,089 · 128,6 ≈ 11,45
Spielwaren	76°	76° : 360° ≈ 21,1 %	0,211 · 128,6 ≈ 27,13
Bekleidung	151°	151° : 360° ≈ 41,9 %	0,419 · 128,6 ≈ 53,88

S. 34

1 Wahrscheinlichkeit = $\frac{\text{Anzahl der günstigen Ergebnisse}}{\text{Anzahl der möglichen Ergebnisse}}$

a) $A = \{2; 4; 6\}$; $P(A) = \frac{3}{6} = \frac{1}{2}$

$B = \{6\}$; $P(B) = \frac{1}{6}$

$C = \{2; 3; 4; 6\}$; $P(C) = \frac{4}{6} = \frac{2}{3}$

b) z. B. *keine Sechs* würfeln

2 Es sind 12 Kugeln im Behälter.
$\frac{1}{6}$ von 12 = 2; $\frac{1}{3}$ von 12 = 4; $\frac{1}{2}$ von 12 = 6

2 Kugeln müssen rot, 4 Kugeln blau und 6 Kugeln grün gefärbt werden.

S. 34

3 Im Behälter befinden sich 20 Kugeln, davon sind 6 Kugeln blau, 12 Kugeln gelb und 2 Kugeln rot.
a) P(blaue Kugel) = $\frac{6}{20} = \frac{3}{10}$ = 30 %

b) 18 Kugeln sind blau oder gelb.
   P(keine rote Kugel) = $\frac{18}{20} = \frac{9}{10}$ = 90 %

4 100 % ≙ 360°
1 % ≙ 3,6°

a)

Farbe	Winkel	Wahrscheinlichkeit
rot	90°	25 %
gelb	72°	20 %
blau	54°	15 %
grün	144°	40 %

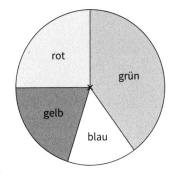

b) (1) P(gelb oder grün) = P(gelb) + P(grün)
   = 20 % + 40 %
   = 60 %
(2) P(nicht blau) = 100 % − P(blau) = 100 % − 15 % = 85 %

c) Mögliche Lösungen: *gelb oder blau oder grün* bzw. *nicht rot*

S. 35

1 a) Wahrscheinlichkeit für die Zahl vier: $\frac{2}{6} = \frac{1}{3}$ (6 mögliche, 2 günstige Ergebnisse)

b) Wahrscheinlichkeit für eine gerade Zahl: $\frac{4}{6} = \frac{2}{3}$ (6 mögliche, 4 günstige Ergebnisse)

c) Wahrscheinlichkeit für keine Sechs: $\frac{5}{6}$ (6 mögliche, 5 günstige Ergebnisse)

d) Die Wahrscheinlichkeit, eine Primzahl (PZ) zu würfeln, wird bei der großen Zahl von Versuchen in der Regel nahe der relativen Häufigkeit rH(PZ) liegen.

rH(PZ) = $\frac{548}{800}$ = 0,685 = 68,5 %

Würfel (1): P(PZ) = $\frac{4}{6} = \frac{2}{3}$ ≈ 67 %

Würfel (2): P(PZ) = $\frac{3}{6} = \frac{1}{2}$ ≈ 50 %

Würfel (3): P(PZ) = $\frac{2}{6}$ ≈ 33 %

Es wurde vermutlich mit Würfel (1) gewürfelt, da $\frac{2}{3}$ von 800 ≈ 533 und somit 548 am nächsten an dieser Zahl liegt. Sicher kann man das aber nicht sagen.

2 Für sehr lange Versuchsreihen ist die relative Häufigkeit ein guter Schätzwert für die Wahrscheinlichkeit.

rH(3) = $\frac{1280}{2000}$ = 0,64 = 64 % ≈ P(3)

Für das Gegenereignis Augenzahlen 1 oder 2 erhalten wir dann: P(1 oder 2) = 1 − P(3) ≈ 36 %
Wir gehen davon aus, dass die Masse des Zylinders gleichmäßig verteilt ist. Dann haben beide Augenzahlen aus Symmetriegründen die gleiche Wahrscheinlichkeit.
Also: P(1) = P(2) ≈ 36 % : 2 = 18 %

Abschlusstest Teil A Basisaufgaben

1 **Rechnen und Ordnen**

a) $6,5 - 7,3 = -0,8$

b) $-1,2 - (-0,8) = -1,2 + 0,8 = -0,4$

c) $4 : (-16) = -\frac{4}{16} = -\frac{1}{4} = -0,25$

d) $\frac{-3 \cdot (-50)}{5^3} = \frac{150}{125} = \frac{6}{5} = 1,2$

e) $-\frac{3}{5} \cdot 35 - 4 \cdot (-5) = -21 + 20 = -1$

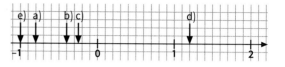

2 **Quadrat und Rechteck**

a) u = Summe aller Seitenlängen
Seitenlänge: $\sqrt{36 \text{ cm}^2} = 6 \text{ cm}$
u = 4 · 6 cm = 24 cm

b) Möglich sind alle Kombinationen von zwei Seitenlängen, deren Produkt 36 cm² beträgt. Ganzzahlige Kombinationsmöglichkeiten sind z. B.
1 cm · 36 cm, 2 cm · 18 cm, 3 cm · 12 cm, 4 cm · 9 cm usw.

3 **Abschlussfahrt**

a) Für Venedig ist jeder Vierte, das sind 20 Schülerinnen und Schüler (80 : 4 = 20).
20 % sind für Paris, das sind 16 Schülerinnen und Schüler (80 · 0,2 = 16).
Nach London oder Prag wollen somit 80 − 20 − 16 = 44 Schülerinnen und Schüler.
Diese teilen wir im Verhältnis 3 : 1 auf:
44 : 4 = 11   11 · 3 = 33
                 11 · 1 = 11
Nach London wollen 33 Schülerinnen und Schüler, nach Prag 11.

b) Venedig: $\frac{1}{4} = 25\%$

Paris: 20 %

London: 33 von 80 = $\frac{33}{80} = 0,4125 = 41,25\%$

Prag: 11 von 80 = $\frac{11}{80} = 0,1375 = 13,75\%$

c) Um ein Kreisdiagramm zu zeichnen, muss man die Mittelpunktswinkel für die einzelnen Kreisausschnitte berechnen:
- 1 % entspricht 360° : 100, also 3,6°.
- Man kann auch mit den Brüchen rechnen, $\frac{1}{80}$ entspricht dann 360° : 80, also 4,5°.

Für die Kreisausschnitte erhalten wir dann folgende Mittelpunktswinkel:

Venedig: $\frac{1}{4} \rightarrow 360° : 4 = 90°$

Paris: $20\% = \frac{1}{5} \rightarrow 360° : 5 = 72°$

London: $\frac{33}{80} \rightarrow 33 \cdot 4,5° = 148,5°$

Prag: $\frac{11}{80} \rightarrow 11 \cdot 4,5° = 49,5°$

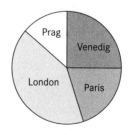

Das Streifendiagramm ist insgesamt 10 cm lang, sodass 1 mm genau 1 % entspricht.

Venedig 25,00 %	Paris 20,00 %	London 41,25 %	Prag 13,75 %

Abschlusstest – Teil A Basisaufgaben

S. 37

4 Lineare Funktionen

Die Funktionsgleichungen von f und g besitzen die Form $y = m \cdot x + n$. Also sind f und g lineare Funktionen und ihre Graphen Geraden. f und g besitzen dieselbe Steigung m, d.h., die zugehörigen Graphen verlaufen parallel. Da m den Wert $-0,2$ besitzt, fallen beide Graphen von links nach rechts. Der Schnittpunkt des Graphen einer linearen Funktion $y = m \cdot x + n$ mit der y-Achse ist der Punkt $(0|n)$.
Also schneidet der Graph von f die y-Achse im Punkt $(0|-3)$, der Graph von g im Punkt $(0|3)$.

5 Gleichungssysteme

a) I. $5x - 3y = 53$
    II. $4x + 3y = 37$ $\big]+$

    $9x = 90$ x eingesetzt in II. $4 \cdot 10 + 3y = 37$
    $x = 10$ $3y = -3$
                                           $y = -1$

    Lösung: $x = 10$ und $y = -1$

b) 1. Zahl: x   2. Zahl: y
    I. $3x = y - 1$ $|+1$
    II. $2x + y = 36$

    Ia. $3x + 1 = y$
    y in II.: $2x + (3x + 1) = 36$
    $5x = 35$
    $x = 7$ x eingesetzt in Ia. $3 \cdot 7 + 1 = y$
                                        $22 = y$

    Ergebnis: 1. Zahl: 7   2. Zahl: 22

6 Exponentielle Abnahme

Bei der dargestellten Sachsituation handelt es sich um einen exponentiellen Abnahmeprozess. Der Wachstumsfaktor q ergibt sich aus: $q = 1 - 18\% = 1 - \frac{18}{100} = 0,82$

1. Lösungsweg:

Stunde	0	1	2	3	4	5	6
Vitaminmenge im Blut (mg)	300	246	201,72	165,41	135,64	111,22	91,2

$\cdot 0,82$ $\cdot 0,82$ $\cdot 0,82$ $\cdot 0,82$ $\cdot 0,82$ $\cdot 0,82$

Nach 2 Stunden sind also noch etwa 201,72 mg des Vitamins im Blut, nach 4 Stunden etwa 135,64 mg und nach 6 Stunden noch etwa 91,2 mg.

2. Lösungsweg: Man rechnet mit der Formel $G_n = G \cdot q^n$

Nach 2 Stunden: $G_2 = 300 \cdot 0,82^2$ mg $\approx 201,72$ mg
Nach 4 Stunden: $G_4 = 300 \cdot 0,82^4$ mg $\approx 135,64$ mg
Nach 6 Stunden: $G_6 = 300 \cdot 0,82^6$ mg $\approx 91,20$ mg

7 Dreieck im Koordinatensystem

a)
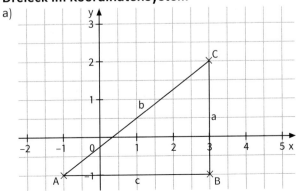

Teil A Basisaufgaben – Abschlusstest

S. 37

b) Länge der Strecken: $\overline{AB} = 4$ cm, $\overline{BC} = 3$ cm
Im rechtwinkligen Dreieck ABC gilt nach dem Satz von Pythagoras:
$(\overline{AC})^2 = (\overline{AB})^2 + (\overline{BC})^2$
$\phantom{(\overline{AC})^2} = (4\text{ cm})^2 + (3\text{ cm})^2$
$\phantom{(\overline{AC})^2} = 25\text{ cm}^2 \quad |\sqrt{}$
$\overline{AC} = 5$ cm

Da das Dreieck rechtwinklig ist, kann der Flächeninhalt mithilfe der Länge der Katheten berechnet werden.

Flächeninhalt $A = \dfrac{\overline{AB} \cdot \overline{BC}}{2}$
$ = \dfrac{4\text{ cm} \cdot 3\text{ cm}}{2}$
$ = 6\text{ cm}^2$

S. 38

8 Prozente

a) *1. Lösungsweg:* 10 % von 130 € sind 13 €, 40 % sind dann 4 · 13 € = **52 €**.
2. Lösungsweg:
100 % → 130 €
1 % → 1,30 €
40 % → **52 €**
3. Lösungsweg:
130 € · 40 % = 130 € · 0,4 = **52 €**

b) *1. Lösungsweg:*   *2. Lösungsweg:*   G · 4 % = 12 kg
4 % → 12 kg   also: G · 0,04 = 12 kg |:0,04
1 % → 3 kg   G = **300 kg**
100 % → **300 kg**

3. Lösungsweg: $W = G \cdot p\,\% = G \cdot \dfrac{p}{100}$ umformen: $W \cdot \dfrac{100}{p} = G$

einsetzen: $G = 12\text{ kg} \cdot \dfrac{100}{4} =$ **300 kg**

c) *1. Lösungsweg:* gesucht: 24 cm von 6 m bzw. 24 cm von 600 cm
6 cm sind 1 % von 600 cm, dann sind 24 cm genau viermal so viel, also **4 %** von 600 cm bzw. 4 % von 6 m.

2. Lösungsweg: 600 cm → 100 %
6 cm → 1 %
24 cm → **4 %**

3. Lösungsweg: $\dfrac{24\text{ cm}}{6\text{ m}} = \dfrac{24\text{ cm}}{600\text{ cm}} = 0{,}04 =$ **4 %**

d) 3 % von 760 € sind 0,03 · 760 € = **22,80 €**

9 Kinobesucher

a) $\dfrac{(625 + 745 + 820 + 655 + 423 + 388 + 495)}{7} = \dfrac{4151}{7} = 593$

b) Wenn durchschnittlich 450 Besucher pro Tag den Film gesehen haben, sind das in zwei Wochen insgesamt 6 300 (450 · 14) Besucher. Davon muss man die Anzahl der Besucher aus der ersten Woche (4 151) abziehen. In der zweiten Woche haben 2 149 Besucher (6 300 – 4 151) den Film gesehen.

10 Lostrommel

a) $P(\text{Hauptgewinn}) = \dfrac{\text{Anzahl der Hauptgewinne}}{\text{Anzahl aller Lose}} = \dfrac{20}{300} = \dfrac{1}{15}$

Die Wahrscheinlichkeit, dass das erste gezogene Los ein Hauptgewinn ist, beträgt $\tfrac{1}{15}$.

b) Es sind jetzt noch 270 Lose in der Lostrommel, davon 18 Hauptgewinne.

$P(\text{Hauptgewinn}) = \dfrac{18}{270} = \dfrac{2}{30} = \dfrac{1}{15}$

Die Wahrscheinlichkeit für einen Hauptgewinn ist genauso groß wie beim ersten gezogenen Los.

Abschlusstest – Teil A Basisaufgaben

S. 38

11 Gleichungen und Graphen

Grundsätzlich gibt es zwei Lösungswege. Bei dem rechnerischen Weg wählt man einen Punkt (x|y) des Graphen aus, den dieser mit einem der abgebildeten Graphen gemeinsam hat, und prüft, welche der zur Auswahl stehenden Gleichungen durch die Koordinaten des Punktes erfüllt wird. Schneller aber ist der andere Weg, bei dem man sein Wissen über den grafischen Verlauf von linearen und quadratischen Funktionen nutzt.

Die abgebildeten Graphen g_1 und g_2 sind Geraden. Geraden sind Graphen von linearen Funktionen mit der allgemeinen Form $y = m \cdot x + n$. Drei zur Auswahl stehende Gleichungen sind linear, sie unterscheiden sich nur in der Steigung (m). Die Graphen g_1 und g_2 steigen von links nach rechts an, also ist $m > 0$. Die Gleichung $y = -2x + 1$ scheidet damit aus. Da g_1 steiler verläuft als g_2, gehört die Gleichung mit dem größeren m zu g_1, nämlich $y = x + 1$. Zu g_2 gehört $y = 0{,}5x + 1$.

Zu den Parabeln (g_3, g_4, g_5, g_6) gehören Gleichungen, die einen quadratischen Term (x^2) enthalten. Hiervon stehen fünf zur Auswahl. Die Graphen g_3 und g_4 besitzen den Scheitelpunkt (0|0) und sind nach unten geöffnet. Zu ihnen gehören also Gleichungen der Form $y = ax^2$ mit $a < 0$. Zur Auswahl stehen $y = -x^2$ und $y = -2x^2$. Die Parabel g_3 verläuft durch die Punkte (–1|–1) und (1|–1). Zu ihr gehört also die Gleichung $y = -x^2$. Die Parabel g_4 ist schmaler geöffnet, zu ihr gehört die Gleichung $y = -2x^2$.

Die Graphen g_5 und g_6 sind verschobene Normalparabeln. Parabeln mit der Gleichung $y = x^2 + c$ besitzen den Scheitelpunkt (0|c). Sie sind gegenüber der Normalparabel in y-Richtung verschoben; für $c > 0$ nach oben, für $c < 0$ nach unten. g_6 besitzt den Scheitelpunkt (0|2). Zu g_6 gehört also $y = x^2 + 2$. Die Parabel g_5 besitzt den Scheitelpunkt (–1|0). Zu ihr passt nur noch die Gleichung $y = x^2 + 2x + 1$. Folgende Überlegung bestätigt dies: umgeformt lautet die Gleichung $y = (x + 1)^2$. Parabeln mit der Gleichung $y = (x + d)^2$ besitzen den Scheitelpunkt (–d|0) und sind gegenüber der Normalparabel um b nach links verschoben. Richtig ist also:

g_1	$y = x + 1$
g_3	$y = -x^2$
g_5	$y = x^2 + 2x + 1$
g_6	$y = x^2 + 2$

g_2	$y = x^2 - 2$
g_2	$y = 0{,}5x + 1$
	$y = -2x + 1$
g_4	$y = -2x^2$

12 Baumhöhe

Nach dem Strahlensatz gilt:

$$\frac{x}{1{,}30\,m} = \frac{15\,m}{3\,m} \quad |\cdot 1{,}30$$

$$x = \frac{15\,m \cdot 1{,}30\,m}{3\,m}$$

$x = 6{,}50\,m \rightarrow$ Baumhöhe $h = 6{,}50\,m + 1{,}70\,m = 8{,}20\,m$

Die Höhe des Baumes beträgt 8,20 m.

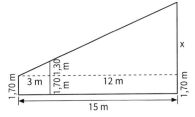

S. 39

13 Fahrstuhl

Die Masseangabe bezieht sich auf m², deshalb wird zuerst die Fläche ausgerechnet, die das gesamte Papier einnimmt.

1 Blatt: $21{,}0\,cm \cdot 29{,}7\,cm = 623{,}7\,cm^2$
100 000 Blatt: $623{,}7\,cm^2 \cdot 100\,000 = 62\,370\,000\,cm^2 = 6237\,m^2$
Masse des Papiers: $80\,\frac{g}{m^2} \cdot 6237\,m^2 = 498\,960\,g \approx 500\,kg$

14 Parabeln in verschiedenen Darstellungen

$$\begin{aligned}
f(x) &= -0{,}5\,(x + 1{,}5)^2 + 3{,}5 \quad \text{(Scheitelpunktform)} \\
&= -0{,}5\,(x^2 + 3x + 2{,}25) + 3{,}5 \\
&= -0{,}5x^2 - 1{,}5x - 1{,}125 + 3{,}5 \\
&= -0{,}5x^2 - 1{,}5x + 2{,}375 \quad \text{(allgemeine Form)}
\end{aligned}$$

15 Wasserfass

a) Das Fass hat die Form eines Zylinders. Für Zylinder mit dem Radius r und der Höhe h gilt:
$V = \pi \cdot r^2 \cdot h$
$V = \pi \cdot (30\,cm)^2 \cdot 80\,cm \approx 226\,194{,}7\,cm^3 \quad$ Dies entspricht ca. 226 l.

b) Das Fass ist oben offen. Deshalb fällt eine Kreisfläche weg und es gilt die folgende Formel:
$O = \pi \cdot r^2 + 2 \cdot \pi \cdot r \cdot h$
$O = \pi \cdot (0{,}3\,m)^2 + 2 \cdot \pi \cdot 0{,}3\,m \cdot 0{,}8\,m \approx 1{,}79\,m^2 \approx 1{,}8\,m^2$
oder $O = \pi \cdot (30\,cm)^2 + 2 \cdot \pi \cdot 30\,cm \cdot 80\,cm \approx 17\,907\,cm^2 \approx 1{,}8\,m^2$

16 Größen bestimmen

Ladevolumen eines Lasters: Der Ladebereich kann als Quader mit den Maßen: Breite 2,5 m, Höhe 2,5 m, Länge 8 m geschätzt werden. Als Volumen ergibt sich daraus 2,5 m x 2,5 m x 8 m = 50 m³. Da 1 m³ = 1 000 l gilt, muss 50 000 l angekreuzt werden.

Länge eines Springseils: Die Länge eines Springseils muss länger sein als die Körpergröße (bzw. als zweimal die halbe Körpergröße). Es muss aber kürzer als 5 m sein, sonst kann es nicht zum Springen benutzt werden. Entsprechend kann die Länge des Seils auf ungefähr 2,5 m geschätzt werden, was 25 dm entspricht (250 000 mm = 250 m; 2 500 cm = 0,025 km = 25 m).

Fläche eines Handballfeldes: Ein Handballfeld ist 20 m breit und 40 m lang, sodass sich ein Flächeninhalt von 800 m² ergibt (80 000 cm² = 8 m²; 8 000 dm² = 80 m²; 0,8 km² = 800 000 m²).

17 Straßenfest

a) Die Stückzahlen für Bratwurst und Currywurst werden addiert. Insgesamt sollen 105 Würste verkauft werden.

b) Der Preis für ein Steak steht in Zelle B5. Es soll 3,50 € kosten.

c) Die voraussichtlichen Einnahmen für den Bratwurstverkauf werden in der Zelle D3 mit der Formel =B3*C3 berechnet.

d) 1. Möglichkeit: Alle Zellen, in denen Einnahmen stehen, werden addiert:
   D12: =D3+D4+D5+D6+D9+D10
   2. Möglichkeit: Man verwendet die Funktion „Summe":
   D12: =Summe(D3:D10).
   Dabei werden Zellen, in denen keine Zahl steht, vom Programm nicht berücksichtigt.

18 Kleintiergehege

Da alle Seiten des Sechsecks 60 cm lang sind, ist das eingezeichnete Rechteck 60 cm hoch. Dazu kommen noch vier kongruente rechtwinklige Dreiecke. Deren Hypotenusen sind 60 cm lang (wie die Drahtplatten). Eine Kathete ist jeweils 30 cm lang (= (120 cm – 60 cm) : 2)).
Mit dem Satz des Pythagoras kann man die Länge der noch fehlenden Kathete berechnen:

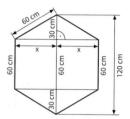

$x^2 + (30\ cm)^2 = (60\ cm)^2$
$x^2 + 900\ cm^2 = 3600\ cm^2$
$\quad\quad x^2 = 2700\ cm^2$
$\quad\quad\ x \approx 52\ cm$

Flächeninhalt des Rechtecks:
$2x \cdot 60\ cm = 104\ cm \cdot 60\ cm = 6240\ cm^2$

Flächeninhalt der vier Dreiecke: $4 \cdot \frac{52\ cm \cdot 30\ cm}{2} = 3120\ cm^2$

Der Flächeninhalt des Geheges beträgt insgesamt 6 240 cm² + 3 120 cm² = 9 360 cm², also knapp 1 m².

19 Funktionsbeschreibung

Graph f: Mit wachsenden x-Werten wachsen auch gleichmäßig die y-Werte (positive konstante Steigung). Für x = 0 geht die Funktion nicht durch den Ursprung. Es handelt sich um eine lineare Funktion.

Graph g: Mit wachsenden x-Werten werden die y-Werte gleichmäßig kleiner (negative konstante Steigung). Für x = 0 geht die Funktion nicht durch den Ursprung. Es handelt sich um eine lineare Funktion.

Graph h: Mit wachsenden x-Werten werden die y-Werte auch immer geringer, aber nicht gleichmäßig, sondern die Abnahme wird immer geringer. Die Funktion hat keinen Schnittpunkt mit der y-Achse, sondern schmiegt sich an die y-Achse an. Es handelt sich um eine Hyperbel, also eine antiproportionale Funktion.

Graph i: Unabhängig von den x-Werten nehmen die y-Werte immer den Wert 3,5 an. Es handelt sich um eine konstante Funktion.

Graph j: Mit wachsenden x-Werten wachsen auch gleichmäßig die y-Werte (positive konstante Steigung). Für x = 0 geht die Funktion durch den Ursprung. Es handelt sich um eine proportionale Funktion.

Abschlusstest – Teil A Basisaufgaben

S. 41

20 Würfeln mit einem Quader

a) Die Seitenfläche mit der Augenzahl 1 ist genauso groß wie die Fläche mit der Zahl 6. Wir gehen davon aus, dass die Masse des Holzquaders gleichmäßig verteilt ist. Aus Symmetriegründen beträgt dann die Wahrscheinlichkeit, eine Eins zu würfeln, ebenfalls ca. 8 %. Damit bleiben für die übrigen vier Ergebnisse (2, 3, 4, 5) noch ca. 84 % übrig. Da ihre Flächen ebenfalls alle gleich groß sind, beträgt – wiederum aus Symmetriegründen – die Wahrscheinlichkeit für jedes Ergebnis ca. 21 % (= 84 % : 4).

Augenzahl	1	2	3	4	5	6
Näherungswert für die Wahrscheinlichkeit	8 %	21 %	21 %	21 %	21 %	8 %

Da es sich um einen Zufallsversuch handelt, sind dies nur Näherungswerte. Selbst mit einer sehr großen Zahl von Versuchen kann man die Wahrscheinlichkeiten nur angenähert, nicht aber exakt bestimmen.

b) Bei einer so großen Anzahl an Würfen ist es am wahrscheinlichsten, dass ungefähr 8 % (Wahrscheinlichkeit für 6) der 4 000 Würfe eine 6 sind; also: 0,08 · 4 000 Würfe = 320 Würfe. Trotzdem ist aber jede andere Anzahl zwischen 0 und 4 000 möglich.

21 Rechengeschichten

(1) Anzahl der Gewinnlose: x
    Gleichung: x + 0,5x = 30
    Anzahl der Nieten: 0,5x
    [x] ja.

(2) Roberts Sparsumme nach 30 Tagen: x
    Gleichung: x = 15 · 1 € + 15 · 0,50 €
    [x] nein.

(3) Mineralwasser in Liter: x
    Gleichung: x + 0,5x = 30
    Fruchtsaft in Liter: 0,5 · x
    [x] ja.

(4) Alter der Bruders: x
    Gleichung: x + 0,5x = 30
    Alter von Max: 0,5 · x
    [x] ja.

22 Winkel

Aussage	w/f	Begründung
$\gamma = 70°$	wahr	Scheitelwinkel zu dem eingezeichneten 70°-Winkel
$\delta = 70°$	wahr	Stufenwinkel zu dem eingezeichneten 70°-Winkel
$\beta = \alpha$	falsch	Der Wechselwinkel von β ist φ, nicht α.
$\varepsilon = \beta$	wahr	φ ist ein Wechselwinkel von β und ε ist ein Stufenwinkel von φ.

Teil B Komplexe Aufgaben – Eingangstest

Hier im Lösungsheft befinden sich **Kurzlösungen** zu den Aufgaben des Eingangstests (S. 42–51).
Ausführliche Lösungen zum Eingangstest befinden sich im Arbeitsbuch (S. 52–77).

Kurzlösungen – Eingangstest Teil B Komplexe Aufgaben

S. 42

1 Preisänderungen
a) Der neue Preis der Bluse ist 48,68 €.
b) Der Anzug kostete vorher 299,90 €.
c) Der Preis wurde um rund 11,14 % erhöht.

2 Werkstück
a) Die Masse des Werkstücks beträgt etwa 17 kg.
b) Der Oberflächeninhalt ist ca. 1 200 cm² groß.

3 Straßenbahnfahrplan
a) Die Entfernung zwischen den Haltestellen Bahnhof und Tierpark beträgt 14 km.
b) Vom Bahnhof bis zum Stadion fährt die Straßenbahn zwischen den Haltestellen mit gleicher Durchschnittsgeschwindigkeit $\left(\frac{1\,\text{km}}{2\,\text{min}}, \text{also } 30\,\frac{\text{km}}{\text{h}}\right)$.
Vom Stadion bis zum Tierpark fährt sie schneller $\frac{2\,\text{km}}{2\,\text{min}}$, also $60\,\frac{\text{km}}{\text{h}}$.

c)

Haltestelle		Uhrzeit
Bahnhof	ab	14:10
Rosentor	an	14:14
	ab	14:15
Nordheide	an	14:19
	ab	14:20
Stadion	an	14:24
	ab	14:25
Tierpark	an	14:33

S. 43

4 Fahrradurlaub
a) Lennards Aussage ist falsch.
b) Der Verbrauch steigt um ungefähr 27 %.

c)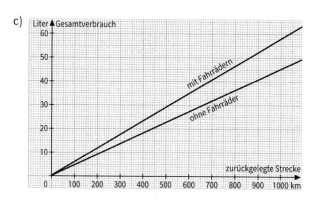

5 Herzogstandbahn
Die Kabine legt eine Strecke von ungefähr 1 250 m zurück.

S. 44

6 Konservendose
a) Die Gesamtlänge des Bandes beträgt etwa 73,1 cm.
b) Ein doppelt so langes Band reicht.

7 Gläser
a) 8 randvolle Likörgläser füllen das Rotweinglas.
b) Richtig ist der Graph C.

Eingangstest – Teil B Komplexe Aufgaben

S. 44

8 Agenturmeldung
Die Meldung ist fehlerhaft. Richtig müsste die Meldung lauten: „Vor allem in Thüringen und Sachsen hängt oder liegt die weiße Bluse bei etwa neun von zehn Frauen (87,4 Prozent) im Schrank, ergab jetzt eine Umfrage."

S. 45

9 Kugelstoßen
a) Die Kugel wird aus 2 m Höhe abgestoßen.
b) Die Kugel erreicht eine Höhe von 4,81 m.
c) Die Kugel wird 17,31 m weit gestoßen.

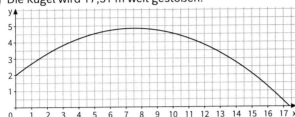

10 Haus mit Satteldach
a) Das Volumen des Hauses beträgt insgesamt 780 m³.
b) Die gesamte Dachfläche ist 153,6 m² groß.
c) Der Neigungswinkel des Daches beträgt ca. 39°.

S. 46

11 Nebenjobs
a) Der prozentuale Anteil der Mädchen beträgt 60 %, der Anteil der Jungen 40 %.
b) 261 Mädchen haben keinen Nebenjob.
c) 62,5 % der Jungen haben keinen Nebenjob.

12 Pkw-Antriebe und Kosten
a)

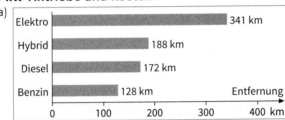

b) Die Tankfüllung reicht (Reichweite ca. 1 200 km).
c) Der Anteil der Energiesteuer beträgt rund 50 %.

S. 47

13 Seitenlängen beim Quadrat
Aussage (1) und Aussage (4) sind falsch.

14 Tonnenschwere Goldmünze
a) Im Oktober 2011 erhielt man für 1 Euro 1,62 US-Dollar.
b) Die Angaben stimmen nicht überein.
c) Der Radius beträgt etwa 28,3 cm.

15 Kapitalanlage
a) Henrik muss etwa 47 Jahre warten.
b) Auch ein Kapital von 10 000 € verdoppelt sich bei einem Zinssatz von 1,5 % in etwa 47 Jahren.

S. 48

16 Zwei Würfel
a) Es gibt 36 mögliche Ergebnisse. b) $P(3;5) = \frac{1}{36}$ c) $P(\text{Pasch}) = \frac{1}{6}$

17 Fußballduell
a) $p\% = 78\%$ b) Nach etwa 9 Jahren.
c) Der Radius des Kreises der Premier League ist etwa dreimal so groß wie der Radius des Kreises der Bundesliga. Dies ergibt den 9-fachen Flächeninhalt.
Die zugehörigen Euro-Beträge sind jedoch nur etwa 2,3-mal so hoch.

Teil B Komplexe Aufgaben – Eingangstest

S. 49

18 Zahlenrätsel
a) Die Gleichung x − 8 = 3 (5 + x) gehört zum Zahlenrätsel (3).
b) x = −11,5
c) Zahlenrätsel (1): 3x − 8 = x + 5
Zahlenrätsel (2): 3 (x − 8) = x − 5

19 Smartphone-Nutzung
a) Spannweite: 140   unteres Quartil: 40   oberes Quartil: 60
Median (Zentralwert): 45
b) Felix' Aussage ist falsch. Durch die Länge der Strecke zwischen oberem Quartil und größtem Wert hat er sich täuschen lassen.

20 Fläche NRW
Das Bundesland ist knapp 35 000 km² groß.

S. 50

21 Quadratische Gleichungen
a) Pauls Lösung stimmt. Marcel hat einen Fehler beim Einsetzen von q = 20 gemacht.
b) (1) $x_1 = -7$; $x_2 = 7$ (2) x = −4   (3) $x_1 = 0$; $x_2 = 5$ (4) $x_1 = 1$; $x_2 = -25$

22 Glücksrad
Baumdiagramm (g: grün; o: orange)
1. Drehung   2. Drehung

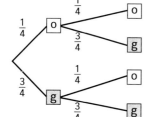

P (o;o) = $\frac{1}{4} \cdot \frac{1}{4} = \frac{1}{16}$

P (g;g) = $\frac{3}{4} \cdot \frac{3}{4} = \frac{9}{16}$

b) P (Verlust) = $\frac{3}{8}$
c) Die Klasse kann mit einem Gewinn von 132,50 € rechnen.

23 Angebote
a) Zu empfehlen ist das Angebot C.
b) Das Angebot C ist auch bei jedem anderen Sparbetrag zu empfehlen.

S. 51

24 Brückenkonstruktion
Die Brücke muss rund 341 m lang werden.

25 Verdienst
a) Nach Modell 2 würde er 2 000 € verdienen und nach Modell 1 3 300 €, also 1 300 € mehr.
b) =A3*10/100 oder =A3*0,1
c) Richtig sind:
☒ =B3+2500
☒ =A3*0,04+2500
d) Bei einem Umsatz von 41 667 € verdient man mit beiden Modellen gleich viel.

26 Riesentasse
a) Tassenhöhe: ca. 55 cm
Oberer/unterer Tassendurchmesser: 55 cm/25 cm
b) Es ist die Tasse mit dem eingezeichneten Zylinder anzukreuzen.
c) Ein Riesencappuccino würde ungefähr 1 000 € kosten.

Übungsaufgaben Teil B Komplexe Aufgaben

S.52

1 80 % = 0,8   x ist die Anzahl der Runden, die Silke geschafft hat.
80 % von x = x · 0,8 = 12
$$x \cdot 0,8 = 12 \quad |:0,8$$
$$x = \frac{12}{0,8}$$
$$x = 15 \quad \text{Silke hat 15 Runden geschafft.}$$

2 $\frac{1293,50}{1990} = 0,65 = 65\%$ (Formel $p\% = \frac{W}{G}$)
Man zahlt bei Buchung bis Ende März nur 65 % des Normalpreises, spart also 35 % gegenüber dem Normalpreis (100 % − 65 % = 35 %).

3 Der Preis des Autos im Vorjahr ist der Grundpreis G. Da 100 % − 8 % = 92 % gilt:
$$G \cdot 0,92 = 22264 \quad |:0,92$$
$$G = \frac{22264}{0,92}$$
$$G = 24200$$
Im Vorjahr kostete das Auto 24 200 €.

4 Anzahl der Hausmülltonnen 2020: 840 · 1,15 = 966   (Erhöhung um 15 %)
Abfall pro Tonne 2020: 18 kg · 1,05 = 18,9 kg   (Erhöhung um 5 %)
Das Jahr 2020 hat 52 Wochen.
966 · 18,9 kg · 52 = 949 384,8 kg = 949,3848 t
Die Stadtreinigungswerke mussten knapp 950 t Abfall aus Hausmülltonnen abtransportieren.

5 Anzahl der Schülerinnen und Schüler zu Beginn von 2019/2020: x
Anzahl der Schülerinnen und Schüler zu Beginn von 2020/2021: x · 1,5
Anzahl der Schülerinnen und Schüler zu Beginn von 2021/2022: (x · 1,5) · 1,4
Es gilt also die Gleichung   (x · 1,5) · 1,4 = 189
$$x \cdot 2,1 = 189 \quad |:2,1$$
$$x = \frac{189}{2,1}$$
$$x = 90$$
Die Schule nahm den Betrieb mit 90 Schülerinnen und Schülern auf.

S.53

1 a) Zu berechnen sind ein Kegel mit r = 1 m und h_K = 3 m sowie ein Zylinder mit r = 1 m und h_Z = 5 m.

$V_{Kegel} = \frac{1}{3} \pi \cdot (1\,m)^2 \cdot 3\,m$ $V_{Zylinder} = \pi \cdot (1\,m)^2 \cdot 5\,m$
$\approx 3,14\,m^3$ $\approx 15,71\,m^3$

$V_{Gesamt} = V_{Kegel} + V_{Zylinder} \approx 3,14\,m^3 + 15,71\,m^3 = 18,85\,m^3$

Jeder Kubikmeter wiegt 0,76 t, also ist die Masse m ≈ 18,85 · 0,76 t ≈ 14,3 t.
Das Modell wiegt knapp 14,3 t.

b) Hier geht es um die Oberfläche O, die aus dem Kegelmantel M_K, dem Zylindermantel M_Z und der Grundfläche G besteht. Zunächst muss s mit dem Satz des Pythagoras berechnet werden:
$s^2 = h^2 + r^2$
$s^2 = 9\,m^2 + 1\,m^2$
$s^2 = 10\,m^2 \quad |\sqrt{\;}$
$s \approx 3,16\,m$
$M_K = \pi \cdot r \cdot s \approx \pi \cdot 1\,m \cdot 3,16\,m \approx 9,93\,m^2$
$M_Z = 2 \cdot \pi \cdot r \cdot h_Z \approx 2\pi \cdot 1\,m \cdot 5\,m \approx 31,42\,m^2$
$G = \pi \cdot r^2 = \pi \cdot (1\,m)^2 \approx 3,14\,m^2$
$O = M_K + M_Z + G \approx 9,93\,m^2 + 31,42\,m^2 + 3,14\,m^2 = 44,49\,m^2$
Das sind knapp 44,5 m². Da man pro m² einen halben Liter Farbe braucht, sind etwa 22,25 Liter Farbe erforderlich.

Teil B Komplexe Aufgaben – Übungsaufgaben

S. 53

2 Um die Masse m des Werkstücks berechnen zu können, muss sein Volumen bekannt sein.
Werkstückvolumen V = V_{Z_1} (Hohlzylinder) − V_{Z_2} (herausgebohrten Zylinder).
$V_{Z_1} = \pi \cdot r_1^2 \cdot h_1 = \pi \cdot (15\ cm)^2 \cdot 10\ cm \approx 7068{,}58\ cm^3$
$V_{Z_2} = \pi \cdot r_2^2 \cdot h_2 = \pi \cdot (2\ cm)^2 \cdot 5\ cm \approx 62{,}83\ cm^3$

Das Volumen V des Werkstücks ergibt sich dann aus
V = $V_{Z_1} - V_{Z_2} \approx 7068{,}58\ cm^3 - 62{,}83\ cm^3 = 7005{,}75\ cm^3$
Da 1 cm³ Holz 0,76 g wiegt, beträgt die Masse m des Werkstücks

m = $7005{,}75\ cm^3 \cdot 0{,}76\ \frac{g}{cm^3} = 5324{,}37\ g \approx 5{,}3\ kg$

Die Masse des Werkstücks beträgt ca. 5,3 kg.

3 a) Gesucht ist die Körperhöhe h_P der Pyramide.
Gegeben ist das rechtwinklige Dreieck NMO mit $\overline{MN}$ = 5 cm und dem Winkel ONM = α = 67°.
Die gesuchte Körperhöhe h_P entspricht der Länge der Dreiecksseite $\overline{OM}$.

Es gilt: $\tan 67° = \frac{h_P}{5\ cm}$ | · 5 cm

5 cm · tan 67° = h_P, $h_P \approx 11{,}78\ cm$
Die Höhe des abgebildeten Körpers beträgt etwa 11,78 cm.

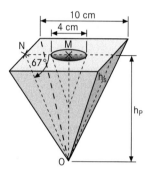

b) Das Volumen V des Werkstücks ergibt sich aus dem Volumen V_P
der Pyramide abzüglich des Volumens V_K der kegelförmigen
Aushöhlung. Deren Höhe beträgt die Hälfte von h_P, also 5,89 cm.

$V_P = \frac{1}{3} \cdot a^2 \cdot h_P \approx \frac{1}{3} \cdot (10\ cm)^2 \cdot 11{,}78\ cm \approx 392{,}67\ cm^3$
$V_K = \frac{1}{3} \pi \cdot r^2 \cdot \frac{h_P}{2} \approx \frac{1}{3} \pi \cdot (2\ cm)^2 \cdot 5{,}89\ cm \approx 24{,}67\ cm^3$

Das gesuchte Volumen V des Werkstücks ergibt sich dann aus:
V = $V_P - V_K \approx 392{,}67\ cm^3 - 24{,}67\ cm^3 = 368\ cm^3$

c) Die Dichte von Aluminium beträgt 2,7 $\frac{g}{cm^3}$. Also m ≈ 368 cm³ · 2,7 $\frac{g}{cm^3}$ = 993,6 g = 0,9936 kg ≈ 1 kg
Die Masse m des Werkstücks beträgt etwa 1 kg.

S. 54

1 a) Aus dem Graphen, der Inas Fahrt beschreibt, ist abzulesen, dass
- Ina nach einer Viertelstunde erst 4 km zurückgelegt hat ([x] NEIN).
- Ina nach 30 Minuten (um 19:30 Uhr) eine Rast einlegt ([x] JA).
- Inas durchschnittliche Geschwindigkeit zu Beginn ihrer Fahrt 4 km in 15 Minuten, also 16 km in 60 Minuten bzw. 16 $\frac{km}{h}$ beträgt ([x] NEIN).

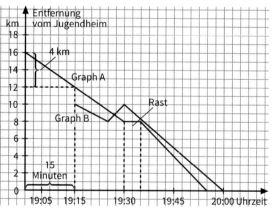

b) Eine mögliche Beschreibung wäre: Paul steigt um 19:15 Uhr auf sein Fahrrad und macht sich auf den Weg zum Jugendheim. Nach 2 km Fahrt (oder nach 10 Minuten) stellt er fest, dass er seinen Haustürschlüssel zu Hause vergessen hat.
Er kehrt um und radelt schnell (mit der doppelten Geschwindigkeit wie zuvor) zurück.
Schon von weitem sieht er seinen Vater mit dem Schlüsselbund vor dem Haus auf ihn warten.
Nur ein kurzes Dankeschön und schon radelt Paul wieder los. Ohne Pause und mit gleichbleibender Geschwindigkeit legt er nun die 10 km lange Fahrt zurück. Paul trifft genau zu Beginn der Party um 20:00 Uhr am Jugendheim ein.

c) Paul startet um 19:15 Uhr. Wäre er 15 Minuten vor Ina um 19:45 Uhr angekommen, hätte er den 10 km langen Weg von Zuhause bis zum Jugendheim in 30 Minuten zurücklegen müssen. Dies gelingt mit einer konstanten (gleichbleibenden) Geschwindigkeit von 10 km in 30 Minuten bzw. 20 km in 60 Minuten. Die Antwort lautet also: Paul hätte die gesamte Strecke mit einer konstanten Geschwindigkeit von 20 $\frac{km}{h}$ fahren müssen, um 15 Minuten vor Ina anzukommen.

S.54

2 Eine mögliche Lösung ist im Koordinatensystem dargestellt. Je langsamer die Wandergeschwindigkeit ist, desto geringer ist die Steigung des entsprechenden Graphenabschnitts.

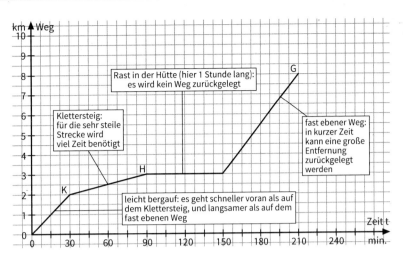

S.55

1 a) Die Aktie ist von 33,90 € (Grundwert G) um 3,70 € (Prozentwert W) auf 30,20 € gesunken.

$p\% = \frac{3,70\ €}{33,90\ €}$ $p\% \approx 0,109 = 10,9\%$

b) $\frac{33,60\ € + 32,10\ € + 34,10\ € + 34,60\ € + 33,90\ € + 30,20\ €}{6} = 33,08\overline{3}\ €$

Den Durchschnitt des letzten Jahres hat die Aktie nicht erreicht.

c) Der Eindruck entsteht dadurch, dass die €-Achse nicht bei 0 €, sondern bei 30 € beginnt.

d)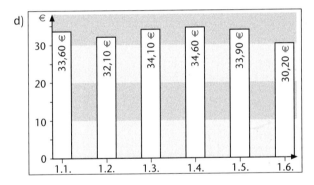

2 a) 80 % (24 von 30) der Mädchen und Jungen aus der Klasse 7a haben an der Umfrage teilgenommen.

b) Die Klasse 7b besteht zu 50 % aus Mädchen und zu 50 % aus Jungen (50 % entspricht 180°).
87,5 % (14 von 16) der Mädchen wurden befragt (87,5 % von 180° entspricht 157,5°).
75 % (12 von 16) der Jungen wurden befragt (75 % von 180° entspricht 135°).

c) Da wegen der Mehrfachantworten die Summe der Prozentsätze über 100 % beträgt, eignet sich nur ein Säulendiagramm zur Darstellung der Ergebnisse.

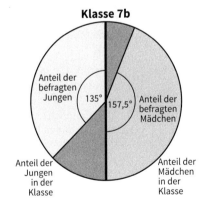

S.56

1 a) $x^2 = (3,4\ cm)^2 + (3\ cm)^2$
$x^2 = 23,24\ cm^2$
$x \approx 4,5\ cm$

b) $(3,8\ cm)^2 + x^2 = (4,5\ cm)^2$
$14,44\ cm^2 + x^2 = 20,25\ cm^2$
$x^2 = 5,81\ cm^2$
$x \approx 2,4\ cm$

c) $(4\ cm)^2 + x^2 = (5,6\ cm)^2$
$16\ cm^2 + x^2 = 31,36\ cm^2$
$x^2 = 15,36\ cm^2$
$x \approx 3,9\ cm$

d) $(3,8\ cm)^2 + x^2 = (5,1\ cm)^2$
$14,44\ cm^2 + x^2 = 26,01\ cm^2$
$x^2 = 11,57\ cm^2$
$x \approx 3,4\ cm$

$(3,4\ cm)^2 + y^2 = (4\ cm)^2$
$11,56\ cm^2 + y^2 = 16\ cm^2$
$y^2 = 4,44\ cm^2$
$y \approx 2,1\ cm$

Teil B Komplexe Aufgaben – Übungsaufgaben

S. 56

2 Der Streckenzug besteht aus 8 Strecken. Eine Möglichkeit, das Haus in einem Zug zu zeichnen und dabei keine Strecke zweimal zu durchlaufen, ist A→B→C→D→E→C→A→D→B.
Die Seiten des Quadrats ABCD sind 4 cm lang. Die Längen der anderen Strecken lassen sich durch Anwendung des Satzes des Pythagoras berechnen.
$(\overline{AC})^2 = (\overline{AB})^2 + (\overline{BC})^2$
$(\overline{AC})^2 = (4\text{ cm})^2 + (4\text{ cm})^2$
$(\overline{AC})^2 = 32\text{ cm}^2$
$\overline{AC} \approx 5{,}7\text{ cm}$
Die Diagonalen eines Quadrats sind gleich lang, also gilt $\overline{AC} = \overline{BD} \approx 5{,}7$ cm
Das Dreieck DCE ist rechtwinklig, also gilt: $(\overline{DE})^2 + (\overline{CE})^2 = (\overline{CD})^2 = (4\text{ cm})^2$
Das Dreieck DCE ist auch gleichschenklig, d. h. $\overline{CE} = \overline{DE}$ und $(\overline{CE})^2 = (\overline{DE})^2$
Dann ist $(\overline{CE})^2 + (\overline{DE})^2 = 2 \cdot (\overline{CE})^2 = (4\text{ cm})^2$
$\qquad 2 \cdot (\overline{CE})^2 = 16\text{ cm}^2 \quad |:2$
$\qquad (\overline{CE})^2 = 8\text{ cm}^2$
$\qquad \overline{CE} \approx 2{,}8\text{ cm}$
Die Länge des gesamten Streckenzugs beträgt dann $4 \cdot 4\text{ cm} + 2 \cdot 5{,}7\text{ cm} + 2 \cdot 2{,}8\text{ cm} \approx 33\text{ cm}$.

3 Die Länge des Tragseils kann mithilfe des Satzes des Pythagoras berechnet werden.

$s^2 = (62\text{ m})^2 + (130\text{ m})^2$
$s^2 = 20744\text{ m}^2$
$s \approx 144\text{ m}$

Da es aber kaum möglich ist, ein langes Seil so straff zu spannen, dass es wie eine Gerade zwei Punkte verbindet, wird das Tragseil in Wirklichkeit etwas länger sein.

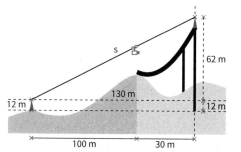

S. 57

1 Das Plastikband besteht aus zwei Halbkreisen, die zusammen einen Kreis bilden, und zwei Strecken der angegebenen Längen.
$l = 6r + 6r + 2\pi r$
$l = 6 \cdot 5\text{ cm} + 6 \cdot 5\text{ cm} + 2\pi \cdot 5\text{ cm}$
$l \approx 91{,}4\text{ cm}$

2 Das Plastikband besteht aus drei Drittelkreisen, die zusammen einen Kreis bilden, und drei Strecken der angegebenen Längen.
$l = 4r + 4r + 4r + 2\pi r = 12r + 2\pi r$
$l = 12 \cdot 6\text{ cm} + 2\pi \cdot 6\text{ cm}$
$l \approx 109{,}7\text{ cm}$

Zum Lupenbild: α ist 60°, weil der Winkel zu einem gleichseitigen Dreieck gehört. In dem gezeichneten Viereck gilt:
α + β + 2 · 90° = 360°, also muss β = 120° betragen.

3 a) α = 60°, nämlich der sechste Teil des Vollwinkels 360°;
β und γ sind gleich groß, weil das Dreieck gleichschenklig ist;
wegen der Winkelsumme von 180° gilt: β = γ = 60°.
Das Dreieck FME ist also gleichseitig.

b) Die einzelnen Teilstrecken sind jeweils 8 cm lang, wie aus den Überlegungen zu Teilaufgabe a) folgt.
$u_6 = 6 \cdot 8\text{ cm} = 48\text{ cm}$

c) $u_K = 2 \cdot \pi \cdot 8\text{ cm} \approx 50{,}3\text{ cm}$
$u_6 = 48\text{ cm}$ \qquad Der Kreis ist also um 2,3 cm größer.
2,3 cm von 48 cm $= \frac{2{,}3}{48} \approx 0{,}048 = 4{,}8\,\%$

Der Umfang des Kreises ist etwa 4,8 % größer als der Umfang des Sechsecks.

Übungsaufgaben – Teil B Komplexe Aufgaben

S. 57

d) 1. Möglichkeit:
Nach dem Satz des Pythagoras gilt:
$h^2 + (4\text{ cm})^2 = (8\text{ cm})^2$
$h^2 + 16\text{ cm}^2 = 64\text{ cm}^2 \quad |-16\text{ cm}^2$
$h^2 = 48\text{ cm}^2$
$h \approx 6{,}93\text{ cm}$

$A = \frac{a+c}{2} \cdot h \qquad A \approx \frac{16\text{ cm} + 8\text{ cm}}{2} \cdot 6{,}93\text{ cm}$

$A \approx 83{,}16\text{ cm}^2$

2. Möglichkeit:
ohne Trapezformel: Das Trapez besteht aus drei Dreiecken mit der Grundseite 8 cm und der Höhe 6,93 cm.

$A = 3 \cdot \frac{8\text{ cm} \cdot 6{,}93\text{ cm}}{2}$

$A = 83{,}16\text{ cm}^2$

e) Der Flächeninhalt vervierfacht sich (Streckfaktor: k = 2, k^2 = 4). Der Umfang verdoppelt sich (k = 2).

4 Für das Quadrat gilt: $A = 0{,}25\text{ m}^2$
$a^2 = 0{,}25\text{ m}^2$
$a = 0{,}5\text{ m}$
Der Kreis hat einen Durchmesser von 0,5 m und deshalb einen Radius von 0,25 m.

a) $A_K = \pi \cdot (0{,}25\text{ m})^2 \qquad u_K = 2\pi \cdot 0{,}25\text{ m}$
$A_K \approx 0{,}196\text{ m}^2 \qquad u_K \approx 1{,}57\text{ m}$

b) Von 0,25 m² Platte werden 0,25 m² − 0,196 m² = 0,054 m² als Abfall abgesägt.

Abfall in %: $p\% = \frac{0{,}054\text{ m}^2}{0{,}25\text{ m}^2} = 0{,}216 = 21{,}6\%$ Abfall

S. 58

1 a) Das Volumen des Quaders berechnet sich aus 40 cm · 15 cm · 30 cm = 18 000 cm³.

b) Pro Minute fließen 150 cm³ in den Behälter ein, für 18 000 cm³ werden dann

$18\,000\text{ cm}^3 : \frac{150\text{ cm}^3}{\text{min}} = 120$ Minuten, also 2 h benötigt.

c) Da der Behälter gleichmäßig gefüllt wird, ist die zugehörige Funktion linear und der Funktionsgraph eine Gerade. Um den Graph zeichnen zu können, braucht man nur zwei Punkte.
– Der Graph verläuft durch den Punkt P(0|0), da der Behälter zu Beginn keine Flüssigkeit enthält, die Füllhöhe also 0 cm beträgt.
– Nach 120 Minuten ist der Behälter voll, d. h. die Füllhöhe nach 120 Minuten entspricht der Höhe des Behälters, nämlich 30 cm. Damit kennen wir einen zweiten Punkt des Graphen: Q(120|30).

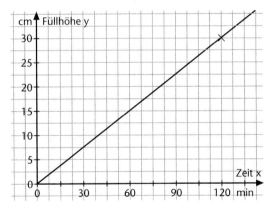

d) Die zugehörige Funktionsgleichung hat die Form $y = m \cdot x + n$.
n = 0, weil der Behälter zu Beginn leer ist.
Den Wert für m kann man aus dem Graphen ablesen: $m = \frac{30}{120} = \frac{1}{4}$.

Die gesuchte Funktionsgleichung lautet also: y = 0,25x.

2 a) $V = \quad V_1 \quad + \quad V_2$
$V = 40\text{ cm} \cdot 15\text{ cm} \cdot 10\text{ cm} + 20\text{ cm} \cdot 15\text{ cm} \cdot 20\text{ cm}$
$V = \quad 6\,000\text{ cm}^3 \quad + \quad 6\,000\text{ cm}^3$
$V = \quad 12\,000\text{ cm}^3$

Da 150 cm³ in der Minute in den Behälter fließen, dauert der Füllvorgang
$12\,000\text{ cm}^3 : 150\,\frac{\text{cm}^3}{\text{min}} = 80$ min.

Teil B Komplexe Aufgaben – Übungsaufgaben

S. 58

b) Bei diesem zusammengesetzten Körper ist auch der zugehörige Graph aus Teilgraphen zusammengesetzt, die jeweils den Füllvorgang eines Teilkörpers beschreiben. Der Teilkörper 1 ist in $6000\,cm^3 : 150\,\frac{cm^3}{min} = 40$ Minuten gefüllt. Die Füllhöhe beträgt zu diesem Zeitpunkt 10 cm. Die Punkte (0|0) und (40|10) bestimmen diesen Teil des Graphen. Der Teilkörper 2 ist ebenfalls in 40 Minuten gefüllt. Die Füllhöhe beträgt anfangs 10 cm, bei vollständig gefülltem Körper 30 cm. Die Punkte (40|10) und (80|30) bestimmen diesen Teil des Graphen.

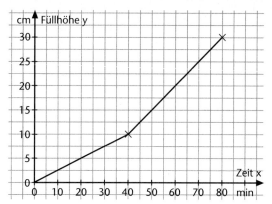

3 a)

Gefäß	Graph	mögliche Begründung
A	④	Der untere Teil des Körpers hat einen geringeren Querschnitt als der obere. Bei gleichmäßiger Befüllung muss der Graph also einen Wechsel von einem schnelleren zu einem langsameren Füllvorgang zeigen. Da es sich bei beiden Teilkörpern um Quader handelt, verläuft der Füllvorgang stückweise linear.
B	③	Der untere Teil des Körpers hat einen geringeren Querschnitt als der obere. Bei gleichmäßiger Befüllung muss der Graph also einen Wechsel von einem schnelleren zu einem langsameren Füllvorgang zeigen. Da der obere Teil die Form eines Kegelstumpfes besitzt, verläuft der Füllvorgang nur für den unteren Teil anfangs linear.
C	①	Für Quader D und Quader C sind die Füllvorgänge linear. Da die Grundfläche des Quaders D größer ist als die des Quaders C, verläuft der Füllvorgang des Quaders D deutlich langsamer als der des Quaders C. Der Graph mit der geringeren Steigung gehört also zum Quader D.
D	②	

b) Eine mögliche Lösung ist ein aus drei Teilquadern zusammengesetztes Gefäß:

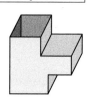

S. 59

1 Richtig ist: „jeder Vierte" und 25 %.

2 (1) → (D)   jeder Zweite → 50 %
   (2) → (E)   fast die Hälfte → 49 %
   (3) → (A)   10 % → ein Zehntel
   (4) → (B)   niemand → 0 %
   (5) → (C)   100 % → alle

3 (A) Jeder vierte Junge bedeutet: Unter 100 Jungen befinden sich 25 Jungen, die aktives Mitglied eines Sportvereins sind.
Die Angabe von 4 % im Text ist also falsch.
Richtig müsste es heißen:
Jeder vierte Junge (25 %) der Klassenstufe 10 ist aktives Mitglied eines Sportvereins.

(B) Ein Zwanzigstel und 5 % beschreiben den gleichen Anteil, denn:
$\frac{1}{20} = \frac{5}{100} = 5\,\%$. Daher ist die Formulierung „Letztes Jahr waren es sogar 5 %" falsch.
Richtig müsste es heißen:
Letztes Jahr waren es ebenfalls 5 %.

(C) Ein Fünftel aller Siebtklässler bedeutet: Von 100 Siebtklässlern kommen 20 mit dem Bus zur Schule, also 20 %.
Da ein Anteil von 25 % größer ist als ein Anteil von 20 %, ist die Formulierung „Unter den Achtklässlern sind es mit 25 % deutlich weniger" falsch.
Richtig müsste es heißen:
Unter den Achtklässlern sind es mit 25 % deutlich mehr.

S.59

4 Die Meldung beinhaltet zwei Fehler.
– Der erste Fehler steckt in der Formulierung „Die letzte Saison fiel dagegen deutlich besser aus". Jedes dritte Spiel zu gewinnen bedeutet z. B., bei vier von zwölf Spielen als Sieger vom Platz zu gehen.
Jedes sechste Spiel zu gewinnen bedeutet dagegen in diesem Beispiel, nur bei zwei von zwölf Spielen siegreich zu sein.
– Der zweite Fehler liegt in der Angabe „Steigerung um 50 %". Tatsächlich gewinnt die C-Mannschaft nur noch halb so viele Spiele; richtig wäre es, von einer Verminderung um 50 % zu sprechen.

5 Die Meldung beinhaltet zwei Fehler.
Der erste mathematische Fehler steckt in der Formulierung „nur noch".
Früher: Jeder zehnte Autofahrer rast. Heute: Jeder fünfte Autofahrer rast.
Wenn also heute jeder fünfte statt früher jeder zehnte Autofahrer zu schnell fährt, dann hat sich die Zahl der Raser erhöht.
Der zweite Fehler liegt in der Angabe „fünf Prozent".
Jeder fünfte Autofahrer bedeutet, dass sich unter jeweils fünf Autofahrern ein Raser befindet.
Unter 100 Autofahrern sind dann 20 Raser zu finden, also: 20 von 100 oder 20 % der Autofahrer fahren zu schnell.
Richtig müsste die Meldung also lauten: „Fuhr vor einigen Jahren noch jeder zehnte Autofahrer zu schnell, so ist es heute sogar jeder fünfte. 20 Prozent sind natürlich viel zu viel, und so wird weiterhin kontrolliert, und die Schnellfahrer haben zu zahlen."

S.60

1 a) Die Länge der Strecke $\overline{OM}$ entspricht dem y-Achsen-Abschnitt der Parabel.
Der Punkt M hat die x-Koordinate 0.
Für $x = 0$ gilt $y = -0{,}04 \cdot 0^2 + 38$
$y = 38$
Die Länge der Strecke $\overline{OM}$ beträgt demnach 38 m.

b) Die Punkte A und B liegen symmetrisch zur y-Achse auf der x-Achse. Dabei ist $y = 0$, also ist die Gleichung
$0 = -0{,}04x^2 + 38$ zu lösen.
$0{,}04x^2 = 38$
$x^2 = \frac{38}{0{,}04}$
$x^2 = 950$
$x_1 = \sqrt{950}$ oder $x_2 = -\sqrt{950}$
$x_1 \approx 30{,}8$ $\quad x_2 \approx -30{,}8$
Die Strecke $\overline{AB}$ ist rund 61,6 m lang ($30{,}8 \cdot 2$).

$y = -0{,}04x^2 + 38$

2 Gesucht ist die positive Nullstelle der Parabel.
$-0{,}08x^2 + 0{,}4x + 0{,}7 = 0 \quad |:(-0{,}08)$
$\phantom{-0{,}08}x^2 - 5x - 8{,}75 = 0$
$\phantom{-0{,}08x^2 - 5x - 8{,}75}x_{1/2} = 2{,}5 \pm \sqrt{6{,}25 + 8{,}75}$
$\phantom{-0{,}08x^2 - 5x - 8{,}75}x_{1/2} = 2{,}5 \pm \sqrt{15}$
$\phantom{-0{,}08x^2 - 5x - 8{,}75}x_{1/2} \approx 2{,}5 \pm 3{,}87$
$x_1 \approx 6{,}37$; x_2 ist negativ und spielt in diesem Sachzusammenhang keine Rolle.
Der Springer setzt 6,37 m vom Absprungbalken entfernt im Sand auf.

3 Der Mittelpunkt M des Korbringes hat die Koordinaten M(11,2 | 2,52). Dabei ergibt sich 11,2 m als die Differenz von 14 m und 2,80 m. Für den Funktionswert an dieser Stelle gilt:
$y = -0{,}032 \cdot 11{,}2^2 + 0{,}387 \cdot 11{,}2 + 2{,}2$
$ = -4{,}01408 + 4{,}3344 + 2{,}2 = 2{,}52032 \approx 2{,}52$
Elke trifft den Korbring fast genau in der Mitte.

Teil B Komplexe Aufgaben – Übungsaufgaben

S. 60

4 a) Der Punkt (0|0) gehört zum Graphen der Funktion:
$0 = a \cdot 0^2 + b \cdot 0 + c$
$0 = c$

b) Die Parabel hat eine Funktionsgleichung der Form $y = ax^2 + bx$
Für $P_1(50|14)$ ergibt sich die Gleichung   I. $14 = a \cdot 50^2 + b \cdot 50$
I. $14 = 2500a + 50b$
Für $P_2(100|0)$ ergibt sich die Gleichung   II. $0 = a \cdot 100^2 + b \cdot 100$
II. $0 = 10000a + 100b$

Zu lösen ist dann das folgende Gleichungssystem:
I. $2500a + 50b = 14$ $| \cdot (-2)$
II. $10000a + 100b = 0$

I. $-5000a - 100b = -28$
II. $10000a + 100b = 0$ $\Big]+$
$\qquad\quad 5000a = -28$
$\qquad\qquad\quad a = -0{,}0056$

Einsetzen von $a = -0{,}0056$ in II.:
$10000 \cdot (-0{,}0056) + 100b = 0$
$-56 + 100b = 0$
$100b = 56$
$b = 0{,}56$

Die Funktionsgleichung heißt $y = -0{,}0056x^2 + 0{,}56x$.

S. 61

1 a) Zur Berechnung des Flächeninhalts fehlt die Höhe h, die man mit dem Satz des Pythagoras ermittelt.
$h^2 + (2{,}5 \text{ cm})^2 = (11 \text{ cm})^2$ $|-2{,}5^2$
$h^2 = (11 \text{ cm})^2 - (2{,}5 \text{ cm})^2$
$h^2 = 114{,}75 \text{ cm}^2$ $|\sqrt{}$
$h \approx 10{,}7 \text{ cm}$
Das Dreieck ist etwa 10,7 cm hoch.
$A = \frac{g \cdot h}{2} \approx \frac{5 \text{ cm} \cdot 10{,}7 \text{ cm}}{2} = 26{,}75 \text{ cm}^2$
Der Flächeninhalt des Dreiecks beträgt ca. 26,75 cm².

b) α kann man mit dem Kosinus berechnen.
$\cos \alpha = \frac{\text{Ankathete von } \alpha}{\text{Hypotenuse}} = \frac{2{,}5 \text{ cm}}{11 \text{ cm}}$
$\cos \alpha = 0{,}2\overline{27}$

$\alpha \approx 76{,}9°$
Da das Dreieck gleichschenklig ist, gilt auch $\beta \approx 76{,}9°$
Für γ arbeitet man mit der Winkelsumme im Dreieck:
$76{,}9° + 76{,}9° + \gamma = 180°$
$153{,}8° + \gamma = 180°$ $|-153{,}8°$
$\gamma = 26{,}2°$
Die Innenwinkel des Dreiecks sind etwa 76,9°, 76,9° und 26,2° groß.

2 a) Berechnung des Flächeninhalts der trapezförmigen Grundfläche:
$G = \frac{(a+c)}{2} \cdot h = \frac{(4 \text{ cm} + 8 \text{ cm})}{2} \cdot 5 \text{ cm} = 30 \text{ cm}^2$

Berechnung des Volumens:
$V = G \cdot h$
$V = 30 \text{ cm}^2 \cdot 14 \text{ cm}$
$V = 420 \text{ cm}^3$
Das Werkstück hat ein Volumen von 420 cm³.

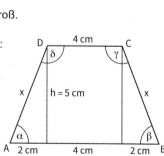

S. 61

b) O = 2G + M (Formel Oberflächeninhalt eines Prismas)
Der Mantel M ist ein Rechteck, dessen Länge der Umfang der Grundfläche und dessen Breite 14 cm ist.
Für den Umfang der Grundfläche benötigt man die Länge x (siehe Zeichnung Seite 44), die man mit dem Satz des Pythagoras berechnen kann.
$x^2 = (5\text{ cm})^2 + (2\text{ cm})^2$
$x^2 = 25\text{ cm}^2 + 4\text{ cm}^2$
$x^2 = 29\text{ cm}^2 \quad |\sqrt{\ }$
$x_1 \approx 5{,}385\text{ cm} \quad (x_2 = -5{,}385)$
Der Umfang u der Grundfläche berechnet sich so: $u = 2 \cdot x + 8\text{ cm} + 4\text{ cm}$
$\hspace{6cm} u \approx 10{,}77\text{ cm} + 12\text{ cm}$
$\hspace{6cm} u \approx 22{,}77\text{ cm}$

$M = u \cdot h$
$M \approx 22{,}77\text{ cm} \cdot 14\text{ cm}$
$M \approx 318{,}78\text{ cm}^2 \quad$ Aus a) ist bekannt: $G = 30\text{ cm}^2$.
$O = 2 \cdot G + M$
$O \approx 2 \cdot 30\text{ cm}^2 + 318{,}78\text{ cm}^2$
$O \approx 378{,}78\text{ cm}^2$
Der Oberflächeninhalt des Werkstücks beträgt ca. 378,78 cm².

c) Bei einem gleichschenkligem Trapez gilt α = β und γ = δ, außerdem α + δ = 180°
$\tan \alpha = \dfrac{\text{Gegenkathete}}{\text{Ankathete}} = \dfrac{5}{2} = 2{,}5$
$\tan \alpha = 2{,}5$
$\hspace{1cm} \alpha \approx 68{,}2°$
$\hspace{1cm} \delta \approx 180° - 68{,}2°$
$\hspace{1cm} \delta \approx 111{,}8°$
Die Innenwinkel der Trapezfläche sind etwa 68,2°, 68,2°, 111,8° und 111,8° groß.

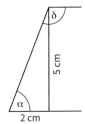

3 a) Der Strafraum mit Torraum ist ein Rechteck mit einer Breite von 16,5 m und einer Länge von 16,5 m + 7,32 m + 16,5 m, also 40,32 m.
$A_1 = 16{,}5\text{ m} \cdot 40{,}32\text{ m}$
$A_1 = 665{,}28\text{ m}^2$
Der Torraum ist 5,5 m breit und 18,32 m lang.
$A_2 = 5{,}5\text{ m} \cdot 18{,}32\text{ m}$
$A_2 = 100{,}76\text{ m}^2$
$A_1 - A_2 = 665{,}28\text{ m}^2 - 100{,}76\text{ m}^2$
$\hspace{1.5cm} = 564{,}52\text{ m}^2$
Der Strafraum außerhalb des Torraums ist ungefähr 565 m² groß.

b) Zunächst wird die Entfernung y vom 11-m-Punkt bis zum Fußpunkt des Tores mithilfe des Satzes des Pythagoras berechnet (siehe Zeichnung). 3,66 m ist die Hälfte von 7,32 m.
$y^2 = (11\text{ m})^2 + (3{,}66\text{ m})^2$
$y^2 = 134{,}3956\text{ m}^2 \quad (y \approx 11{,}59\text{ m})$
Für die eigentlich gesuchte Strecke x gilt die zweite Zeichnung.
2,44 m ist die Höhe des Tores.
$x^2 = y^2 + (2{,}44\text{ m})^2$
$x^2 = 134{,}3956\text{ m}^2 + 5{,}9536\text{ m}^2$
$x^2 = 140{,}3492\text{ m}^2 \quad |\sqrt{\ }$
$x \approx 11{,}85\text{ m}$
Der Ball legt rund 11,85 m zurück.

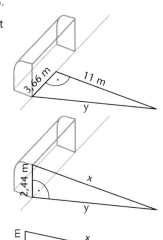

c) $\tan \alpha = \dfrac{\text{Gegenkathete}}{\text{Ankathete}} = \dfrac{2{,}44}{11{,}59}$
$\tan \alpha \approx 0{,}211$
$\hspace{1cm} \alpha \approx 11{,}9°$
Der Ball hebt unter einem Winkel von knapp 12° vom Boden ab.

Teil B Komplexe Aufgaben – Übungsaufgaben

S. 61

4 Für den Flächeninhalt A eines Parallelogramms gilt:
A = g · h
A = 8,5 cm · 4,2 cm
A = 35,7 cm²
Der Flächeninhalt des Parallelogramms beträgt 35,7 cm².

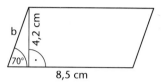

Für den Umfang benötigt man die Länge b.

$\sin 70° = \dfrac{\text{Gegenkathete}}{\text{Hypotenuse}} = \dfrac{4,2}{b}$ | · b

b · sin 70° = 4,2 | : sin 70°
b = 4,2 : sin 70°
b ≈ 4,47 cm

u = 2a + 2b ≈ 2 · 8,5 cm + 2 · 4,47 cm = 25,94 cm
Der Umfang des Parallelogramms beträgt rund 25,9 cm.

S. 62

1 Zunächst wandelt man die Prozentangaben in Dezimalbrüche um:
55 % = 0,55; 35 % = 0,35; 40 % = 0,4
Der gesuchte relative Anteil der Jungen, die mit dem Fahrrad zur Schule kommen, wird mit x bezeichnet.
Folglich ist der relative Anteil der Jungen, die nicht mit dem Fahrrad zur Schule kommen, (1 – x).
Im Baumdiagramm multiplizieren sich die Anteile längs eines Pfades.

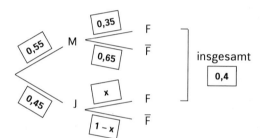

Mädchen mit Fahrrad:
$\underline{0{,}55}$ M $\underline{0{,}35}$ F (0,1925)   insgesamt

Jungen mit Fahrrad:
$\underline{0{,}45}$ J $\underline{\cdot x}$ F (0,45x)   0,4

Daraus ergibt sich die folgende Gleichung:
0,1925 + 0,45x = 0,4 | –0,1925
0,45x = 0,2075 | : 0,45
x ≈ 0,461

Etwa 46 % der Jungen kommen mit dem Fahrrad zur Schule.

2 a) Wir wissen, dass zwei Drittel ($\frac{2}{3}$ ≈ 0,67 = 67 %) der Konfektstücke die Form eines Quaders besitzen, der Rest (also ein Drittel) ist zylinderförmig.
$\frac{1}{3}$ ≈ 0,33 = 33 %

b) Zunächst ermitteln wir die Anzahl der zylinderförmigen Konfektstücke: $\frac{1}{3}$ von 60 = 20
Wir wissen, dass 12 Konfektstücke zylinderförmig sind und nach Kokos schmecken.
Folglich gibt es 8 (= 20 – 12) Konfektstücke, die zylinderförmig sind und nach Kakao schmecken.

c) Wir wissen:
$\frac{1}{3}$ von 60 Konfektstücken haben Kakaogeschmack, das sind 20 Stück. Also haben 40 Stück Kokosgeschmack. 12 davon sind zylinderförmig. Der Rest (40 – 12 = 28) hat die Form eines Quaders. Somit gibt es unter den 60 Konfektstücken insgesamt 28 quaderförmige Stücke, die nach Kokos schmecken.

Also: P(quaderförmig und Kokos) = $\frac{28}{60}$ ≈ 0,47 = 47 %

Hinweis: Man kann die absoluten Häufigkeiten auch übersichtlich in einer Tabelle darstellen.

	Kakao	Kokos	insgesamt
zylinderförmig	20 – 12 = 8	12	20
quaderförmig	12	40 – 12 = 28	40
insgesamt	20	40	60

Übungsaufgaben – Teil B Komplexe Aufgaben

S. 62

3 a) Die fehlenden Daten ergeben sich durch Rückwärtsrechnen aus den Gesamtzahlen und den Häufigkeiten des Gegenereignisses. Da es 300 Personen sind und 196 Personen die Pizza schmeckt, bleiben 300 – 196 = 104 Personen übrig, denen die Pizza nicht schmeckt. Von den 120 Jugendlichen geben 48 an, dass ihnen die Pizza nicht schmeckt, also haben 120 – 48 = 72 gesagt, dass ihnen die Pizza schmeckt.
Von den 196 Personen, denen die Pizza schmeckt, zieht man die 72 Jugendlichen ab und erhält, dass 124 Erwachsenen die Pizza schmeckt. Entsprechend berechnet man die Anzahl der Erwachsenen, denen die Pizza nicht schmeckt: 104 – 48 = 56.
Addiert man 124 und 56 erhält man die Anzahl aller Erwachsenen, also 180. Dieses Ergebnis kann man auch ermitteln, indem man von den 300 Personen der Umfrage die 120 Jugendlichen abzieht: 300 – 120 = 180 (Erwachsene). Die Tabelle ermöglicht damit ganz automatisch auch eine Probe der Rechnung.

	schmeckt	schmeckt nicht	gesamt
Erwachsene	**124**	56	**180**
Jugendliche	**72**	48	120
gesamt	196	**104**	300

b) Es gibt 180 Erwachsene. Davon geben 56 an, dass ihnen die Pizza nicht schmeckt. Damit ist die Wahrscheinlichkeit, dass einem Erwachsenen die Pizza nicht schmeckt:
$p = \frac{56}{180} = \frac{14}{45} \approx 31\%$.

S. 63

1 1 Stunde für 72 km
30 Minuten für 36 km
1 Stunde 30 Minuten für 108 km
Die Bahnstrecke ist 108 km lang.

2 a) Für Wohnen/Energie geben die Bundesbürger etwa fünfmal so viel aus wie für Telekommunikation.
Für Freizeit/Kultur geben die Bundesbürger etwa doppelt so viel aus wie für Gaststätten/Hotels.
Für Essen/Trinken geben die Bundesbürger etwa doppelt so viel aus wie für Kleidung/Schuhe.

b) Familie Wagner gibt für Wohnen/Energie etwa 9 600 € aus (das 30-Fache von 320 €), für Verkehr etwa 4 200 € (das 30-Fache von 140 €).

S. 64

1 $\quad \cdot 2 \begin{pmatrix} u_1 = 2a + 2b \\ u_2 = 2 \cdot (2a) + 2 \cdot (2b) \\ u_2 = 2(2a + 2b) \end{pmatrix}$
[x] Der Umfang verdoppelt sich.

2 $A_1 = \pi r^2 \xrightarrow{\cdot 16}$
$A_2 = \pi \cdot (4r)^2 \rightarrow A_2 = \pi \cdot 16r^2 \rightarrow A_2 = 16 \cdot (\pi r^2)$
[x] Der Flächeninhalt versechzehnfacht sich.

3 $V_1 = a^3 \xrightarrow{\cdot \frac{1}{8}}$
$V_2 = (\frac{1}{2}a)^3 \rightarrow V_2 = (\frac{1}{2})^3 \cdot a^3 \rightarrow V_2 = \frac{1}{8}a^3$
Das Volumen verringert sich auf ein Achtel.

Teil B Komplexe Aufgaben – Übungsaufgaben

S. 64

4 Nennt man den Radius der kleinen Kugeln r, so hat die große Kugel den Radius 2r.
$4 \cdot V_1$ ist das gesamte Volumen aller kleinen Kugeln, V_2 das Volumen der großen Kugel.

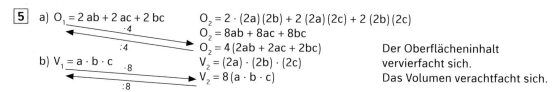

Die vier kleinen Kugeln haben zusammen das halbe Volumen der großen Kugel, wiegen also zusammen 3,5 kg.

5 a) $O_1 = 2\,ab + 2\,ac + 2\,bc$ $O_2 = 2 \cdot (2a)(2b) + 2\,(2a)(2c) + 2\,(2b)(2c)$
$\quad\quad$ $O_2 = 8ab + 8ac + 8bc$
$\quad\quad$ $O_2 = 4\,(2ab + 2ac + 2bc)$ Der Oberflächeninhalt vervierfacht sich.

b) $V_1 = a \cdot b \cdot c$ $V_2 = (2a) \cdot (2b) \cdot (2c)$
$\quad\quad$ $V_2 = 8\,(a \cdot b \cdot c)$ Das Volumen verachtfacht sich.

6 Generell gilt: Werden die Kantenlängen im Körper um den Faktor k vergrößert oder verkleinert, vergrößert oder verkleinert sich der Oberflächeninhalt um den Faktor k^2 und das Volumen um den Faktor k^3.
Im Bild wird deutlich, dass die gesamte Pyramide aus der Pyramidenspitze entsteht, wenn man die Kanten um den Faktor 4 vergrößert (Ähnlichkeit).

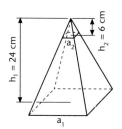

a) Die gesamte Pyramide hat das 4^3-Fache, also das 64-Fache Volumen der Spitze. Deshalb wiegt die abgeschnittene Spitze 31,25 g (2 000 g : 64).

b) Die gesamte Pyramide hat die 4^2-Fache, also die 16-Fache Oberfläche der Spitze. Deshalb ist der Wert ⊠ $\frac{1}{16}$ anzukreuzen.

S. 65

1 a)

Euro	US-Dollar
6 360 000	7 850 000
636	785
1	$\frac{785}{636} \approx 1{,}2343$

b) Silber 90 %:
$1\,cm^3 \cdot 0{,}9 \cdot 10{,}5\,\frac{g}{cm^3} = 9{,}45\,g$
Kupfer 10 %:
$1\,cm^3 \cdot 0{,}1 \cdot 8{,}9\,\frac{g}{cm^3} = 0{,}89\,g$
$1\,cm^3$ der Silberlegierung hat eine Masse von 10,34 g.

Dichte der Silberlegierung: $10{,}34\,\frac{g}{cm^3}$

c) Angaben aus der Tabelle:
Masse: 27 g   Dichte: $10{,}34\,\frac{g}{cm^3}$
Durchmesser der Münze: d = 4 cm
Radius der Münze: r = 2 cm
1. *Schritt:* Bestimmung des Volumens:
Masse (g) = Dichte $\left(\frac{g}{cm^3}\right) \cdot V\,(cm^3)$, also $V = \frac{27}{10{,}34}\,cm^3 \approx 2{,}6\,cm^3$
2. *Schritt:* Bestimmung der Dicke der Münze:
Da der Dollar die Form eines Zylinders hat, nutzt man die Volumenformel
$V = \pi \cdot r^2 \cdot h$ und formt sie nach h um:
$h = \frac{V}{\pi \cdot r^2} = \frac{2{,}6\,cm^3}{\pi \cdot (2\,cm)^2} \approx 0{,}2\,cm = 2\,mm$
Der Silberdollar ist etwa 2 mm dick.

d) Materialwert: $0{,}80\,\frac{€}{g} \cdot 27\,g = 21{,}60\,€$
Rekordsumme: 7 850 000 Dollar
G = 21,60 €   (Materialwert)
W = 6 360 000 €   (Rekordsumme)
$W = \frac{G \cdot p}{100}$, also $p = \frac{W}{G} \cdot 100 = \frac{6\,360\,000\,€}{21{,}60\,€} \cdot 100 \approx 29\,544\,444$
Der Verkaufspreis entspricht mehr als 29 Mio. % des Materialwerts.

Übungsaufgaben – Teil B Komplexe Aufgaben

S. 65

2 a) Folgende Maße sind gegeben:
d = 12 cm, also r = 6 cm
$\tan 45° = \frac{h}{r}$, also h = r = 6 cm
Aufgrund seiner Form eignet sich die Volumenformel des Kegels zur weiteren Berechnung.
$V = \frac{\pi \cdot r^2 \cdot h}{3}$, $V = \frac{\pi \cdot (6)^2 \cdot 6}{3}$ cm³ ≈ 226 cm³
Aus m = 250 g und V = 226 cm³ folgt:
1 cm³ Mehl wiegt ungefähr 1,1 g.

b) *1. Schritt:* Berechnung des Volumens
Gegeben ist: m = 500 g
Um das Volumen berechnen zu können, benötigen wir aus a) die Dichte δ von Mehl, nämlich 1,1 $\frac{g}{cm^3}$.
Das Volumen ergibt sich dann aus $V = \frac{m}{\delta}$, also $V = \frac{500}{1,1}$ cm³ ≈ 455 cm³.
2. Schritt: Berechnung der Höhe h
Aus $\tan 45° = \frac{h}{r}$ folgt: h = r
Dann gilt für alle Mehlkegel: $V = \frac{\pi \cdot r^2 \cdot r}{3} = \frac{\pi \cdot r^3}{3}$
Daraus folgt $r = \sqrt[3]{\frac{3 \cdot V}{\pi}}$
Also: $r \approx \sqrt[3]{\frac{3 \cdot 455}{\pi}}$ cm ≈ 7,6 cm
Der Schüttkegel aus 500 g Mehl hätte eine Höhe von etwa 7,6 cm.

S. 66

1 a) $K_4 = 2000$ € · $1,014^4$ ≈ 2 114,37 €

b) $K_0 = \frac{751,84 \text{ €}}{1,016} = 740$ €

c) Die Laufzeit n ergibt sich aus der Gleichung
1 560 € · $1,015^n$ = 1 705,77 € |:1 560 €
$1,015^n$ ≈ 1,09344

Durch systematisches Probieren verschiedener Werte für n erhält man:
Für n = 6 stimmt die Gleichung in etwa.
Die Laufzeit beträgt etwa 6 Jahre.

2 Da die Verdoppelungszeit des Kapitals 44 Jahre beträgt, wird es weder 100 noch 135 Jahre dauern, bis sich das Kapital vervierfacht hat. Diese Zeiträume sind zu lang. Schauen wir uns nochmals die zugehörige Zinseszinsformel an:
$K_n = 2000$ € · $(1,016)^n$
Eine Vervierfachung tritt dann ein, wenn der Ausdruck $q = 1,016^n$ den Wert 4 annimmt.
$1,016^{66}$ ≈ 2,85; $1,016^{88}$ ≈ 4,04; $1,016^{100}$ ≈ 4,89; $1,016^{135}$ ≈ 8,52
Alternativlösung:
$1,016^{44}$ ≈ 2 (nach Information) → $(1,016^{44})^2$ ≈ 2^2, also $1,016^{88}$ ≈ 4
Richtig ist also ⊠ etwa 88 Jahre.

3 a) Aus dem Diagramm ist abzulesen: 1 000 € sind nach 59 Jahren etwa erreicht.

b) Folgende Daten sind bekannt: $K_0 = 500$ €; $K_n = 1 000$ €, n = 59 Jahre.
Gesucht ist der Zinssatz p %.
Eingesetzt in die Formel ergibt sich:

$$K_n = K_0 \cdot \left(1 + \frac{p}{100}\right)^n$$
$1000 \text{ €} = 500 \text{ €} \cdot \left(1 + \frac{p}{100}\right)^{59}$ |:500 €
$2 = \left(1 + \frac{p}{100}\right)^{59}$ |$\sqrt[59]{}$
$\sqrt[59]{2} = 1 + \frac{p}{100}$
$1,0118175 = 1 + \frac{p}{100}$ |−1
$\frac{p}{100} \approx 0,0118 \approx 0,012$

Der Zinssatz beträgt damit 1,2 %.

c) Da die Höhe des Betrages keinen Einfluss auf die Verdoppelungszeit hat, dauert es bei einem Zinssatz von 1,2 % ebenfalls etwa 59 Jahre, bis sich ein Kapital von 50 000 € verdoppelt hat.

Teil B Komplexe Aufgaben – Übungsaufgaben

S. 67

1 Es gibt 36 mögliche Ergebnisse.
a) günstige Ergebnisse:

(1;2) (2;1) (3;1) (4;1) (5;1) (6;1)
(1;3) (2;3) (3;2) (4;2) (5;2) (6;2)
(1;4) (2;4) (3;4) (4;3) (5;3) (6;3) $P = \frac{30}{36} = \frac{5}{6}$
(1;5) (2;5) (3;5) (4;5) (5;4) (6;4)
(1;6) (2;6) (3;6) (4;6) (5;6) (6;5)

Alternative Lösung: Berechnung mit dem Gegenereignis
P (zwei verschiedene Zahlen) = 1 − P (zwei gleiche Zahlen) = $1 - \frac{6}{36} = \frac{5}{6}$

b) günstige Ergebnisse:

                (4;6)
        (5;5)   (5;6)
(6;4)   (6;5)   (6;6) $P = \frac{6}{36} = \frac{1}{6}$

c) günstige Ergebnisse:

(1;1) (3;1) (5;1)
(1;3) (3;3) (5;3) $P = \frac{9}{36} = \frac{1}{4}$
(1;5) (3;5) (5;5)

2 Die jeweils günstigen Ergebnisse kann man der Tabelle in Aufgabe ⑯ entnehmen.

P (Augensumme 12) = P (6;6) = $\frac{1}{36}$

P (Augensumme 7) = $\frac{6}{36} = \frac{1}{6}$ [günstig: (1;6), (2;5), (3;4), (4;3), (5;2), (6;1)]

Laut Spielregel muss Julian 5-mal so oft die Augensumme 7 erzielen wie Lara die Augensumme 12.

Tatsächlich tritt die Augensumme 7 aber bei einer großen Zahl von Versuchen 6-mal so oft wie die

Augensumme 12 auf $\left(\frac{1}{36} \cdot 6 = \frac{6}{36}\right)$.

Julian hat also die besseren Gewinnchancen.

3 Wir zeichnen ein Baumdiagramm.

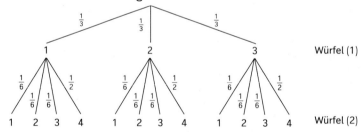

a) P (gerade Augensumme) = P (1;1) + P (1;3) + P (2;2) + P (2;4) + P (3;1) + P (3;3)

$= \frac{1}{3} \cdot \frac{1}{6} + \frac{1}{3} \cdot \frac{1}{6} + \frac{1}{3} \cdot \frac{1}{6} + \frac{1}{3} \cdot \frac{1}{2} + \frac{1}{3} \cdot \frac{1}{6} + \frac{1}{3} \cdot \frac{1}{6} = \frac{4}{9}$

b) P (zwei gleiche Zahlen) = P (1;1) + P (2;2) + P (3;3)

$= \frac{1}{3} \cdot \frac{1}{6} + \frac{1}{3} \cdot \frac{1}{3} \cdot \frac{1}{6} + \frac{1}{3} \cdot \frac{1}{6} = \frac{1}{6}$

c) P (Augensumme 6) = P (2;4) + P (3;3)

$= \frac{1}{3} \cdot \frac{1}{2} + \frac{1}{3} \cdot \frac{1}{6} = \frac{2}{9}$

Übungsaufgaben – Teil B Komplexe Aufgaben

S. 67

4

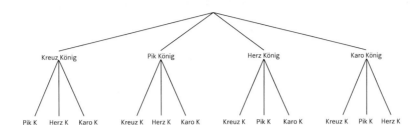

a) ↑   ↑ $P = \frac{2}{12} = \frac{1}{6}$

b)   ↑ ↑   ↑ ↑   ↑   ↑ ↑ $P = \frac{8}{12} = \frac{2}{3}$

S. 68

1 G_n ist die Menge der Fruchtfliegen nach n Tagen, q beschreibt den exponentiellen Wachstumsfaktor.

a) $G_0 = 10$; $q = 1{,}25$; $n = 7$
$G_7 = 10 \cdot 1{,}25^7 \approx 47{,}7$
Nach 7 Tagen sind es ca. 48 Fruchtfliegen.

b) Gesucht ist die Zahl n, für die gilt:
$10 \cdot 1{,}25^n = 1\,000$ $|:10$
$1{,}25^n = 100$ | systematisch Probieren
$1{,}25^{20} < 100 < 1{,}25^{21}$
Die Zahl der Fruchtfliegen verhundertfacht sich zwischen dem 20. und 21. Tag.

2 a) Von 2020 bis 2030 sind es zehn Jahre, also muss mit dem Wachstumsfaktor $(1 + 0{,}045)^{10}$ multipliziert werden: 21 Mio. $\cdot\ 1{,}045^{10} \approx 32{,}6$ Mio.
Im Jahr 2030 hätte Mexiko-Stadt etwa 32,6 Mio. Einwohner.

b) Hier könnte probierend gelöst werden:
Annahme 15 Jahre: 21 Mio. $\cdot\ 1{,}045^{15} \approx 40{,}6$ Mio.   Das ist zu viel.
Annahme 13 Jahre: 21 Mio. $\cdot\ 1{,}045^{13} \approx 37{,}2$ Mio.   Das ist zu wenig.
Annahme 14 Jahre: 21 Mio. $\cdot\ 1{,}045^{14} \approx 38{,}9$ Mio.   Damit sind die 38 Mio. überschritten.
Mexiko-Stadt würde die 38-Millionen-Grenze im Jahr 2033 überschreiten.

3 a) jährlicher Verbrauch des Jahres 1997: 8,7 Liter
jährlicher Verbrauch des Jahres 2019: 7,4 Liter
$8{,}7\ l - 7{,}4\ l = 1{,}3\ l$
$1{,}3\ l$ von $8{,}7\ l = \frac{1{,}3}{8{,}7} \approx 0{,}15 = 15\,\%$
2019 ist der Verbrauch um etwa 15 % kleiner als im Jahr 1997.

b) Nein, der Verbrauch hat nicht pro Jahr um 1 % abgenommen. Das stimmt nur annähernd, denn
$9{,}0\ l \cdot 0{,}99^{20} \approx 7{,}36\ l$.

c) mögliche Ursachen: Autos werden schwerer, haben mehr Komfort (Klimaanlage, Sitzheizung, Bordcomputer, ...), haben mehr Leistung, ...

d) Die y-Achse könnte auf einen kleineren Bereich, z. B. von 6 Liter bis 9 Liter, verkürzt werden. Damit wird der Eindruck erweckt, dass der Benzinpreis drastisch gefallen ist.

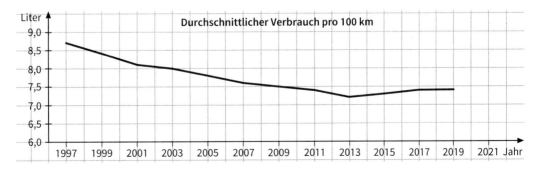

Teil B Komplexe Aufgaben – Übungsaufgaben

S. 69

1

Zahlenrätsel		Gleichung	Lösung
①	$a + 3a = 8$ $4a = 8 \quad \vert :4$ $a = 2$	(E)	2
②	$\frac{3a}{8} = \frac{1}{2}a \quad \vert \cdot 8$ $3a = 4a \quad \vert -3a$ $0 = a$	(C)	0
③	$3a \cdot 8 = 3$ $24a = 3 \quad \vert :24$ $a = \frac{1}{8}$	(A)	$\frac{1}{8}$
④	$3 - \frac{a}{3} = 8 \quad \vert -3$ $-\frac{a}{3} = 5 \quad \vert \cdot (-3)$ $a = -15$	(B)	-15

2

Für n = 4 sehen die Muster so aus:	
a)	b)
Anzahl der Hölzer: $13 = 1 + 4 \cdot 3$	$9 = 3 + 3 \cdot 2$
Term: $1 + n \cdot 3$	$3 + (n-1) \cdot 2$ oder $1 + 2n$

3 a) Um das Zahlenrätsel als Gleichung aufschreiben zu können, muss der Text in einen Term „übersetzt" werden:
- Für die gesuchte Zahl schreibt man x.
- „Subtrahieren" steht für die Rechenoperation „–";
- „die Hälfte einer Zahl x" bedeutet „$\frac{1}{2}$x oder 0,5x";
- „ein Drittel der Zahl x" schreibt man als „$\frac{1}{3}$x";
- „erhältst du" steht für das Gleichheitszeichen „=".

Die Gleichung lautet also: $\frac{1}{2}x - \frac{1}{3}x = 4 \quad \vert \cdot 6$
$$3x - 2x = 24$$
$$x = 24$$
Die Probe am Text bestätigt die Lösung.

b) Um von der Gleichung zu einem passenden Zahlenrätsel zu kommen, ersetzt man die Terme und Rechenzeichen durch sprachliche Ausdrücke:
- aus „7x" wird „das 7-Fache einer Zahl x"
- „–" entspricht „Subtrahieren" oder „Vermindern"
- „2x" meint „das Doppelte einer Zahl x" oder „das Produkt aus einer Zahl x und 2"
- „7x – 48" ist die Differenz aus „dem 7-Fachen einer Zahl x und 48".

Ein zur Gleichung passendes Zahlenrätsel ist z. B.: „Subtrahiere vom 7-Fachen einer Zahl 48, so erhältst du das Doppelte der Zahl."
Die Lösung der Gleichung erhält man so: $7x - 48 = 2x \quad \vert -2x + 48$
$$5x = 48 \quad \vert :5$$
$$x = 9{,}6$$

4 Alter von Frau Krause: x
dreifaches Alter minus 5: $3x - 5$
Alter von Frau Krause in 15 Jahren: $x + 15$ $\qquad 3x - 5 = 2(x + 15)$
doppeltes Alter in 15 Jahren: $2(x + 15)$ $\qquad 3x - 5 = 2x + 30$
$\qquad\qquad\qquad\qquad\qquad\qquad\qquad\qquad\qquad\quad x = 35$

Frau Krause ist heute 35 Jahre alt.

Übungsaufgaben – Teil B Komplexe Aufgaben

S. 70

1 a) Hier müssen die Hinweise beachtet werden. Da genau einmal „45" (Median) genannt wurde, verbleiben 78 Antworten. Davon müssen 39 unter „45" und 39 über „45" liegen.
Das untere Quartil 40 wurde einmal genannt, ebenso das obere Quartil 60, also liegen:

19 Antworten unter 40   1 Antwort genau 40
19 Antworten zwischen 40 und 45   1 Antwort genau 45
19 Antworten zwischen 45 und 60   1 Antwort genau 60
19 Antworten über 60

Achtung: Die Antworten „0" (vermutlich kein Smartphonebesitz) und „140" müssen jeweils mindestens einmal auftreten.

b) Jedes Befragungsergebnis, das die unter a) genannten Rahmenbedingungen erfüllt, ist möglich und damit als richtig zu bewerten.

2 Es gibt insgesamt 25 Noten. Der Median aller Noten steht also an der 13. Stelle, das ist die Note 3. Der Median der unteren Hälfte ist die Note 2 (unteres Quartil) und der Median der oberen Hälfte ist die Note 4 (oberer Quartil).

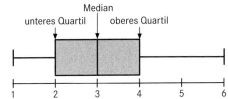

3 a) Die Boxplots sind fast identisch, sie unterscheiden sich nur im oberen Quartil. Aus den Daten im Säulendiagramm berechnet man die Anzahl der Schüler. Die Klasse 10a hat 25 Schüler.

oberes Quartil der 10a: $25 \cdot \frac{3}{4} = 18{,}75$. Der 19. Wert entspricht also 9 Punkten.

(Begründung: 5 Schüler haben mehr als 9 Punkte, 4 Schüler haben genau 9 Punkte.)
Also passt der Boxplot (1) zur 10a.

b) oberes Quartil der 10b: $29 \cdot \frac{3}{4} = 21{,}75$. Der 22. Wert entspricht also 10 Punkten.

Mindestens 4 Schüler müssen 10 Punkte haben. Da 7 Werte fehlen, sind folgende Lösungen möglich:

	Schüler			
10 Punkte	4	5	6	7
9 Punkte	3	2	1	0

S. 71

1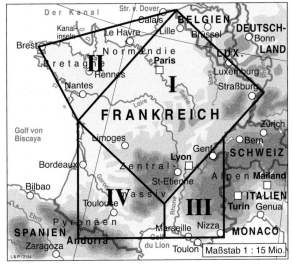

Die Unterteilung Frankreichs in berechenbare Teilflächen kann auf unterschiedliche Art erfolgen; hier ist eine Möglichkeit dargestellt.
Der Maßstab bedeutet: Jeder gemessene Millimeter ist in Wirklichkeit 15 km.

$A_I = 570 \text{ km} \cdot 450 \text{ km} = 256\,500 \text{ km}^2$

$A_{II} = \frac{570 \text{ km} \cdot 300 \text{ km}}{2} = 85\,500 \text{ km}^2$

$A_{III} = \frac{150 \text{ km} + 390 \text{ km}}{2} \cdot 285 \text{ km} = 76\,950 \text{ km}^2$

$A_{IV} = \frac{150 \text{ km} + 480 \text{ km}}{2} \cdot 330 \text{ km}^2 = 103\,950 \text{ km}^2$

$A_{Gesamt} = 522\,900 \text{ km}^2$

Frankreich ohne Korsika ist ca. 523 000 km² groß. (Laut offiziellen Angaben sind es 535 000 km².)

Teil B Komplexe Aufgaben – Übungsaufgaben

S. 71

2 Es gibt sehr viele Möglichkeiten, die beschädigte Dünenfläche so durch berechenbare Flächen abzudecken, dass sich „Gewinne" und „Verluste" ungefähr ausgleichen.
Eine mögliche Lösung ist hier dargestellt:
Die gemessenen Werte in cm muss man mit 200 multiplizieren, dann erhält man die tatsächliche Entfernung in m.

$A_1 \approx \frac{140\,m + 360\,m}{2} \cdot 320\,m = 80\,000\,m^2$ (Trapez)

$A_2 \approx \frac{800\,m \cdot 300\,m}{2} = 120\,000\,m^2$ (Dreieck)

$A_1 + A_2 = 200\,000\,m^2 = 20$ ha

Die vom Sturm beschädigte Fläche ist etwa 20 ha groß.

Maßstab: 1 : 20 000

S. 72

1 a) $2x - 14 = 0$ oder $15 - 3x = 0$
$\qquad x_1 = 7 \qquad x_2 = 5$

b) $4x^2 - 17 - 3x^2 - 8 = 0$
$\qquad x^2 - 25 = 0$
$\qquad x_1 = 5$
$\qquad x_2 = -5$

c) $7x^2 - 6x - 5 - 5x^2 + 18x + 5 = 0$
$\qquad 7x^2 - 5x^2 - 6x + 18x - 5 + 5 = 0$
$\qquad 2x^2 + 12x = 0$
$\qquad 2x(x + 6) = 0$
$\qquad x_1 = 0$
$\qquad x_2 = -6$

d) $3y^2 - 9y - 37 = 3y - 1 \qquad |-3y + 1$
$\qquad 3y^2 - 9y - 3y - 37 + 1 = 0$
$\qquad 3y^2 - 12y - 36 = 0 \qquad |:3$
$\qquad y^2 - 4y - 12 = 0$
$\qquad y_{1/2} = 2 \pm \sqrt{4 + 12}$
$\qquad y_1 = 2 + 4 = 6$
$\qquad y_2 = 2 - 4 = -2$

e) $(5 + a)^2 + a^2 = 3a + 29$
$\qquad 25 + 10a + a^2 + a^2 = 3a + 29 \qquad |-3a - 29$
$\qquad 2a^2 + 7a - 4 = 0 \qquad |:2$
$\qquad a^2 + 3{,}5a - 2 = 0$
$\qquad a_{1/2} = -1{,}75 \pm \sqrt{3{,}0625 + 2}$
$\qquad a_{1/2} = -1{,}75 \pm 2{,}25$
$\qquad a_1 = 0{,}5 \qquad a_2 = -4$

2 a) $\qquad x^2 + 3x = 11x - 7 \qquad |-11x + 7$
$\qquad x^2 + 3x - 11x + 7 = 0$
$\qquad x^2 - 8x + 7 = 0$
$\qquad x_{1/2} = 4 \pm \sqrt{16 - 7}$
$\qquad x_1 = 4 + 3 = 7$
$\qquad x_2 = 4 - 3 = 1$
Die Zahl ist 7 oder 1.

b) $(2x - 16)(15 - x) = 0$
$\quad 2x - 16 = 0 \qquad$ oder $\qquad 15 - x = 0$
$\quad 2x = 16 \qquad\qquad\qquad 15 = x$
$\quad x_1 = 8 \qquad\qquad\qquad x_2 = 15$
Maik und Fatima können 8 oder 15 gewählt haben.

3 $x^2 + 55 = 2x(x - 3)$
$x^2 + 55 = 2x^2 - 6x \qquad |-2x^2 + 6x$
$0 = x^2 - 6x - 55$
$x_{1/2} = 3 \pm \sqrt{9 + 55} \qquad x_1 = 3 + 8 = 11;\ x_2$ ist negativ
Das Quadrat hatte eine Seitenlänge von 11 cm.

4 a) $2\pi r^2 + 2\pi rh = 0 \rightarrow 2\pi r^2 + 2\pi r \cdot 6 = 54\pi \qquad |:2\pi$
$\qquad r^2 + 6r = 27 \qquad |-27$
$\qquad r^2 + 6r - 27 = 0$
$\qquad r_{1/2} = -3 \pm \sqrt{9 + 27}$
$\qquad r_{1/2} = -3 \pm 6$
$\qquad r_1 = 3;\ r_2 = -9$ (entfällt als Lösung)
Der Radius ist 3 cm lang.

b) $V = \pi \cdot r^2 \cdot h \rightarrow V = \pi \cdot 3^2 \cdot 6 \approx 54\pi$
$\quad V \approx 169{,}646\,cm^3$

S.72

5 a) $O = \pi \cdot r^2 + \pi \cdot r \cdot s \rightarrow \pi \cdot r^2 + \pi \cdot r \cdot s = O$
$\qquad s = 6\,cm \rightarrow \pi \cdot r^2 + 6 \cdot \pi \cdot r = 172{,}788 \quad |:\pi \quad |-172{,}788$
$\qquad\qquad\qquad r^2 + 6\,r - \frac{172{,}788}{\pi} = 0$, dabei gilt $\frac{172{,}788}{\pi} \approx 55{,}0$

$r^2 + 6r - 55 = 0$
$r_{1/2} = -3 \pm \sqrt{9 + 55}$
$r_{1/2} = -3 \pm \sqrt{64}$
$r_1 = -3 + 8 = 5$, r_2 entfällt als negativer Wert.
Der Radius ist 5 cm lang.

b) $h^2 = s^2 - r^2$
$h^2 = 36 - 25 = 11$
$h = \sqrt{11} \approx 3{,}32 \rightarrow h \approx 3{,}32\,cm$
$V = \frac{1}{3} \cdot \pi \cdot r^2 \cdot h \rightarrow V \approx \frac{1}{3} \cdot \pi \cdot (5\,cm)^2 \cdot 3{,}32\,cm$
$\qquad\qquad\qquad\qquad V \approx 86{,}917\,cm^3$

S.73

1 a) Baumdiagramm mit Zurücklegen:

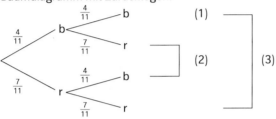

(1) $P(b;b) = \frac{4}{11} \cdot \frac{4}{11} \approx 13\,\%$

(2) $P(b;r) + P(r;b) = \frac{4}{11} \cdot \frac{7}{11} + \frac{7}{11} \cdot \frac{4}{11} \approx 46\,\%$

(3) $P(b;b) + P(r;r) = \frac{4}{11} \cdot \frac{4}{11} + \frac{7}{11} \cdot \frac{7}{11} \approx 54\,\%$

b) Baumdiagramm ohne Zurücklegen:

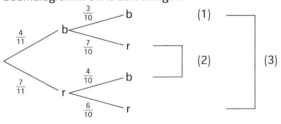

(1) $P(b;b) = \frac{4}{11} \cdot \frac{3}{10} \approx 11\,\%$

(2) $P(b;r) + P(r;b) = \frac{4}{11} \cdot \frac{7}{10} + \frac{7}{11} \cdot \frac{4}{10} \approx 51\,\%$

(3) $P(b;b) + P(r;r) = \frac{4}{11} \cdot \frac{3}{10} + \frac{7}{11} \cdot \frac{6}{10} \approx 49\,\%$

2 Die Wahrscheinlichkeit für „blau" und „gelb" ist jeweils $\frac{1}{2}$.

a) zweimal „blau": $P(b;b) = \frac{1}{2} \cdot \frac{1}{2} = \frac{1}{4}$

b) letzte Drehung „blau": $P(g;b) + P(b;b) = \frac{1}{2}$

c) keine Farbe zweimal: $P(g;b) + P(b;g) = \frac{1}{2} \cdot \frac{1}{2} + \frac{1}{2} \cdot \frac{1}{2} = \frac{1}{4} + \frac{1}{4} = \frac{1}{2}$

d) „gelb" nicht öfter als einmal: $P(\text{maximal einmal gelb}) = 1 - P(g;g) = 1 - \frac{1}{2} \cdot \frac{1}{2} = \frac{3}{4}$

Teil B Komplexe Aufgaben – Übungsaufgaben

S. 73

3 $P(12) = \frac{1}{36}$ $P(11 \text{ oder } 10) = \frac{5}{36}$ [(4;6); (5;5); (5;6); (6;4); (6;5)]   (siehe Tabelle auf S. 67)

Die Klasse nimmt bei 36 Spielen 36 € ein, weil der Einsatz 1 € beträgt. Durchschnittlich gibt sie dabei für einen Hauptgewinn 10 € (P (12) = $\frac{1}{36}$) aus und für fünf kleine Preise (P (11 oder 10) = $\frac{5}{36}$) ebenfalls 10 € (5 · 2 €).
Es ergibt sich ein durchschnittlicher Überschuss von 16 € (36 € – 20 €) bei jeweils 36 Spielen.
392 € : 16 € = 24,5 (etwa so oft hat es 36 Spiele gegeben)
24,5 · 36 = 882
Natürlich erreicht im Laufe eines Schulfestes die relative Häufigkeit nicht exakt die Wahrscheinlichkeit für ein bestimmtes Ergebnis, kommt ihr aber recht nah.
Deshalb kann man davon ausgehen, dass 893-mal am Würfelspiel teilgenommen wurde.

S. 74

1

	a)	b)	c)
Kapital (K)	1 800 €	4 500 €	3 000 €
Zinssatz (p %)	0,5 %	1,8 %	0,65 %
Zinsen (Z)	9 €	81 €	19,50 €

2 Am einfachsten löst man diese Aufgabe, indem man:
① sich zunächst ein konkretes Beispiel überlegt und die Höhe der Zinsen mithilfe der Zinsformel bestimmt. Wir nehmen z. B. als Ausgangssituation an:
Tom legt 2 000 € zu 1 % an, am Jahresende erhält er 20 € Zinsen.
② die jeweiligen Angaben zur Veränderung von K oder p in die allgemeine Zinsformel überträgt.

a) Veränderte Situation: Tom legt doppelt so hohe Ersparnisse bei doppelt so hohem Zinssatz an.
Zu ①: Das bedeutet in unserem Beispiel:
Tom legt 4 000 € zu 2 % an, am Jahresende erhält er dann 80 € Zinsen.
Zu ②: Allgemein gilt: $Z = \frac{1}{100} (K \cdot p)$
Setzt man in diese Gleichung statt K für die Verdoppelung von Toms Kapital 2 · K ein und entsprechend für den doppelten Zinssatz 2p, sähe die Gleichung so aus:
$Z = \frac{1}{100} (2K \cdot 2p)$
$Z = \frac{1}{100} (4K \cdot p)$
Tom würde also nach einem Jahr Zinsen in 4-facher Höhe erhalten, also 80 €.

b) Veränderte Situation:
Tom legt doppelt so hohe Ersparnisse bei halb so großem Zinssatz an.
Zu ①: Das bedeutet in unserem Beispiel:
Tom legt 4 000 € zu 0,5 % an, am Jahresende erhält er dann 20 € Zinsen.
Zu ②: Setzt man in diese Gleichung statt K für die Verdoppelung von Toms Kapital 2 · K ein und entsprechend für den halbierten Zinssatz 0,5p, sähe die Gleichung so aus:
$Z = \frac{1}{100} (2K \cdot 0,5p)$
$Z = \frac{1}{100} (K \cdot p)$
Die Verdoppelung des Kapitals hat zusammen mit der Halbierung des Zinssatzes keine Auswirkungen auf die Höhe der Zinsen.
Tom würde also nach einem Jahr Zinsen in derselben Höhe erhalten, also 20 €.

c) Veränderte Situation:
Tom legt nur die Hälfte seiner Ersparnisse bei doppelt so hohem Zinssatz an.
Zu ①: Das bedeutet in unserem Beispiel:
Tom legt 2 000 € zu 1,0 % an, am Jahresende erhält er dann 20 € Zinsen.
Zu ②: Setzt man diese Gleichung statt K für die Halbierung von Toms Kapital 0,5 · K ein und entsprechend für den doppelten Zinssatz 2p, sähe diese Gleichung so aus:
$Z = \frac{1}{100} (0,5 K \cdot 2p)$
$Z = \frac{1}{100} \cdot (K \cdot p)$
Die Halbierung des Kapitals hat zusammen mit der Verdoppelung des Zinssatzes keine Auswirkungen auf die Höhe der Zinsen.
Tom würde also nach einem Jahr Zinsen in derselben Höhe erhalten, also 20 €.

Übungsaufgaben – Teil B Komplexe Aufgaben

S. 74

3 Da $K_1 = K_0 \cdot \left(1 + \frac{p}{100}\right)$, hat den höchsten Zinssatz die Person erzielt, bei der der Quotient aus Endkapital und Anfangskapital am größten ist.
Anja: 1,219   Boris: 1,268   Pia: 1,161   Luca: 1,331
Luca hat den höchsten Zinssatz erzielt.

4 a) Wir betrachten die auftretenden Faktoren, mit denen der anfängliche Mietpreis multipliziert wird.
Es ergibt sich:
Angebot A: $1{,}035 \cdot 1{,}045 = 1{,}081575$ Angebot B: $1{,}045 \cdot 1{,}035 = 1{,}081575$
Beide Angebote führen im 2. Jahr zur gleichen Miete. Was aber zahlt Frau Winter konkret in diesen zwei Jahren? Nehmen wir an, Frau Winters Miete beträgt 900 €.

		Angebot A	Angebot B		
Erhöhung der Miete		900,00 €	900,00 €	Erhöhung der Miete	
1. Jahr	3,50 %	931,50 €	940,50 €	1. Jahr	4,50 %
2. Jahr	4,50 %	**973,42 €**	**973,42 €**	2. Jahr	3,50 %

Beide Angebote führen nach zwei Jahren zur gleichen Miete. Aber im 1. Jahr der Erhöhung muss Frau Winter beim Angebot B monatlich 940,50 € − 931,50 € = 9 € mehr bezahlen.

b) Gesucht ist die positive Zahl a, die folgende Gleichung erfüllt:
$a^2 = 1{,}035 \cdot 1{,}045 \quad |\sqrt{}$
$a \approx 1{,}03999$
Durch eine prozentuale Mieterhöhung von etwa 4 % pro Jahr könnte dieselbe Miete erzielt werden.

S. 75

1 h ist der Höhenunterschied der Anlaufbahn und y ihre Länge.

Es gilt: $\tan 39° = \frac{h}{113 \text{ m}} \quad | \cdot 113 \text{ m}$
$113 \text{ m} \cdot \tan 39° = h$
$h \approx 91{,}506 \text{ m}$

Die Länge y kann mit dem Satz des Pythagoras oder mit dem Kosinus bestimmt werden. Die zweite Möglichkeit hat den Vorteil, dass ein Fehler bei der Berechnung von h nicht zu einem Folgefehler bei y führt.

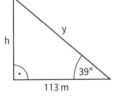

① $y^2 = h^2 + (113 \text{ m})^2$
$y^2 = (91{,}506 \text{ m})^2 + (113 \text{ m})^2$
$y \approx 145{,}404 \text{ m}$

② $\cos 39° = \frac{113 \text{ m}}{y} \quad | \cdot y$
$y \cdot \cos 39° = 113 \text{ m} \quad | : \cos$
$y = \frac{113 \text{ m}}{\cos 39°} \approx 145{,}404 \text{ m}$

Die Anlaufbahn hat einen Höhenunterschied von ca. 92 m und ist ungefähr 145 m lang.

2 $\alpha = 180° - 45{,}7° = 134{,}3°$ $\gamma = 180° - 134{,}3° - 31{,}6° = 14{,}1°$

1. Möglichkeit:
Um zwei rechtwinklige Dreiecke zu erhalten, zeichnen wir die Höhe h auf $\overline{SL_2}$ ein. Nun gilt:

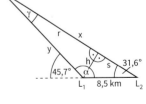

$\sin 31{,}6° = \frac{h}{8{,}5 \text{ km}}$ $h = 8{,}5 \text{ km} \cdot \sin 31{,}6° \approx 4{,}45 \text{ km}$
$\cos 31{,}6° = \frac{s}{8{,}5 \text{ km}}$ $s = 8{,}5 \text{ km} \cdot \cos 31{,}6° \approx 7{,}24 \text{ km}$
$\tan \gamma = \frac{h}{r}$ $r = \frac{h}{\tan \gamma} \approx \frac{4{,}45 \text{ km}}{\tan 14{,}1°} \approx 17{,}72 \text{ km}$

$x = r + s \approx 24{,}96 \text{ km}$
$y^2 = r^2 + h^2$ $y = \sqrt{r^2 + h^2} \approx \sqrt{(17{,}72 \text{ km})^2 + (4{,}45 \text{ km})^2} \approx 18{,}27 \text{ km}$

2. Möglichkeit (Sinussatz):

(1) $\frac{x}{\sin 134{,}3°} = \frac{8{,}5 \text{ km}}{\sin 14{,}1°}$ (2) $\frac{y}{\sin 31{,}6°} = \frac{8{,}5 \text{ km}}{\sin 14{,}1°}$

$x = \frac{8{,}5 \text{ km} \cdot \sin 134{,}3°}{\sin 14{,}1°}$ $y = \frac{8{,}5 \text{ km} \cdot \sin 31{,}6°}{\sin 14{,}1°}$

$x \approx 24{,}97 \text{ km}$ $y \approx 18{,}28 \text{ km}$

Das Segelschiff ist ca. 18,3 km vom linken und ca. 25 km vom rechten Leuchtturm entfernt.

Teil B Komplexe Aufgaben – Übungsaufgaben

S. 75

3 Zunächst stellen wir uns vor, dass A und B auf gleicher Höhe liegen. Um Verwechselungen zu vermeiden, nennen wir diese Punkte A* und B*

In der Zeichnung besteht die Länge l der Entfernung von A* nach B* von oben betrachtet aus 5 geraden Abschnitten der Länge 4 cm und 4 Halbkreisen (also 2 Kreisen) mit dem Radius 1 cm.

Gesamtlänge in der Zeichnung
– Umfänge der zwei Kreise:
2u = 2 · π · d
2u = 2 · π · 2 cm
2u = 12,57 cm

– Entfernung von A* nach B*:
l = 5 · 4 cm + 12,57 cm
l = 32,57 cm

Da der Maßstab der Zeichnung 1:5000 ist, beträgt die Entfernung L von A* nach B* in Wirklichkeit:
L = 32,57 cm · 5000
L = 162 850 cm
L = 1628,5 m

Um die tatsächliche Entfernung zwischen A und B zu bestimmen, muss noch die Steigung der Pass-Straße berücksichtigt werden.

Die Steigung 14 % bedeutet für den Steigungswinkel α:
tan α = 0,14
α ≈ 7,97°

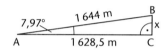

Die schematische Zeichnung des Dreiecks hilft jetzt weiter; x ist der Höhenunterschied $\overline{BC}$.

Es gilt: $\tan 7{,}97° = \frac{x}{1628{,}5\,m}$ | · 1628,5 m

1628,5 m · tan 7,97° = x
x ≈ 228 m

Da A in einer Höhe von 620 m liegt, befindet sich B ungefähr auf der Höhe 620 m + 228 m, also in 848 m Höhe.

Die Länge $\overline{AB}$ entspricht der tatsächlichen Länge der Fahrstrecke von A nach B.
Diese Fahrstrecke kann man mit dem Satz des Pythagoras ausrechnen:
$(\overline{AB})^2 = 1628{,}5^2 + 228^2$; $\overline{AB} ≈ 1644$ m
Der Punkt B liegt ca. 848 m hoch. Die Pass-Straße von A nach B ist rund 1644 m lang.

S. 76

1 a) Die zweite Formel liefert das korrekte Ergebnis:
   [x] =A7*0,42+38   (Strecke in km · 0,42 €/km + 38 € Pauschale)

b) Für 300 km sind die Angebote fast gleich: Angebot A 164 € und Angebot B 162 €. Bei allen anderen angegebenen Strecken ist die Differenz zwischen den Angeboten größer als 2 €.

c) Angebot A: y = 0,42x + 38 (I);   Angebot B: y = 0,32x + 66 (II)
   (I) = (II): 0,42x + 38 = 0,32x + 66 |−0,32x − 38
                 0,10x = 28 |·10
                     x = 280
   Bei einer Strecke von 280 km fallen bei beiden Angeboten die gleichen Kosten an.

2 a) =D1*D1*D1   oder   =D1^3
   In D1 steht die Kantenlänge a des Würfels, und sein Volumen wird berechnet mit der Formel V = a³.

b) Man könnte die Wertepaare bzw. Zelleinträge in (B1|B2) und (D1|D2) sowie (C1|C2) und (F1|F2) vergleichen. Dann zeigt sich, dass bei Verdoppelung der Kantenlänge das Volumen auf das 8-Fache anwächst.

3 a) Die Formel steht für die Rechnung 80 · 1,2. Um einen Grundwert um 20 % zu erhöhen, multipliziert man ihn mit $(1 + \frac{20}{100})$, also mit 1,2.

b) Wenn man einen Grundwert um 20 % herabsetzt, multipliziert man ihn mit $1 - \frac{20}{100}$, also mit 0,8.

c) =B4*A5   oder   Formel in Zelle B5: =B4*A3
   =B5*A6   oder   Formel in Zelle B6: =B5*A2

Übungsaufgaben – Teil B Komplexe Aufgaben

S. 77

1 a) Die 3,6 m hohe Spitze ist auf dem Foto ungefähr 0,75 cm hoch. 1 cm auf dem Foto entspricht also 4,8 m in Wirklichkeit. Der Obelisk ist auf dem Foto ungefähr 4,8 cm hoch. D.h. der Obelisk ist in Wirklichkeit also ca. 23 m ($\approx 4,8 \cdot 4,8$ m) hoch.

b) Das Volumen des Obelisken kann durch einen Quader mit 23 m Höhe und quadratischer Grundfläche mit der Seitenlänge 2 m (etwas mehr als die Hälfte der Spitze des Obelisken) abgeschätzt werden.

c) Nach der Schätzung in b) hat der Obelisk ein Volumen von 23 m $\cdot$ 2 m $\cdot$ 2 m = 92 m³. Daraus ergibt sich eine ungefähre Masse von 92 m³ $\cdot$ 2,8 $\frac{t}{m^3} \approx$ 257,6 t. Der Obelisk wiegt ca. 260 t (in Wirklichkeit 250 t).

2 Annahme: Die Frau an der Brille ist ungefähr 1,60 m groß.
Abschätzung: Die Brille ist ungefähr 1,5 m hoch und 5 m breit. Die Bügellänge einer Brille entspricht ungefähr der Breite, also auch 5 m.
Rechnung: Die Brille eines Menschen ist so breit wie der Kopf. Die Kopflänge ist ungefähr das 1,5-Fache der Kopfbreite. Die Körpergröße ist ungefähr das 7,5-Fache der Kopflänge.
5 m $\cdot$ 1,5 $\cdot$ 7,5 = 56,25 m
Antwort: Die Person müsste ungefähr 56 m groß sein.

3 Damit man nicht alle Personen zählen muss, legt man ein Zählgitter über das Foto. Man geht davon aus, dass in jedem Quadrat des Zählgitters durchschnittlich gleich viele Menschen sind:

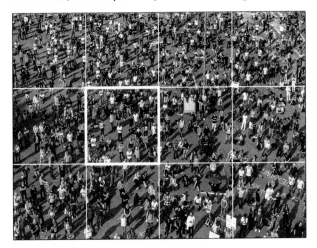

Hier wurde das Foto in 3 $\cdot$ 4 = 12 gleich große Quadrate eingeteilt. Nun bestimmt man die Anzahl von Personen in einem Quadrat, in dem durchschnittlich viele Personen zu sehen sind. Im stark umrandeten Quadrat sind das ungefähr 30. Damit ergeben sich für das gesamte Bild 12 $\cdot$ 30 = 360.
Etwa 400 Personen befinden sich auf dem Foto.

Abschlusstest Teil B Komplexe Aufgaben

S. 78

1 Neue Preise

a) 1. Lösungsweg: 100 % entsprechen 639 €; 115 % entsprechen 639 € · $\frac{115}{100}$ = 734,85 €
   2. Lösungsweg: 639 € · 1,15 = 734,85 € ≈ 735 €   Neuer Preis: ca. 735,00 €

b) 1. Lösungsweg: 49 € : 59 € ≈ 0,83 = 83 %   Die Preissenkung betrug ca. 17 %.
   2. Lösungsweg: Die Preissenkung um 10 € entspricht 10 € : 59 € ≈ 0,17 = 17 %

c) 1. Lösungsweg: 14,80 € sind 95 % vom alten Preis.
      Der alte Preis betrug (14,80 € · 100) : 95 ≈ 15,60 €
   2. Lösungsweg: 14,80 € : 0,95 ≈ 15,58 €   Alter Preis: ca. 15,60 €

2 Autofarben

a) Sonstige Farben: 228 − 76 − 57 = 95
   Anteile:
   silbergrau: $\frac{76}{228} = \frac{1}{3} \approx 33{,}3\%$
   schwarz: $\frac{57}{228} = \frac{1}{4} = 25\%$
   Sonstige: $\frac{95}{228} = \frac{5}{12} \approx 41{,}7\%$

Farbe	Anzahl	Anteil als Bruch	Anteil in %
silbergrau	76	$\frac{1}{3}$	33,3 %
schwarz	57	$\frac{1}{4}$	25 %
Sonstige	95	$\frac{5}{12}$	41,7 %

b) Wenn sich der Anteil der schwarzen Autos nicht ändern wird, kann er mit ungefähr 75 schwarzen Autos rechnen, das sind $\frac{1}{4}$ von 300.

c) Zunächst werden alle gegebenen Wahrscheinlichkeiten in das Baumdiagramm eingetragen.
   Die Wahrscheinlichkeit für sonstige Farben beträgt $\frac{5}{12}$ (siehe a)).
   Die gesuchten Wahrscheinlichkeiten berechnet man mit den Pfadregeln.
   (1) Hierzu gehört der Pfad „silbergrau-silbergrau".
       P (beide silbergrau) = $\frac{1}{3} \cdot \frac{1}{3} = \frac{1}{9}$
   (2) Hierzu gehören zwei Pfade. Es sind die Pfade „silbergrau-schwarz" und „schwarz-silbergrau".
       P (silbergrau; schwarz) = $\frac{1}{3} \cdot \frac{1}{4} + \frac{1}{4} \cdot \frac{1}{3} = \frac{2}{12} = \frac{1}{6}$

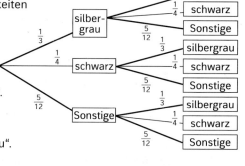

S. 79

3 Busfahrt

a) Während der Fahrt wird Benzin verbraucht, der Tankinhalt nimmt also ab. Ein Tankvorgang ist dagegen daran zu erkennen, dass die Benzinmenge im Tank sprunghaft ansteigt. Dies ist nach einer gefahrenen Strecke von 100 km und von 500 km der Fall.
   Die richtige Antwort ist also: Es wurde 2-mal angehalten, um zu tanken.

b) Die Entfernung von Köln nach Paris lässt sich auf der x-Achse ablesen; 800 km.

c) Je größer der Benzinverbrauch ist, desto rascher nimmt der Tankinhalt ab. Auf der Teilstrecke mit dem höchsten Benzinverbrauch fällt der Graph daher am steilsten ab. Dies trifft auf die Teilstrecke ③ zu.

d) Beim Start in Köln sind 40 l Benzin im Tank, bis zum ersten Tanken sind 20 l davon verbraucht. Die Teilstrecke ② beginnt der Bus mit einem Tankinhalt von 80 l, davon sind bis zum zweiten Tanken 60 l verbraucht. Die Teilstrecke ③ beginnt der Bus mit einem Tankinhalt von 110 l, bei seiner Ankunft in Paris sind noch 40 l im Tank. Der Bus hat also auf der letzten Etappe 70 l verbraucht.
Auf der gesamten Fahrt verbrauchte der Bus also 20 l + 60 l + 70 l = 150 l.

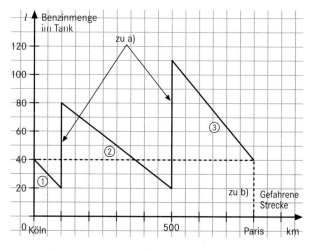

Abschlusstest – Teil B Komplexe Aufgaben

S.79

4 Behälter mit Kugeln

Insgesamt sind zunächst 7 Kugeln (3 blaue, 4 rote) im Behälter. Also beträgt die Wahrscheinlichkeit, im ersten Zug eine blaue Kugel zu ziehen, $\frac{3}{7}$ und für eine rote Kugel $\frac{4}{7}$.
Beim zweiten Zug sind nur noch 6 Kugeln im Behälter. Die Wahrscheinlichkeiten hängen vom Ergebnis des ersten Zuges ab.

Baumdiagramm:

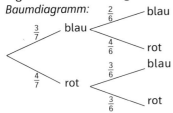

Björn gewinnt bei den Ergebnissen (blau; blau) und (rot; rot).

Mit den Pfadregeln berechnen wir die Wahrscheinlichkeiten.
P (Marc gewinnt) = P (blau; rot) + P (rot; blau)

$$= \frac{3}{7} \cdot \frac{4}{6} + \frac{4}{7} \cdot \frac{3}{6}$$
$$= \frac{12}{42} + \frac{12}{42}$$
$$= \frac{24}{42} = \frac{4}{7} \approx 57\%$$

P (Björn gewinnt) = P (blau; blau) + P (rot; rot)

$$= \frac{3}{7} \cdot \frac{2}{6} + \frac{4}{7} \cdot \frac{3}{6}$$
$$= \frac{6}{42} + \frac{12}{42}$$
$$= \frac{18}{42} = \frac{3}{7} \approx 43\%$$

Alternativer Lösungsweg: P (Marc gewinnt) = 1 – P (Björn gewinnt)
$$= 1 - \frac{3}{7} = \frac{4}{7} \approx 57\%$$

Gewinnwahrscheinlichkeit für Marc: $\frac{4}{7} \approx 57\%$ Gewinnwahrscheinlichkeit für Björn: $\frac{3}{7} \approx 43\%$

5 Lotterie

a) Bei 80 % Nieten beträgt der Anteil der Gewinne 20 %.
   Es gilt: $20\% = \frac{20}{100} = \frac{1}{5}$. Die Aussage „Jedes fünfte Los ist ein Gewinn" ist richtig.

b) Ein Los kostet 1,00 €. Insgesamt werden also 2 000 € eingenommen.
   Folgende Gewinne werden ausgezahlt:
   – 15 Hauptgewinne von je 50,00 €:   15 · 50 € = 750 €
   – 4 % Preise von je 6,00 €:   4 % von 2 000 = 2 000 · 0,04 = 80
                                          80 · 6 € = 480 €
   – Trostpreise von je 0,50 €:   80 % von 2 000 = 1 600 (Nieten), damit 400 Preise
                                          400 – 15 – 80 = 305 (Trostpreise)
                                          305 · 0,50 € = 152,50 €
   Gewinn: 2 000 € – 750 € – 480 € – 152,50 € = 617,50 €
   Mit der Lotterie wurde ein Gewinn von 617,50 € erzielt.

S.80

6 Flugzeug

a) $x^2 + (25{,}7 \text{ km})^2 = (26{,}3 \text{ km})^2$ (Satz des Pythagoras)
   $x^2 = (26{,}3 \text{ km})^2 - (25{,}7 \text{ km})^2$
   $x \approx 5{,}5857 \text{ km}$

Das Flugzeug überfliegt Alsburg in ca. 5,6 km Höhe.

b) $\cos \alpha = \frac{\text{Ankathete}}{\text{Hypotenuse}}$

   $\cos \alpha = \frac{25{,}7 \text{ km}}{26{,}3 \text{ km}}$

   $\alpha \approx 12{,}262°$

   Gesucht ist die Steigung in Prozent, also ist $\frac{x}{27{,}5 \text{ km}} = \tan \alpha$ zu bestimmen.
   $\tan 12{,}262° \approx 0{,}2173 \approx 21{,}7\%$
   Das Flugzeug ist durchschnittlich mit 21,7 % aufgestiegen.

Teil B Komplexe Aufgaben – Abschlusstest

7 CD

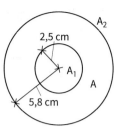

a) Die beschreibbare Fläche A hat die Form eines Kreisrings mit $d_1 = 50$ mm (also $r_1 = 25$ mm) und $d_2 = 116$ mm (also $r_2 = 58$ mm).

$A = A_2 - A_1$
$= \pi \cdot r_2^2 - \pi \cdot r_1^2$
$= \pi \cdot (58 \text{ mm})^2 - \pi \cdot (25 \text{ mm}^2)$
$\approx 8605 \text{ mm}^2$

Die beschreibbare Fläche ist etwa 8 605 mm² groß.

b) Die Hälfte des Flächeninhalts beträgt etwa 4 303 mm² (= 8 605 mm² : 2). Um den Radius zu berechnen, muss der nicht beschreibbare innere Ring (625π mm² ≈ 1 943 mm²) addiert werden:
4 303 mm² + 1 943 mm² = 6 46 mm².

Nun kann der Radius berechnet werden: $\pi \cdot r^2 = 6246 \text{ mm}^2 \quad |:\pi$
$r^2 \approx 1988 \text{ mm}^2 \quad |\sqrt{}$
$r \approx 45 \text{ mm}$

Die CD ist „halb voll", wenn sie bis zu etwa 45 mm beschrieben ist.

8 Reisepreis

a) und b)   Die Anzahlung kann mit dem Dreisatz berechnet werden:
10 % von 998 € sind 99,80 €
20 % von 998 € sind 199,60 €   (2 · 99,80 €)

Oder: 20 % von 998 € = $\frac{998 \text{ € } \cdot 20}{100}$ = 199,60 €

Diese Rechnung lässt sich als Formel für B4 verallgemeinern: =A4*20/100.

Um den Restbetrag zu bestimmen, wird die Anzahlung vom Reisepreis subtrahiert:
998,00 € – 199,60 € = 798,40 €.
Verallgemeinert lautet dies als Formel für C4: =A4–B4.

9 Ferienplanung

a) Die pauschalen Nebenkosten betragen bei 4 Personen: 4 · 40 € = 160 €.
Pro Nacht kommen 70 € hinzu. Also lautet die Funktionsgleichung y = 70x + 160

b) Bezüglich des Kontexts sind jedoch nur die Punkte mit ganzzahligen x-Koordinaten sinnvoll zu interpretieren, da es z. B. 2,5 Übernachtungen nicht gibt.

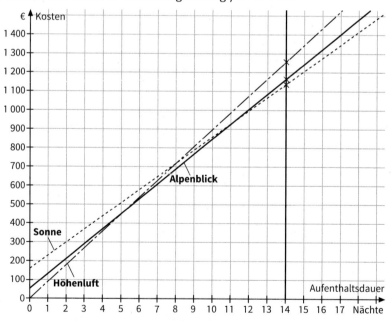

c) Familie Dogan will genau zwei Wochen (also 14 Tage) bleiben.
Aus dem Koordinatensystem ist abzulesen, dass die Kosten für diese Aufenthaltsdauer bei der Ferienwohnung Sonne am geringsten sind.
Man kann dies auch rechnerisch prüfen:
• Ferienwohnung Sonne: 14 · 70 € + 4 · 40 € = 1 140 €
• Ferienappartement Höhenluft: 14 · 90 € = 1 260 €
• Ferienwohnung Alpenblick: 14 · 80 € + 50 € = 1 170 €

Abschlusstest – Teil B Komplexe Aufgaben

S. 81

10 Sonnenfinsternis
Während der Sonnenfinsternis wird die Leistung der Solaranlagen ca. $\frac{1}{3}$ (6 Gigawatt : 18 Gigawatt) betragen. Dies entspricht aber $0,3\overline{3}$, also etwa 33 %.

11 Verein
a) Insgesamt spielen 50 Jugendliche (15 Mädchen und 35 Jungen) der 325 Befragten im Verein Fußball. Das entspricht $\frac{50}{325} \approx 15\%$.

b) Von den 50 Jugendlichen, die im Verein spielen, sind 15 Mädchen. Das entspricht $\frac{15}{50} = 30\%$. Also hat Helena recht.

c) Justus vergleicht nur die absoluten Häufigkeiten (35 Jungen und 15 Mädchen) und berücksichtigt nicht die Gesamtzahlen (250 Jungen und nur 75 Mädchen). Für einen besseren Vergleich muss man die relativen Häufigkeiten (Anteile) heranziehen.
Anteil der 15 im Verein spielenden Mädchen unter den 75 Mädchen: $\frac{15}{75} = 20\%$
Anteil der 35 im Verein spielenden Jungen unter den 250 Jungen: $\frac{35}{250} = 14\%$
Da der Anteil bei den Mädchen höher ist, stimmt die Aussage von Justus nicht.

S. 82

12 Zahlenrätsel
(1) A,   (2) (F);   (3) (H)
Lösungen der Gleichungen:

(A)
$2(5x + 7) = -3x + 53$
$10x + 14 = -3x + 53 \quad |+3x$
$13x + 14 = 53 \quad |-14$
$13x = 39 \quad |:13$
$x = 3$

(F)
$x - (-8) = 5x + 64$
$x + 8 = 5x + 64 \quad |-5x$
$-4x + 8 = 64 \quad |-8$
$-4x = 56 \quad |:(-4)$
$x = -14$

(H)
$4x - 17 = 3(x - 2)$
$4x - 17 = 3x - 6 \quad |-3x$
$x - 17 = -6 \quad |+17$
$x = 11$

13 Haus mit Pultdach
a) Der umbaute Raum entspricht dem Volumen des Baukörpers.
Berechnung des Volumens:
Das Haus kann als Prisma mit einem Trapez als Grundfläche betrachtet werden.
$V = G \cdot h$
$V = \frac{9,6\,m + 6,2\,m}{2} \cdot 8,4\,m \cdot 12,6\,m$ Beachte: Höhe des Trapezes: 8,4 m; Höhe des Prismas: 12,6 m
$V = 836,136\,m^3 \qquad V \approx 836\,m^3$

b) Berechnung des Flächeninhalts der Seitenflächen:
Die Seitenflächen bestehen aus zwei gleichen Trapezen und zwei Rechtecken.
$A = 2\left(\frac{9,6\,m + 6,2\,m}{2} \cdot 8,4\,m\right) + 12,6\,m \cdot 9,6\,m + 12,6\,m \cdot 6,2\,m$
$A = 331,8\,m^2 \qquad A \approx 332\,m^2$

c) Berechnung des Neigungswinkels: $\tan \alpha = \frac{9,6\,m - 6,2\,m}{8,4\,m} = \frac{3,4\,m}{8,4\,m} \qquad \alpha \approx 22°$

14 Taschengeld
Das geringste monatliche Taschengeld beträgt 10 €, das höchste 80 €. Daraus ergibt sich die Spannweite 80 € – 10 € = 70 €.
Der mittlere Betrag (Median) liegt bei 30 €. 50 % der Befragten erhalten Taschengeld zwischen 20 € (unteres Quartil) und 50 € (oberes Quartil). Es fällt auf, dass die Streuung oberhalb des Medians erheblich größer ist als darunter. Am größten ist sie im obersten Viertel. 25 % der befragten Jugendlichen erhalten monatlich 50 € bis 80 € Taschengeld.

15 Aralsee

a) Es gibt sehr viele Möglichkeiten, die Fläche des Aralsees so durch berechenbare Flächen abzudecken, dass sich „Gewinne" und „Verluste" ungefähr ausgleichen. Eine mögliche Lösung ist hier dargestellt:
Die gemessenen Werte in cm muss man mit 62,5 multiplizieren, dann erhält man die tatsächliche Entfernung in km.
Größe des Sees im Jahre 1960:

$A_1 \approx 256{,}25 \text{ km} \cdot 200 \text{ km} = 51\,250 \text{ km}^2$ (Parallelogramm)

$A_2 \approx \dfrac{237{,}5 \text{ km} + 68{,}75 \text{ km}}{2} \cdot 81{,}25 \text{ km} \approx 12\,441 \text{ km}^2$ (Trapez)

$A_3 \approx \dfrac{137{,}5 \text{ km} \cdot 62{,}5 \text{ km}}{2} = 4\,297 \text{ km}^2$ (Dreieck)

$A_1 + A_2 + A_3 = 67\,988 \text{ km}^2$

Im Jahr 1960 war der Aralsee etwa 68 000 km² groß.

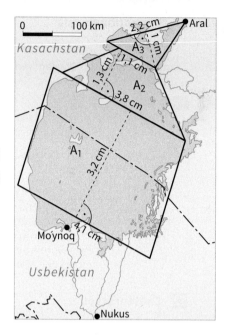

b) Größe des Sees im Jahre 2010:

$A_1 \approx 187{,}5 \text{ km} \cdot 25 \text{ km} = 4\,687{,}5 \text{ km}^2$ (Parallelogramm)

$A_2 \approx 25 \text{ km} \cdot 12{,}5 \text{ km} = 312{,}5 \text{ km}^2$ (Rechteck)

$A_3 \approx \dfrac{81{,}25 \text{ km} + 125 \text{ km}}{2} \cdot 31{,}25 \text{ km} \approx 3\,222{,}7 \text{ km}^2$ (Trapez)

$A_1 + A_2 + A_3 \approx 8\,222{,}7 \text{ km}^2$

Im Jahr 2010 war der Aralsee etwa 8 220 km² groß.

Prozentsatz berechnen: $p\% = \dfrac{8\,220}{68\,000} \approx 0{,}12 = 12\%$

Im Jahr 2010 hatte der Aralsee etwa 88 % seiner Größe von 1960 verloren.

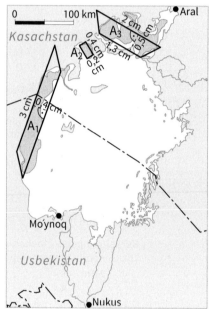

16 Ernährung

a) $4{,}9 \text{ g} \triangleq 5{,}6\%$ $x = \dfrac{4{,}9 \text{ g} \cdot 100\%}{5{,}6\%} = 87{,}5 \text{ g}$
   $x \text{ g} \triangleq 100\%$

Die empfohlene Tagesmenge beträgt 87,5 g.

b) Zuckergehalt im Frühstück:
3 Schreiben Vollkorntoast + 1x Butter + 1x Marmelade + 1x Schokoaufstrich + 1x Kakaomilch
$3 \cdot 0{,}5 \text{ g} + 0{,}5 \text{ g} + 15 \text{ g} + 10 \text{ g} + 20 \text{ g} = 47 \text{ g}$

Prozentualer Anteil: $p\% = \dfrac{47 \text{ g}}{87{,}5 \text{ g}} \approx 0{,}54 = 54\%$

Von der empfohlenen Tagesmenge sind etwa 54 % im Frühstück enthalten.

17 Gleichungen

(1) $(x + 3) \cdot (8 - 2x)$ ist ein Produkt, das genau dann null ist, wenn ein Faktor null ist.

$(x + 3) \cdot (8 - 2x) = 0$

$x + 3 = 0 \quad |-3 \quad$ oder $\quad 8 - 2x = 0 \quad |-8$
$x_1 = -3 \quad\quad\quad\quad$ oder $\quad -2x = -8 \quad |:(-2)$
$\quad\quad\quad\quad\quad\quad\quad\quad\quad\quad\quad\quad x_2 = 4$

(2) $\quad x^2 + 5x = 0 \quad |$ x ausklammern
$\quad x \cdot (x + 5) = 0$
$\quad x_1 = 0 \quad$ oder $\quad x + 5 = 0 \quad |-5$
$\quad\quad\quad\quad\quad\quad\quad\quad x_2 = -5$

(3) $\quad 3x^2 - 8 = 4 \quad |+8$
$\quad\quad 3x^2 = 12 \quad |:3$
$\quad\quad\quad x^2 = 4 \quad |\sqrt{}$
$\quad x_1 = 2 \quad$ oder $\quad x_2 = -2$

(4) Hier können wir die Lösungsformel anwenden.
$\quad 2x^2 - 12x + 4 = 18 \quad |-18$
$\quad 2x^2 - 12x - 14 = 0 \quad |:2$
$\quad\quad x^2 - 6x - 7 = 0 \quad |p = -6; q = -7$
$\quad x = \frac{6}{2} + \sqrt{\left(\frac{6}{2}\right)^2 + 7} \quad$ oder $\quad x = \frac{6}{2} - \sqrt{\left(\frac{6}{2}\right)^2 + 7}$
$\quad x = 3 + \sqrt{16} \quad\quad\quad$ oder $\quad x = 3 - \sqrt{16}$
$\quad x_1 = 7 \quad\quad\quad\quad\quad\quad$ oder $\quad x_2 = -1$

18 Gebäude

a) Da die Parabel achsensymmetrisch zur y-Achse ist, liegt der höchste Punkt auf der y-Achse, also bei x = 0. Aus der Funktionsgleichung und aus dem Bild kann man ablesen, dass zu x = 0 der y-Wert 18 gehört. Die Ausstellungshalle ist 18 m hoch.

b) Setze für die Höhe y = 9 in die Parabelgleichung ein und bestimme die zugehörigen x-Werte:

$9 = -\frac{1}{9}x^2 + 18 \quad |-18$

$-9 = -\frac{1}{9}x^2 \quad |\cdot(-9)$

$x^2 = 81 \quad x_1 = -9; x_2 = +9$

Der Abstand der beiden x-Werte ist 18, also ist in der Höhe 9 m die Halle 18 m breit und damit doppelt so breit wie hoch.

c) $\quad 0 = -\frac{1}{9}x^2 + 18 \quad |-18$

$\quad -18 = -\frac{1}{9}x^2 \quad |\cdot(-9)$

$\quad x^2 = 162 \quad x_1 \approx -12{,}73; x_2 = +12{,}73$

Der Abstand von der y-Achse zu einer Nullstelle ist ca. zwei Drittel von 18 (der Höhe der Halle in m). Wenn man im Foto zwei Drittel der Höhe an der x-Achse abträgt, sieht man, dass die Halle am Boden etwas breiter ist. Die Beschreibung durch eine Parabel passt also nicht genau. Es sieht so aus, als könnte man den unteren Teil der Außenlinie besser durch eine Gerade beschreiben.

Teil B Komplexe Aufgaben – Abschlusstest

19 Nerobergbahn

Die Länge der gesuchten Strecke ermittelt man mithilfe des Satzes des Pythagoras.
Der Höhenunterschied zwischen Tal- und Bergstation beträgt 83 m. Die Luftlinienentfernung *l* zwischen Tal- und Bergstation können wir mithilfe der Entfernungen der beiden Orte in der abgebildeten Karte und dem angegebenen Kartenmaßstab bestimmen.

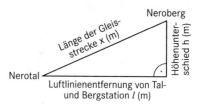

Der Abstand zwischen Tal- und Bergstation in der Karte beträgt ca. 4,3 cm.
Zu berechnen ist die Länge in der Wirklichkeit.
Der Maßstab 1:10000 bedeutet: 1 cm auf einer Karte entsprechen 10000 cm in der Wirklichkeit.
Man muss die gemessene Strecke also mit 10000 multiplizieren: 4,3 cm · 10000 = 43000 cm.
Die Luftlinienentfernung *l* zwischen den beiden Orten beträgt in der Realität also etwa 430 m.
Jetzt lässt sich die gesuchte Strecke x mit dem Satz des Pythagoras ermitteln:

$x^2 = h^2 + l^2$
$= (83\ m)^2 + (430\ m)^2 = 191\,789\ m^2 \qquad x \approx 437{,}9\ m$

Die Länge der Gleisstrecke zwischen Nerotal und Neroberg beträgt also ungefähr 438 m.

20 Felswand

Da ∢ FBA = 45° und ∢ BAF = 90°, ist ∢ AFB = 45°. Das Dreieck ist damit gleichschenklig.
Also ist die Höhe der Felswand h = AF = AB

Im Dreieck ACF gilt: $\tan 32° = \dfrac{\text{Gegenkathete}}{\text{Ankathete}}$

$\tan 32° = \dfrac{h}{(h+30)}$ | · (h + 30)

$\tan 32° \cdot (h+30) = h$ | ausmultiplizieren

$\tan 32° \cdot h + 30 \cdot \tan 32° = h$

$0{,}6249\,h + 18{,}7461 \approx h$ | −0,6249 h

$18{,}7461 \approx 0{,}3751\,h$ | :0,3751

$h \approx 49{,}98\ m$

Die Felswand ist etwa 50 m hoch.

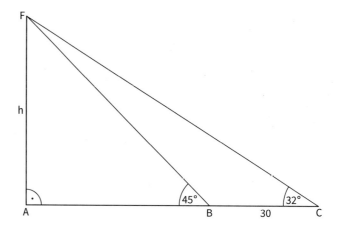

21 Maßänderungen

a) (1) Die Aussage ist richtig, denn
   $u = 2\pi r$ Wird r durch 2r ersetzt, ergibt sich $u = 2\pi(2r) = 4\pi r = 2 \cdot 2\pi r$
   (2) Die Aussage ist falsch. Der Flächeninhalt vervierfacht sich, denn
   $A = \pi r^2$ Wird r durch 2r ersetzt, ergibt sich $A = \pi(2r)^2 = \pi \cdot 4r^2 = 4 \cdot \pi r^2$

b) Das Volumen verachtfacht sich, denn
   $V = \tfrac{1}{3}\pi r^2 h$ Wird r durch 2r und h durch 2h ersetzt, ergibt sich
   $V = \tfrac{1}{3}\pi(2r)^2 \cdot 2h = \tfrac{1}{3}\pi \cdot 4r^2 \cdot 2h = 8 \cdot \tfrac{1}{3}\pi r^2 h$

Abschlusstest – Teil B Komplexe Aufgaben

22 Wucherzins

a)
Jahr	0	1	2	3	4	5	6
Schulden	5 000 €	6 000 €	7 200 €	8 600 €	10 400 €	12 400 €	14 900 €

b) Nach einem Jahr sind die Schulden von 5 000 € auf 6 000 € gestiegen, also um 1 000 €.
Zinssatz p %: 1 000 € von 5 000 € = $\frac{1000}{5000}$ = 0,2 = 20 %

c) Bei einem Zinssatz von 20 % erhöhen sich die Schulden jedes Jahr auf das 1,2-Fache. Der Wachstumsfaktor beträgt also 1,2.
Lösungsweg 1: Gesucht ist die Zahl n, für die gilt:
5 000 · $1,2^n$ > 30 000 | systematisches Probieren
5 000 · $1,2^{10}$ ≈ 30 959 > 30 000
Lösungsweg 2: Man könnte schrittweise mit dem Taschenrechner weiterrechnen:
5 000 · 1,2 = 6 000   6 000 · 1,2 = 7 200   7 200 · 1,2 = 8 640 ...
Nach 10 Jahren übersteigen die Schulden 30 000 €.

23 Sonderpreis

a) Methode (1) berücksichtigt nicht den Rabatt von 3 %. Die Methode ist falsch.
Methode (2) berechnet zuerst 85 % (100 % – 15 %) vom bisherigen Preis. Dann werden von 3 % vom reduzierten Preis subtrahiert. Die Methode ist richtig.
Methode (3) ist auch richtig.
Es gilt: 100 % – 15 % = 85 % = 0,85 und
100 % – 3 % = 97 % = 0,97
Deshalb kann der gesenkte Barzahlungspreis so berechnet werden:
(1 500 € · 0,85) · 0,97 = 1 236,75 €

b) Die Rechnung z. B. mit Methode (3) ergibt 1 236,75 €.

24 Werkstück

a) Für die Berechnung der Masse wird das Volumen benötigt.
$V = V_{Zylinder} - 2\, V_{Kegel}$

$V = \pi \cdot r_Z^2 \cdot h_Z - 2 \cdot \frac{1}{3} \cdot \pi \cdot r_K^2 h_K$

$= \pi \cdot 3^2\, cm^2 \cdot 18\, cm - 2 \cdot \frac{1}{3} \cdot \pi \cdot 1,5^2\, cm^2 \cdot 9\, cm$

$\approx 508,9\, cm^3 - 42,4\, cm^3 = 466,5\, cm^3$

Masse des Werkstücks: $8,73\, \frac{g}{cm^3} \cdot 466,5\, cm^3 = 4\,072,545\, g$
Die Masse beträgt rund 4 073 g.

b) Der Oberflächeninhalt setzt sich aus dem Oberflächeninhalt des Zylinders und den Mantelflächen der Kegel zusammen. Davon müssen noch die Grundflächen der Kegel subtrahiert werden, da das Werkstück an beiden Enden offen ist.
$A_O = A_{OZ} + 2 \cdot A_{MK} - 2 \cdot A_{GK}$
$A_O = 2\pi r_Z (r_Z + h_Z) + 2\pi r_K s - 2\pi r_K^2$
Berechnung der Seitenlinie s: $s = \sqrt{1,5^2 + 9^2}\, cm \approx 9,12\, cm$
$A_O = 2\pi \cdot 3\, cm\, (3\, cm + 18\, cm) + 2\pi \cdot 1,5\, cm \cdot 9,12\, cm - 2\pi \cdot 1,5^2\, cm^2$
$A_O \approx 395,84\, cm^2 + 85,95\, cm^2 - 14,14\, cm^2$
$A_O \approx 467,65\, cm^2$
Der Oberflächeninhalt beträgt rund 468 cm^2.

Teil B Komplexe Aufgaben – Abschlusstest

S. 87

25 Lustige Abfallbehälter

a) Die folgenden Abschätzungen beziehen sich auf das Foto rechts neben dem Text. Dabei werden die gesuchten Längen mit den Maßen des Rucksacks, der davor steht, verglichen.
Der Rucksack ist vermutlich 50 cm hoch und 30 cm breit.
Höhe h der Behälter (ohne „Kopf"): 85 cm
Höhe k der Behälter (mit „Kopf"): 100 cm
oberer Durchmesser d_o: 50 cm
unterer Durchmesser d_u: 60 cm

b) Die Abschätzungen des Volumens durch den Zylinder (3) beschreiben am genauesten das tatsächliche Volumen des Abfallsammlers. Der Zylinder ist oben zwar ein wenig zu breit, dafür in der „bauchigen Mitte" des Abfallbehälters etwas zu klein.
Der Quader (2) wird einen etwas zu kleinen Wert liefern, da der obere Durchmesser gewählt wurde. Die Abschätzung durch den Kegel (1) wird zu einem deutlich zu kleinen Wert führen, denn trotz des gewählten größeren Durchmessers u für die Grundfläche und der Gesamthöhe k bleibt viel Rauminhalt unberücksichtigt.

26 Kugeln

a)

Figur	1	2	3	4	5	6
Anzahl aller Kugeln	3	6	10	15	21	28
Anzahl der blauen Kugeln	3	6	9	12	15	18
Anzahl der weißen Kugeln	0	0	1	3	6	10

b) Die Figur 4 hat an jeder der drei Seiten 5 blaue Kugeln, die Figur 5 hat dreimal 6 blaue Kugeln und die Figur n dreimal (n + 1) blaue Kugeln. Dabei werden die 3 Kugeln in den Ecken doppelt gezählt. Somit sind in der Figur n genau $3 \cdot (n + 1) - 3 = 3 \cdot n + 3 \cdot 1 - 3 = 3 \cdot n$ blaue Kugeln.

c) Für n = 15 erhalten wir $\frac{1}{2} \cdot (15 + 2) \cdot (15 + 1) = 136$ Kugeln.

d) Für n = 20 erhalten wir:

Anzahl aller Kugeln: $\frac{1}{2} \cdot (20 + 2) \cdot (20 + 1) = 231$ Kugeln

Anzahl der blauen Kugeln: $3 \cdot 20 = 60$ Kugeln
Anzahl der weißen Kugel: $231 - 60 = 171$ Kugeln

Zusatz: Erklärung des Terms $\frac{1}{2} \cdot (n + 2) \cdot (n + 1)$

„Verdopplung" der Figur 5

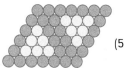

(5 + 1) Zeilen

(5 + 2) Spalten

Anzahl der Kugeln insgesamt:

$\frac{1}{2} \cdot (5 + 2) \cdot (5 + 1) = 21$

„Verdopplung" der Figur n

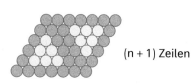

(n + 1) Zeilen

(n + 2) Spalten

Anzahl der Kugeln insgesamt:

$\frac{1}{2} \cdot (n + 2) \cdot (n + 1)$

Teil C Zentrale Aufgaben

Alle Lösungen Teil C: nicht amtliche Lösungen

Zentrale Prüfung NRW Mittlerer Schulabschluss (MSA) 2021

Prüfungsteil I

Aufgabe 1
Der markierte Teil des Insektenhotels hat die Form eines Rechtecks. In der untersten Reihe liegen 19 Röhrchen nebeneinander, in der Reihe darüber sind es 20 Röhrchen. Es sind ca. 18 Reihen übereinander.
$18 \cdot 19 = 342$ und $18 \cdot 20 = 360$.
Geschätzt sind ungefähr 350 Röhrchen zu sehen.

Aufgabe 2 (V1)
$2,5$ h $= 2,5 \cdot 60$ min $= 150$ min $= 150 \cdot 60$ s $= 9000$ Sekunden
1296 cm $= 12,96$ Meter
50 g $= 0,05$ Kilogramm

Aufgabe 2 (V2)
$\frac{2}{10} = 0,2$ $0,15$ $10^{-1} = 0,1$ $0,05$
$0,05 < 10^{-1} < 0,15 < \frac{2}{10}$

Aufgabe 3 (V1)
Für das Volumen einer Pyramide gilt: $V = \frac{1}{3} \cdot G \cdot h$; bei einer quadratischen Grundfläche gilt: $V = \frac{1}{3} \cdot a^2 \cdot h$.
Hier: $V = \frac{1}{3} \cdot 15^2$ cm² $\cdot 24$ cm $= 1800$ cm³
1800 cm³ $\cdot 0,8 \frac{g}{cm^3} = 1440$ g   Die Holzpyramide hat ein Volumen von 1800 cm³ und wiegt 1440 g.

Aufgabe 3 (V2)
a) Für das Volumen eines Quaders gilt: $V = a \cdot b \cdot c$
   hier: $V = 1,94$ m $\cdot 2,88$ m $\cdot 0,40$ m $= 2,235$ m³
b) Der Boden hat einen Flächeninhalt von $1,94$ m $\cdot 2,88$ m $= 5,5872$ m². Die beiden kürzeren Seitenwände haben einen Flächeninhalt von $1,94$ m $\cdot 0,4$ m $\cdot 2 = 1,552$ m². Die beiden längeren Seitenwände haben einen Flächeninhalt von $2,88$ m $\cdot 0,4$ m $\cdot 2 = 2,304$ m². Insgesamt ist eine Fläche von
$5,5872$ m² $+ 1,552$ m² $+ 2,304$ m² $= 9,4432$ m² zu lackieren, das sind 10 angefangene Quadratmeter.
Die Lackierung kostet also $10 \cdot 39$ € $= 390$ €.

Aufgabe 4 (V1)
a)
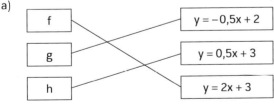

b) Der y-Achsenabschnitt ist 2 und die Steigung beträgt $m = \frac{3,5 - 2}{1} = 1,5$.
Die Geradengleichung lautet $y = 1,5x + 2$.

Aufgabe 4 (V2)
a) I. $6x - 4y = -26$
   II. $2x + 4y = 2$
   _____
   I. + II.: $8x = -24$ $| : 8$
   $x = -3$

   Die Lösung lautet: $x = -3$ und $y = 2$.

$x = -3$ in I. einsetzen: $-18 - 4y = -26$ $| + 18$
$-4y = -8$ $| : (-4)$
$y = 2$

Probe mit II.: $2 \cdot (-3) + 4 \cdot 2 = 2$ (wahr)

Teil C Zentrale Aufgaben – Zentrale Prüfung NRW Mittlerer Schulabschluss (MSA) 2021

S. 90

b) I. y = 3x − 7
   II. y = 3x + 5

Die beiden Geraden, die durch diese Gleichungen beschrieben werden, haben die gleiche Steigung, aber verschiedene y-Achsenabschnitte. Sie verlaufen damit echt parallel und haben keinen Schnittpunkt.

Aufgabe 5

a) Preis mit 19 % Mehrwertsteuer:
19 % von 33,57 € = 0,19 · 33,57 € ≈ 6,38 €; 33,57 € + 6,38 € = 39,95 €
[oder in einem Schritt: 33,57 € · 1,19 ≈ 39,95 €]
Preis mit 16 % Mehrwertsteuer: 33,57 € · 1,16 = 38,94 €

b) Zelle E3

c) Die Ersparnis beim T-Shirt beträgt 0,23 € : 8,95 € ≈ 0,026 = 2,6 %; beim Pullover beträgt sie 0,35 € : 13,95 € ≈ 0,025 = 2,5 % und beim Kapuzenpullover 1,01 € : 39,95 € ≈ 2,5 %.
Das sind weniger als 3 %.

Prüfungsteil II

S. 91

Aufgabe 1: Glaskugel

a) Für das Volumen einer Kugel gilt: $V = \frac{4}{3} \cdot \pi \cdot r^3$.
Mit r = 4 cm ergibt sich: $V = \frac{4}{3} \cdot \pi \cdot 4^3$ cm³ ≈ 268,08 cm³

b) Für den Oberflächeninhalt einer Kugel gilt: $O = 4 \cdot \pi \cdot r^2$; hier: $O = 4 \cdot \pi \cdot 4^2$ cm² ≈ 201,06 cm²

1 Liter Farbe reicht für 12 m² = 120 000 cm².
120 000 cm² : 201,062 cm² = 596,831
Es können rund 596 (knapp 600) Kugeln mit 1 Liter Farbe lackiert werden.

c) Verdoppelt man den Durchmesser der Kugeln, ergibt sich ein Radius von r = 8 cm und ein Oberflächeninhalt von $O = 4 \cdot \pi \cdot 8^2$ cm² ≈ 804,25 cm². Der Oberflächeninhalt einer Kugel ist damit nicht doppelt, sondern viermal so groß. Der Praktikant hat nicht recht.

d)
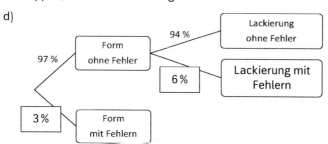

e) Der untere Ast des Baumdiagramms ist nicht fortgeführt, da Kugeln mit fehlerhafter Form sofort aussortiert werden und keine weitere Kontrolle durchlaufen.

f) Die Wahrscheinlichkeit, dass eine Kugel fehlerfrei ist, berechnet man mit der Pfadregel:
0,97 · 0,94 = 0,9118.
2000 · 0,9118 = 1 823,6   Bei 2000 Kugeln sind ca. 1 823 fehlerfreie Kugeln zu erwarten.

Aufgabe 2: Blobbing

a)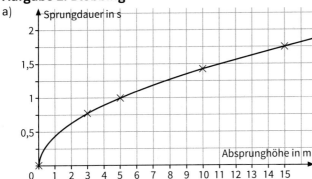

b) Wenn zwischen Absprunghöhe und Sprungdauer ein linearer Zusammenhang bestünde, wären Absprunghöhe und Sprungdauer proportional zueinander. Bei einer Absprunghöhe von 5 m beträgt die Sprungdauer 1 s. Bei einer Absprunghöhe von 10 m müsste die Sprungdauer dann 2 s betragen, bei 15 m sogar 3 s. Beides ist hier nicht der Fall.
Oder: Bei einem linearen (hier proportionalen) Zusammenhang müsste der Graph aus a) eine Ursprungsgerade sein. Das ist nicht der Fall.

c) Die Flugbahn hat die Form einer Parabel mit dem Scheitelpunkt (5|6). Aus der Funktionsgleichung von f kann man genau diesen Scheitelpunkt ablesen.
a muss negativ sein, da die Parabel der Flugbahn nach unten geöffnet ist.

d) Aus Abbildung 4 kann man den Punkt P(0|1) ablesen. Einsetzen dieser Koordinaten in die Gleichung von f ergibt:
$1 = a \cdot (0-5)^2 + 6$
$1 = a \cdot 25 + 6 \qquad |-6$
$-5 = a \cdot 25 \qquad |:25$
$a = -0{,}2$

e) $f(x) = -0{,}2 \cdot (x-5)^2 + 6 \qquad$ | binomische Formel
$f(x) = -0{,}2 \cdot (x^2 - 10x + 25) + 6 \qquad$ | ausmultiplizieren
$f(x) = -0{,}2 \cdot x^2 + 2 \cdot x - 5 + 6$
$f(x) = -0{,}2x^2 + 2x + 1 \qquad [= g(x)]$

f) Berechnet werden muss die positive Nullstelle von f.
$-0{,}2 \cdot (x-5)^2 + 6 = 0 \qquad |-6$
$-0{,}2 \cdot (x-5)^2 = -6 \qquad |:(-0{,}2)$
$(x-5)^2 = 30 \qquad |\sqrt{}$
$x - 5 \approx 5{,}48 \qquad |+5$
$x \approx 10{,}48$
Blobber A ist ungefähr 10,5 m weit geflogen.

g) Beide Flugbahnen sind nach unten geöffnete Parabeln und beide Blobber erreichen ihre größte Höhe nach x = 5 m. Blobber B erreicht mit 8 m eine größere Höhe als Blobber A mit 6 m.
[Die Parabel von Blobber B ist wegen des größeren Streckfaktors von 0,28 enger als die Parabel von Blobber A.]

Aufgabe 3: Muster

a) Nach dem Satz von Pythagoras gilt: $c^2 = (3\text{ cm})^2 + (3\text{ cm})^2$
$c^2 = 18\text{ cm}^2 \rightarrow c \approx 4{,}243\text{ cm}$

b) Die Hypotenuse von Dreieck D_3 wird zu einer Kathete von Dreieck D_4. An die rechte obere Ecke von D_3 wird ein rechter Winkel zur Hypotenuse von D_3 gezeichnet.
Die zweite Kathete, die genauso lang ist wie die erste, wird auf dem freien Schenkel dieses Winkels abgetragen (gemessen oder mit einem Zirkel konstruiert). Die Endpunkte der Katheten werden verbunden (Hypotenuse von D_4).

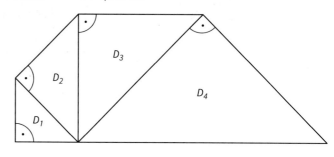

Oder: Man zeichnet an die Hypotenuse von D_3 einen 90°-Winkel und einen 45°-Winkel. Der Schnittpunkt der beiden freien Schenkel ist der rechte Eckpunkt von D_4.

c) In einem gleichschenkligen rechtwinkligen Dreieck sind die beiden Basiswinkel jeweils 45° groß. Nach vier Dreiecken sind insgesamt 180° erreicht, nach acht Dreiecken 360°. Die Hypotenuse von D_8 fällt damit auf die erste Kathete von D_1, danach würden sich die Dreiecke überschneiden.

d) Flächeninhalt von D_1: $A_1 = 3\text{ cm} \cdot 3\text{ cm} : 2 = 4{,}5\text{ cm}^2$
Flächeninhalt von D_2: $A_2 = \sqrt{18}\text{ cm} \cdot \sqrt{18}\text{ cm} : 2 = 18\text{ cm}^2 : 2 = 9\text{ cm}^2$
Da $9\text{ cm}^2 = 2 \cdot 4{,}5\text{ cm}^2$, verdoppelt sich der Flächeninhalt.

e) Da sich der Flächeninhalt von einem Dreieck zum nächsten immer verdoppelt, kann man die Tabelle fortführen. D_6 hat einen Flächeninhalt von 144 cm² und D_7 hat bereits einen Flächeninhalt von 288 cm², ist also größer als 250 cm².

f) Das Dreieck D_8 ist doppelt so groß wie D_7, hat also einen Flächeninhalt von 576 cm².
Für den Flächeninhalt von D_8 gilt: $A_8 = a^2 : 2$, wobei a die Länge der Kathete ist.
$576\text{ cm}^2 = a^2 : 2 \quad |\cdot 2$
$1152\text{ cm}^2 = a^2 \quad |\sqrt{}$
$a \approx 33{,}94\text{ cm}$
a ist länger als die längere Seite des DIN-A4-Blatts, damit kann man das Dreieck D_8 nicht aus einem DIN-A4-Blatt ausschneiden. Jan hat nicht recht.

Zentral Prüfung NRW Mittlerer Schulabschluss (MSA) 2019

Prüfungsteil I

Aufgabe 1
a) $-6{,}26 < -0{,}626 < \frac{1}{6} < \frac{6}{10}$, da $\frac{1}{6} = 0{,}166\ldots$ und $\frac{6}{10} = 0{,}6$

Aufgabe 2
a) Durch die Diagonale d entsteht ein rechtwinkliges Dreieck. Die Seiten a und b bilden die Katheten, d ist die Hypotenuse. Mit dem Satz des Pythagoras gilt: $(5\,\text{cm})^2 + (3\,\text{cm})^2 = d^2$.
$d^2 = 25\,\text{cm}^2 + 9\,\text{cm}^2 = 34\,\text{cm}^2$
$d = \sqrt{34}\,\text{cm} \approx 5{,}83\,\text{cm}$ Die Diagonale ist ca. 5,8 cm lang.

b) Der Flächeninhalt des Rechtecks beträgt $A = 5\,\text{cm} \cdot 3\,\text{cm} = 15\,\text{cm}^2$. Nach dem Verdoppeln der Seitenlängen ist das Rechteck 10 cm lang und 6 cm breit. Sein Flächeninhalt beträgt nun $10\,\text{cm} \cdot 6\,\text{cm} = 60\,\text{cm}^2$. Durch das Verdoppeln der Seitenlängen hat sich der Flächeninhalt vervierfacht.

c) Für das Rechteck muss gelten: $a \cdot b = 24\,\text{cm}^2$.
 1. Möglichkeit: a = 2 cm und b = 12 cm
 2. Möglichkeit: a = 3 cm und b = 8 cm
 3. Möglichkeit: a = 4 cm und b = 6 cm usw.
Weitere Möglichkeiten findet man, wenn man für a eine Länge vorgibt und b berechnet:
$b = 24\,\text{cm}^2 : a$. Beispiel: Mit $a = 7{,}5\,\text{cm}$ folgt $b = 24\,\text{cm}^2 : 7{,}5\,\text{cm} = 3{,}2\,\text{cm}$.

Aufgabe 3
a) Da $f(0) = c$, ist $(0\,|\,c)$ der Punkt, in dem die Parabel die y-Achse schneidet. Die Parabel schneidet die y-Achse bei $(0\,|\,3)$, also ist $c = 3$.

b) Damit die Parabel vollständig oberhalb der x-Achse verläuft, müssen die Werte von c positiv sein ($c > 0$).

Aufgabe 4
a)

Formel	geeignet	nicht geeignet
=B5/3		X
=B8*B2	X	
=C10−(C5+C6+C7)		X

In Zelle C8 wird die Tourismussteuer für 7 Nächte berechnet. Dazu passt die Formel =B8*B2, bei der die Tourismussteuer für eine Nacht mit der Anzahl der Nächte multipliziert wird. Mit der Formel =B5/3 wird der Übernachtungspreis durch 3 dividiert, sie ist also nicht geeignet. Die dritte Formel ist nicht geeignet, wenn C10 mit der Formel =C5+C6+C7+C8 berechnet wird, da dafür der Wert von C8 schon bekannt sein muss. Man könnte die dritte Formel aber verwenden, wenn man z. B. in B10 die Gesamtkosten pro Nacht summiert und in C10 dieses Ergebnis mit der Anzahl der Nächte multipliziert.

b) Tarek spart 42 € von 202,30 €: G = 202,30 €, W = 42 €, Gesucht: $p\,\% = \frac{W}{G}$

$p\,\% = \frac{42}{202{,}30} \approx 0{,}21 = 21\,\%$

Tarek spart ungefähr 21 % der Gesamtkosten, wenn er kein Abendessen bucht.

Aufgabe 5
Lösung mit dem Additionsverfahren:

I. $4x + y = 16$
II. $-2x - 2y = 4$ $|:(-2)$

I. $4x + y = 16$
II. $x + y = -2$

I. − II. $3x = 18$ $|:3$
           $x = 6$

Einsetzen in I.: $24 + y = 16$ $|-24$
                  $y = -8$

Probe mit II.: $-12 + 16 = 4$ (wahr)

Teil C Zentrale Aufgaben – Zentrale Prüfung NRW Mittlerer Schulabschluss (MSA) 2019

Prüfungsteil II

Aufgabe 1: Kaugummiautomat

a) Für das Volumen einer Kugel gilt: $V = \frac{4}{3}\pi \cdot r^3$. Da der Durchmesser d = 14 mm, beträgt der Radius r = 7 mm = 0,7 cm. Damit ergibt sich: $V = \frac{4}{3}\pi \cdot 0,7^3$ cm³ = 1,43676... cm³ ≈ 1,44 cm³.

b) Eine Kaugummikugel wiegt 1,44 cm³ · 0,82 $\frac{g}{cm^3}$ = 1,1808 g.
300 g : 1,1808 g ≈ 254
In einer 300-g-Packung sind 254 Kugeln.

c) Steffi hat mit dem Term in der Klammer das Volumen des Behälters berechnet und dieses Volumen durch das Volumen einer Kaugummikugel geteilt. Sie hat nicht berücksichtigt, dass die Kugeln nicht dicht aneinander gepackt sind, sondern sich dazwischen noch Lücken befinden. Es passen weniger als 8035 Kugeln in den Behälter. Der Ansatz ist also nicht geeignet.

d) In dem Automaten sind insgesamt 20 Kaugummikugeln, davon sind 8 rot. Die Wahrscheinlichkeit, eine rote Kugel zu ziehen, beträgt danach P(rot) = $\frac{8}{20} = \frac{2}{5}$.

e)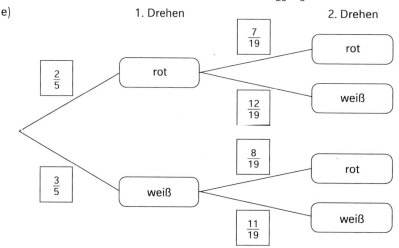

f) P(zwei verschiedenfarbige Kugeln) = P(rot; weiß) + P(weiß; rot)
= $\frac{2}{5} \cdot \frac{12}{19} + \frac{3}{5} \cdot \frac{8}{19} = \frac{24}{95} + \frac{24}{95} = \frac{48}{95}$ = 0,505263... > 50 %
Steffis Bruder hat nicht recht, die Wahrscheinlichkeit ist etwas größer als 50 %.

Aufgabe 2: Schwimmbecken

a) Das Schwimmbecken hat die Form eines Zylinders. Für das Volumen gilt die Formel: V = G · h.
Gegeben sind V = 14,43 m³ und h = 1,5 m. Damit folgt: G = V : h = 14,43 m³ : 1,5 m = 9,62 m².

b) Gegeben ist die Grundfläche G = 9,62 m². Das Wasser steht 1,30 m hoch. Das Volumen des Wassers beträgt V = G · h = 9,62 m² · 1,3 m = 12,506 m³ = 12506 dm³ = 12506 Liter.
In das Becken werden ca. 12 500 Liter gefüllt.

c) Die Grundfläche des Schwimmbeckens ist ein Kreis. Zu bestimmen ist sein Durchmesser. Wegen
$G = \pi \cdot r^2 = 9{,}62$ m² folgt: $r = \sqrt{\frac{9{,}62 \text{ m}^2}{\pi}} \approx 1{,}75$ m. Damit ist der Kreisdurchmesser d = 2r ≈ 3,50 m.
Jede Seite der Terrasse ist 3,50 m + 0,80 m = 4,30 m lang.

d) 0,5 ist der Startwert. Er gibt an, wie viele Quadratmeter der Wasserfläche zu Beginn der Beobachtung bedeckt sind. 1,2 ist der Wachstumsfaktor (1 + p %), da sich die Algen täglich um 20 % vermehren. f(x) beschreibt die Größe der bedeckten Fläche nach x Tagen.

e) „Nach 6 Tagen" bedeutet x = 6: f(6) = 0,5 · 1,2⁶ ≈ 1,493
Nach 6 Tagen sind ungefähr 1,5 m² mit Algen bedeckt.

f) Die Exponentialfunktion wächst für zunehmende x immer weiter, während die Wasseroberfläche des Schwimmbeckens begrenzt ist. Daher kann die Funktion das Wachstum nur für einen begrenzten Zeitraum beschreiben. Durch Probieren mit f(x) sieht man, dass nach 17 Tagen die bedeckte Fläche ca. 11 m² betragen würde. Das ist größer als die Wasseroberfläche des Schwimmbeckens.

Aufgabe 3: Würfel

a) Figur 4 besteht aus 6 · 4 = 24 Würfeln.

b) 8 · (8 + 2) = 8 · 10 = 80   Figur 8 besteht aus 80 Würfeln.

c) Figur 1 ist einen Würfel hoch, jede folgende Figur ist um je einen Würfel höher. Damit ist Figur n dann n Würfel hoch.
Jede Figur ist um zwei Würfel breiter als hoch, also ist Figur n dann n + 2 Würfel breit.
Da die Figuren jeweils ein Rechteck bilden, besteht Figur n aus insgesamt n · (n + 2) Würfeln.

d) $n \cdot (n+2) = 224$ | -224
$n^2 + 2n - 224 = 0$ | p-q-Formel
$n_{1/2} = -1 \pm \sqrt{1 + 224} = -1 \pm \sqrt{225} = -1 \pm 15$
$n_1 = -16; n_2 = 14$
Da die Anzahl der Würfel nur positiv sein kann, ist es Figur 14, die aus insgesamt 224 Würfeln besteht.

e) (I) $n \cdot (n+2) = n^2 + 2n$
(II) $(n+1)^2 - 1 = n^2 + 2n + 1 - 1 = n^2 + 2n$
Die Terme (I) und (II) sind also gleichwertig.

f) Durch systematisches Probieren erhält man:
20 · 22 = 440
25 · 27 = 675
22 · 24 = 528
21 · 23 = 483
Mit 500 Würfeln können sie höchstens Figur 21 bauen, zu Figur 22 fehlen ihnen noch 28 Würfel.

Zentrale Prüfung NRW Mittlerer Schulabschluss (MSA) 2018

Prüfungsteil I

Aufgabe 1

a) $-0{,}7 < -\frac{1}{7} < \frac{7}{100} < 0{,}17$, da $-\frac{1}{7} \approx -0{,}14$ und $\frac{7}{100} = 0{,}07$

b) $\frac{25}{35} = 0{,}8\overline{3} = 83{,}\overline{3}\,\%$ Das sind mehr als 65 %, Miriam hat nicht recht.

Aufgabe 2

a) In dem Beutel sind insgesamt 16 Kugeln, davon sind zwei blau. $P(\text{blau}) = \frac{2}{16} = \frac{1}{8}$

b) $P(\text{rot oder grün}) = P(\text{rot}) + P(\text{grün}) = \frac{8}{16} + \frac{6}{16} = \frac{14}{16} = \frac{7}{8}$
Man kann aber auch mit dem Gegenereignis rechnen: $P(\text{rot oder grün}) = 1 - P(\text{blau}) = 1 - \frac{1}{8} = \frac{7}{8}$

Aufgabe 3

a) Für den Oberflächeninhalt einer Kugel gilt: $O = 4\pi r^2$.
Mit r = 6 cm ergibt sich: $O = 4\pi \cdot (6\,\text{cm})^2 \approx 452{,}39\,\text{cm}^2$

b) Mit dem doppelten Radius von r = 12 cm ergibt sich: $O = 4\pi \cdot (12\,\text{cm})^2 \approx 1809{,}56\,\text{cm}^2$
Sina hat nicht recht. Wenn man den Radius verdoppelt, vervierfacht sich der Oberflächeninhalt.

Teil C Zentrale Aufgaben – Zentrale Prüfung NRW Mittlerer Schulabschluss (MSA) 2018

S. 103

Aufgabe 4
Da in beiden Gleichungen 4y steht, bietet sich eine Lösung mit dem Additionsverfahren an.

I. $3x + 4y = 22$
II. $5x - 4y = -6$

I. + II. $8x = 16 \quad |:8$
$x = 2$

Einsetzen in I.: $3 \cdot 2 + 4y = 22 \quad |-6$
$4y = 16 \quad |:4$
$y = 4$

Probe mit II.: $5 \cdot 2 - 4 \cdot 4 = 10 - 16 = -6$ (wahr)

Aufgabe 5
a) b ist der y-Achsenabschnitt. Die Gerade schneidet die y-Achse bei 3, also ist b = 3.

b) Die neue Gerade schneidet die y-Achse bei 5 und hat die gleiche Steigung wie die Gerade g, verläuft also parallel zu g.

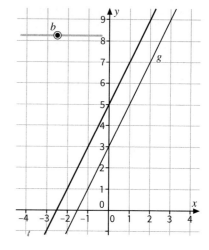

Prüfungsteil II

S. 104

Aufgabe 1: Fuldatalbrücke
a) Einfach ist die Lösung mit dem Dreisatz:
Für 4 km benötigen sie 1 Stunde = 60 min.
Für 1 km benötigen sie 15 min.
Für 2,4 km benötigen sie 2,4 · 15 min = 36 min.

Man kann aber auch mit der Formel für die Geschwindigkeit $v = \frac{s}{t}$ rechnen.

Umstellen nach t liefert $t = \frac{s}{v}$. Einsetzen der Werte für s und t ergibt:

$t = \frac{2{,}4 \text{ km}}{4 \frac{\text{km}}{\text{h}}} = 0{,}6 \text{ h} = 0{,}6 \cdot 60 \text{ min} = 36 \text{ min}$

b) Die Geschwindigkeit ist am größten, wenn die Steigung des Graphen am größten ist. Dies ist der Fall auf dem Abschnitt zwischen Gießen und Marburg.

c) Die Fahrt beginnt um 8:30 Uhr in Baunatal, das ca. 188 km von Frankfurt entfernt ist. Eine Stunde später (um 9:30 Uhr) ist der Zug noch ca. 88 km von Frankfurt entfernt.

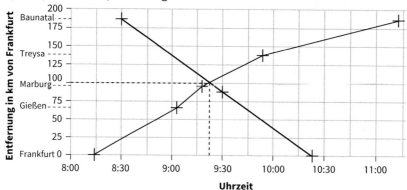

Die beiden Züge treffen sich ungefähr um 9:23 Uhr 100 km von Frankfurt entfernt zwischen Marburg und Treysa (in der Nähe von Marburg).

d) In dem rechtwinkligen Dreieck gilt: $\sin 7{,}1° = \dfrac{u}{143{,}5 \text{ cm}}$ | · 143,5 cm

  $u = 143{,}5 \text{ cm} \cdot \sin 7{,}1° \approx 17{,}7 \text{ cm}$
  Also hat Max recht.

e) Aus der Zeichnung kann man die Koordinaten des Scheitelpunktes ablesen: $S(50|20)$. Setzt man diese in die Scheitelpunktform $g(x) = d \cdot (x - e)^2 + f$ ein, ergibt sich: $g(x) = d \cdot (x - 50)^2 + 20$. Um den Stauchungsfaktor d zu bestimmen, benötigt man noch einen weiteren Punkt der Parabel, hier z. B. $(0|0)$. Einsetzen der Koordinaten dieses Punktes ergibt:

  $0 = d \cdot (-50)^2 + 20$ | -20
  $-20 = d \cdot 2500$ | $:2500$
  $d = -\dfrac{1}{125} = -0{,}008$

f) Wenn der Scheitelpunkt im Ursprung $(0|0)$ liegt, ist $e = 0$ und $f = 0$. Der Stauchungsfaktor d ändert sich nicht, da die Parabel nur verschoben wird. Sie hat dann die Gleichung: $y = -0{,}008 \cdot x^2$.

Aufgabe 2: Kaffee

a) 5 % von 165 sind $\dfrac{5}{100} \cdot 165 = 8{,}25$. Im Durchschnitt trinkt jede Person 8,25 Liter Kaffee aus Pappbechern.

b) Pro Jahr werden $34 \cdot 82\,000\,000 = 2\,788\,000\,000$ Pappbecher in den Müll geworfen. Das sind pro Tag $2\,788\,000\,000 : 365 \approx 7\,638\,356$ Pappbecher und pro Stunde $7\,638\,356 : 24 \approx 318\,265$ Pappbecher, also rund 320 000 Pappbecher. Karin hat recht.

c) Die Breite der Sporthalle beträgt 27 m = 2700 cm. Wegen 2700 cm : 7 cm ≈ 385,71 kann man 385 Kaffeebecher nebeneinander aufstellen. Die Sporthalle hat eine Länge von 45 m = 4500 cm. Wegen 4500 cm : 7 cm ≈ 642,86 kann man 642 Kaffeebecher nebeneinander aufstellen. Insgesamt passen also höchstens $385 \cdot 642 = 247\,170$ Kaffeebecher auf den Boden der Halle. Da dies deutlich weniger sind als die 320 000 Becher, die pro Stunde in dem Müll geworfen werden, reicht der Boden der Halle nicht aus.

d) Setzt man $r_1 = 3$ cm, $r_2 = 3{,}5$ cm und $h = 8{,}5$ cm in die Formel $V = (r_1^2 + r_1 \cdot r_2 + r_2^2) \cdot \dfrac{\pi \cdot h}{3}$ ein, ergibt sich: $V = (3^2 + 3 \cdot 3{,}5 + 3{,}5^2) \cdot \dfrac{\pi \cdot 8{,}5}{3}$ cm³ ≈ 282,612 cm³. Das sind ungefähr 280 ml.

e) Der Mittelwert der beiden Radien beträgt (3 cm + 3,5 cm) : 2 = 3,25 cm. Für das Volumen eines Zylinders gilt die Formel $V = \pi \cdot r^2 \cdot h$. Danach erhält man hier für das Volumen:
$V = \pi \cdot 3{,}25^2 \cdot 8{,}5$ cm³ ≈ 282,056 cm³.
Die Abweichung zum Wert aus d) beträgt nur 0,556 cm³, das sind $\dfrac{0{,}556}{282{,}612} \approx 0{,}002 = 0{,}2 \%$ des Kegelstumpfvolumens. Karin hat recht mit der Behauptung, dass die Abweichung unter 1 % liegt.

f) Die Funktionsgleichungen (II) und (III) scheiden aus, weil dort die Funktionswerte für t > 0 immer größer als 80 sind und der Kaffee damit nicht abkühlen würde.
(I) ist die Gleichung einer Exponentialfunktion mit dem Startwert 80 und einem Wachstumsfaktor < 1, passend zum Abkühlungsprozess.

Aufgabe 3: Sierpinski-Dreiecke

a) Die Höhe h zerlegt das Dreieck aus Figur 0 in zwei rechtwinklige Dreiecke. Es gilt der Satz des Pythagoras: $h^2 + (5 \text{ cm})^2 = (10 \text{ cm})^2$. Daraus folgt: $h^2 = 100 \text{ cm}^2 - 25 \text{ cm}^2 = 75 \text{ cm}^2$.
$h = \sqrt{75} \text{ cm}^2 \approx 8{,}66 \text{ cm}$

Für den Flächeninhalt des Dreiecks gilt $A = \dfrac{g \cdot h}{2}$, also $A \approx \dfrac{10 \text{ cm} \cdot 8{,}66 \text{ cm}}{2} = 43{,}3 \text{ cm}^2$.

b) In jedem Schritt wird jedes schwarze Dreieck in vier gleich große Dreiecke aufgeteilt, davon sind drei schwarz und eins weiß. Also bilden die drei schwarzen Dreiecke $\dfrac{3}{4}$ der Fläche des größeren Dreiecks.

c) Gesucht ist ein n, sodass gilt: $A_n < 4$ cm². n findet man z. B. durch systematisches Probieren:
  n = 5   ergibt $A_5 \approx 10{,}275$ cm²   (zu groß)
  n = 10 ergibt $A_{10} \approx 2{,}438$ cm²
  n = 8   ergibt $A_8 \approx 4{,}33489$ cm²   (zu groß)
  n = 9   ergibt $A_9 \approx 3{,}251$ cm²
  In Figur 9 ist der Flächeninhalt das erste Mal kleiner als 4 cm².

Teil C Zentrale Aufgaben – Zentrale Prüfung NRW Mittlerer Schulabschluss (MSA) 2018/2017

d) Der Gesamtflächeninhalt beträgt in allen Figuren immer 43,3 cm². Um den Anteil aller schwarzen Dreiecksflächen in Figur 3 an der Gesamtfläche zu ermitteln, muss man deren Flächeninhalt 18,267 cm² (in Zelle D5) durch 43,3 cm² dividieren. Es ergibt sich für Zelle E5 der Wert 0,422.

e) =B3*C3 (Anzahl der schwarzen Dreiecke mal Flächeninhalt eines schwarzen Dreiecks)
   oder = 43,3*0,75^A3 (nach der Formel aus c))

f) Der Flächeninhalt aller schwarzen Dreiecke nähert sich gemäß dem Term aus c) exponentiell immer weiter an 0 cm² an, während der Flächeninhalt der weißen Flächen sich immer weiter an 43,3 cm² annähert. Da der Gesamtflächeninhalt der schwarzen Dreiecke aber nie genau 0 cm² wird, wird der Inhalt aller weißen Flächen auch nie insgesamt 43,3 cm² betragen.

Zentrale Prüfung NRW Mittlerer Schulabschluss (MSA) 2017

Prüfungsteil I

Aufgabe 1

a) Satz des Pythagoras: $(55\,\text{cm})^2 + a^2 = (70\,\text{cm})^2$, wobei a die Länge der fehlenden Seite ist.
   Damit folgt: $a = \sqrt{70^2 - 55^2}\,\text{cm} \approx 43{,}3\,\text{cm}$.

b) Nach der Umkehrung des Satzes von Pythagoras gilt: Wenn $a^2 + b^2 = c^2$, dann ist das Dreieck rechtwinklig.
   Hier: $6^2 + 8^2 = 10^2$. Dies ist wahr, da $36 + 64 = 100$, also ist das Dreieck rechtwinklig.

Aufgabe 2

$\frac{5}{10} < \frac{5}{7}$, da die Zähler gleich sind und der Nenner 10 des ersten Bruchs größer ist als der Nenner 7 des zweiten Bruchs.

$0{,}05 > 5 \cdot 10^{-3}$, weil $0{,}05 > 0{,}005$ $\quad\quad -0{,}1 = -\frac{1}{10}$

Aufgabe 3

a) Gegeben: gesamter Umsatz G = 1,14 Mrd. €; Anteil des Kaffees p % = 35 %
   Gesucht: W; Formel: W = G · p %
   $$W = \frac{1{,}14\,\text{Mrd. €} \cdot 35}{100} = 0{,}399\,\text{Mrd. €}$$
   Durch Kaffee wurden 0,399 Milliarden Euro umgesetzt.

b) „Ein Zehntel des Gesamtumsatzes wurde mit Blumen erzielt."
   Die Aussage trifft zu, da $10\,\% = \frac{1}{10}$.
   „Mehr als 40 % des Gesamtumsatzes wurden mit Kaffee und Tee erzielt."
   Diese Aussage trifft nicht zu, da die Anteile von Kaffee und Tee zusammengenommen nur 35 % + 2 % = 37 % betragen.
   „Der Umsatz mit Textilien und Kunsthandwerk war dreimal so hoch wie mit Schokolade."
   Diese Aussage trifft zu, da die Anteile von Textilien und Kunsthandwerk zusammengenommen 7 % + 5 % = 12 % betragen, und das ist das Dreifache von 4 % (Anteil von Schokolade).

Aufgabe 4

a) Lösung mit dem Einsetzungsverfahren:
   I. $2x + y = 14 \quad |-2x$
   $\quad\quad y = 14 - 2x$

   I. in II.: $3x - 2 \cdot (14 - 2x) = 7 \quad\quad$ in I.: $y = 14 - 2 \cdot 5$
   $\quad\quad\quad 3x - 28 + 4x = 7 \quad |+28 \quad\quad\quad y = 4$
   $\quad\quad\quad\quad\quad\quad 7x = 35 \quad |:7$
   $\quad\quad\quad\quad\quad\quad\; x = 5$

b) Gleichsetzen von I. und II. liefert: $4x + 8 = 4x + 5 \quad |-4x$
   $\quad\quad\quad\quad\quad\quad\quad\quad\quad\quad\quad\quad 8 = 5 \quad$ (falsche Aussage)
   Damit hat das Gleichungssystem keine Lösung.
   Anmerkung: Die beiden Gleichungen beschreiben im Koordinatensystem zwei parallele Geraden, die keinen gemeinsamen Punkt haben. Deshalb kann es auch keine Lösung geben.

Aufgabe 5

a) Die erste und die vierte Formel sind nicht geeignet, da durch die Pluszeichen der alte Preis aus Zelle B3 noch größer würde.
Mit der zweiten Formel (=B3–C3) wird vom alten Preis (in B3) der Rabatt (in C3) subtrahiert, die Formel ist also richtig.
Mit der dritten Formel wird der verminderte Preis direkt berechnet, sie ist ebenfalls geeignet.

b) Je höher der Rabatt (Prozentzahl in B1), desto niedriger ist der neue Preis des blauen Pullovers (Wert in D6).

westermann

FiNALE
Prüfungstraining

Nordrhein-Westfalen

**Mittlerer Schulabschluss,
Realschule, Hauptschule Typ B und
Gesamtschule Erweiterungskurs**

2023

Mathematik

Bernhard Humpert
Dr. Martina Lenze
Dr. Bernd Liebau
Ursula Schmidt
Peter Welzel

Liebe Schülerin, lieber Schüler,

sobald die Original-Prüfungsaufgaben zur Veröffentlichung freigegeben sind, können sie unter **www.finaleonline.de** zusammen mit ausführlichen Lösungen kostenlos heruntergeladen werden. Gib dazu einfach diesen Code ein:

MA2w5Gj

Einfach mal reinschauen: www.finaleonline.de

Bildquellennachweis
Arbeitsbuch:
|Alamy Stock Photo, Abingdon/Oxfordshire: Muller, Moritz 48.2; PA Images 48.3. |AREA 47 Betriebs GmbH, Oetztal-Bahnhof: © AREA 47 92.1. |Imago, Berlin: Hettrich, Arnulf 77.3. |Leiss, Prof. Dr. Dominik, Lüneburg: 51.2. |Lenze, Dr. Martina, Berlin: 44.1, 57.1, 59.1, 65.2, 87.1, 87.1. |Liebau, Dr. Bernd, Leipzig: 77.2. |Microsoft Deutschland GmbH, München: 7.1, 18.1, 18.2, 18.3, 40.1, 51.1, 76.1, 76.2, 76.3, 76.4, 80.1, 90.1, 97.1. |Miller, Carla, Dortmund: 6.1, 6.2, 6.3, 9.1, 10.1, 10.2, 17.1, 17.2, 17.3, 28.1, 28.2, 29.2, 32.1, 32.2, 34.1, 34.2, 35.1, 38.1, 39.1, 39.2, 39.3, 39.4, 39.5, 43.1, 48.1, 50.1, 52.1, 52.2, 62.1, 67.1, 67.2, 67.3, 69.1, 69.2, 69.3, 69.4, 69.5, 69.6, 73.1, 73.2, 73.3, 79.1, 79.2, 85.1, 86.1, 88.1, 91.1, 105.1. |Peter Wirtz Fotografie, Dormagen: Titel. |Picture-Alliance GmbH, Frankfurt a.M.: dpa 47.1, 47.2, 65.1; Godong 77.1; Hoermann, Frank/Simon, Sven 15.1. |Schmidt, Ursula, Kamen: 84.1. |Skorka, Andreas, Kassel: 104.1, 105.2.

Lösungsheft:
|Griese, Dietmar, Laatzen: 52.1, 52.2. |Microsoft Deutschland GmbH, München: 13.1.

westermann GRUPPE

© 2022 Georg Westermann Verlag GmbH, Georg-Westermann-Allee 66, 38104 Braunschweig
www.westermann.de

Das Werk und seine Teile sind urheberrechtlich geschützt. Jede Nutzung in anderen als den gesetzlich zugelassenen bzw. vertraglich zugestandenen Fällen bedarf der vorherigen schriftlichen Einwilligung des Verlages. Nähere Informationen zur vertraglich gestatteten Anzahl von Kopien finden Sie auf www.schulbuchkopie.de.

Für Verweise (Links) auf Internet-Adressen gilt folgender Haftungshinweis: Trotz sorgfältiger inhaltlicher Kontrolle wird die Haftung für die Inhalte der externen Seiten ausgeschlossen. Für den Inhalt dieser externen Seiten sind ausschließlich deren Betreiber verantwortlich. Sollten Sie daher auf kostenpflichtige, illegale oder anstößige Inhalte treffen, so bedauern wir dies ausdrücklich und bitten Sie, uns umgehend per E-Mail davon in Kenntnis zu setzen, damit beim Nachdruck der Verweis gelöscht wird.

Druck A[1] / Jahr 2022
Alle Drucke der Serie A sind im Unterricht parallel verwendbar.

Redaktion: Dr. Heike Bütow
Kontakt: finale@westermanngruppe.de
Layout: LIO Design GmbH, Braunschweig
Umschlaggestaltung: Gingco.Net, Braunschweig
Umschlagfoto: Peter Wirtz, Dormagen
Zeichnungen: Peter Langner; Illustrationen: Carla Miller
Druck und Bindung: Westermann Druck GmbH, Georg-Westermann-Allee 66, 38104 Braunschweig

ISBN 978-3-7426-**2308**-9

Inhaltsverzeichnis

Vorwort – So arbeitest du mit FiNALE ... 4

Teil A   Basisaufgaben

Eingangstest ... 6
- Arithmetik/Algebra ... 6
- Funktionen ... 7
- Geometrie ... 9
- Daten und Zufall ... 10

Selbsteinschätzung ... 12

Lösungen zum Eingangstest und Übungsaufgaben ... 14
- Arithmetik/Algebra ... 14
- Funktionen ... 20
- Geometrie ... 25
- Daten und Zufall ... 32

Abschlusstest ... 36

Teil B   Komplexe Aufgaben

Eingangstest ... 42

Lösungen zum Eingangstest und Übungsaufgaben ... 52

Abschlusstest ... 78

Teil C   Original-Prüfungsaufgaben

Prüfungsarbeit 2022 ... www.finaleonline.de

Prüfungsarbeit 2021 ... 88

Prüfungsarbeit 2019 ... 96

Prüfungsarbeit 2018 ... 102

Prüfungsarbeit 2017 (ausgewählte Aufgaben) ... 110

Stichwortverzeichnis ... 112

Vorwort

So arbeitest du mit FiNALE

Liebe Schülerin, lieber Schüler!

Dieses **FiNALE-Arbeitsbuch** mit dem beiliegenden **Lösungsheft** hilft dir, dich selbstständig auf die Abschlussprüfung am Ende des Schuljahres 2022/23 vorzubereiten. Das Arbeitsbuch besteht aus drei Teilen.

- TEIL A – BASISAUFGABEN
- TEIL B – KOMPLEXE AUFGABEN
- TEIL C – PRÜFUNGSAUFGABEN

TEIL A – BASISAUFGABEN

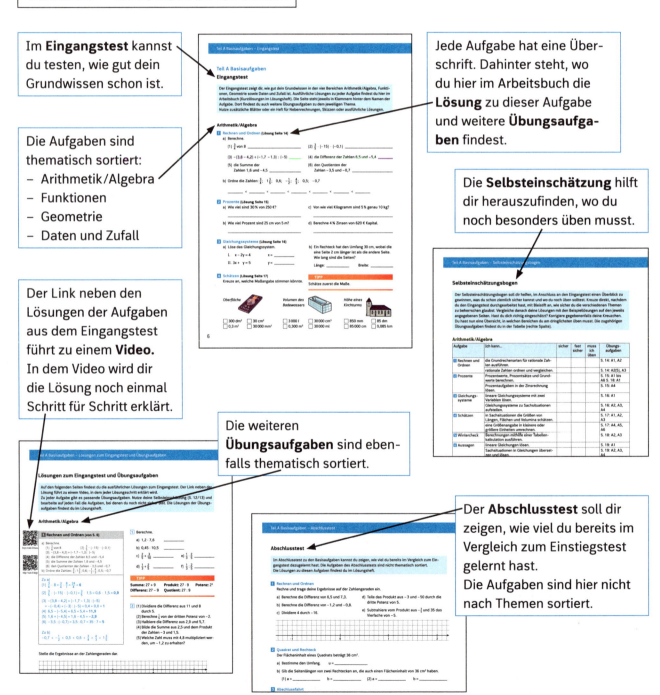

Im **Eingangstest** kannst du testen, wie gut dein Grundwissen schon ist.

Die Aufgaben sind thematisch sortiert:
- Arithmetik/Algebra
- Funktionen
- Geometrie
- Daten und Zufall

Der Link neben den Lösungen der Aufgaben aus dem Eingangstest führt zu einem **Video**. In dem Video wird dir die Lösung noch einmal Schritt für Schritt erklärt.

Die weiteren **Übungsaufgaben** sind ebenfalls thematisch sortiert.

Jede Aufgabe hat eine Überschrift. Dahinter steht, wo du hier im Arbeitsbuch die **Lösung** zu dieser Aufgabe und weitere **Übungsaufgaben** findest.

Die **Selbsteinschätzung** hilft dir herauszufinden, wo du noch besonders üben musst.

Der **Abschlusstest** soll dir zeigen, wie viel du bereits im Vergleich zum Einstiegstest gelernt hast.
Die Aufgaben sind hier nicht nach Themen sortiert.

Vorwort

TEIL B – KOMPLEXE AUFGABEN

Die **komplexen Aufgaben** sind ein besonderes Training. Die Aufgaben sind, wie in der Prüfung, nicht thematisch sortiert.

Der **Abschlusstest** zeigt dir am Ende von Teil B, wie gut du auf die Prüfung vorbereitet bist.

Der Teil B ist ähnlich wie der Teil A aufgebaut. Es gibt einen **Eingangstest** und zu jeder Aufgabe weitere **Übungen.**

Der Link neben den Lösungen der Aufgaben aus dem Eingangstest führt wieder zu einem **Video.**

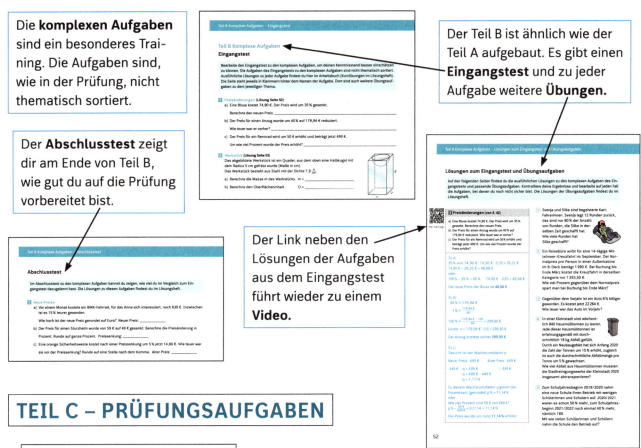

TEIL C – PRÜFUNGSAUFGABEN

Hier sind **Original-Prüfungsarbeiten** aus den letzten Jahren abgedruckt. Mindestens eine dieser Arbeiten solltest du unter Prüfungsbedingungen bearbeiten, in der vorgeschriebenen Zeit und nur mit den zugelassenen Hilfsmitteln.

Eine **Formelsammlung**, die auch bei der Abschlussprüfung zugelassen ist, findest du im **Lösungsheft.**

Unter www.finaleonline.de ist ein **Übungstagebuch**, mit dem du deine Prüfungsvorbereitung gut organisieren kannst. Nutze dafür auch den Code von Seite 2.

Wir wünschen dir viel Erfolg bei deiner Abschlussprüfung!
Dein **FiNALE**-Team

TIPP

Hast du noch Lücken aus den vorherigen Schuljahren? Dann empfehlen wir dir das „**FiNALE** Grundlagentraining Mathematik" (ISBN 978-3-7426-1892-4). Es bietet prüfungsrelevantes Grundlagenwissen zum Nachschlagen und Üben. Ergänzend dazu findest du unter *www.finaleonline.de/grundlagentraining* ein kostenloses Online-Training bestehend aus interaktiven Übungsaufgaben und Arbeitsblättern zum Ausdrucken.

Teil A Basisaufgaben
Eingangstest

Der Eingangstest zeigt dir, wie gut dein Grundwissen in den vier Bereichen Arithmetik/Algebra, Funktionen, Geometrie sowie Daten und Zufall ist. Ausführliche Lösungen zu jeder Aufgabe findest du hier im Arbeitsbuch (Kurzlösungen im Lösungsheft). Die Seite steht jeweils in Klammern hinter dem Namen der Aufgabe. Dort findest du auch weitere Übungsaufgaben zu dem jeweiligen Thema.
Nutze zusätzliche Blätter oder ein Heft für Nebenrechnungen, Skizzen oder ausführliche Lösungen.

Arithmetik/Algebra

1 Rechnen und Ordnen (Lösung Seite 14)

a) Berechne.

(1) $\frac{3}{4}$ von 8 _____

(2) $\frac{3}{5} \cdot (-15) \cdot (-0,1)$ _____

(3) $-(3,8 - 4,2) + (-1,7 - 1,3) : (-5)$ _____

(4) die Differenz der Zahlen 6,5 und −5,4 _____

(5) die Summe der Zahlen 1,6 und −4,5 _____

(6) den Quotienten der Zahlen −3,5 und −0,7 _____

b) Ordne die Zahlen: $\frac{3}{4}$; $1\frac{3}{5}$; 0,6; $-\frac{1}{2}$; $\frac{4}{3}$; 0,5; −0,7

____ < ____ < ____ < ____ < ____ < ____ < ____

2 Prozente (Lösung Seite 15)

a) Wie viel sind 30 % von 250 €?

c) Von wie viel Kilogramm sind 5 % genau 10 kg?

b) Wie viel Prozent sind 25 cm von 5 m?

d) Berechne 4 % Zinsen von 620 € Kapital.

3 Gleichungssysteme (Lösung Seite 16)

a) Löse das Gleichungssystem.

I. $x - 2y = 4$ x = _____

II. $3x + y = 5$ y = _____

b) Ein Rechteck hat den Umfang 30 cm, wobei die eine Seite 2 cm länger ist als die andere Seite. Wie lang sind die Seiten?

Länge: _____   Breite: _____

4 Schätzen (Lösung Seite 17)
Kreuze an, welche Maßangabe stimmen könnte.

TIPP
Schätze zuerst die Maße.

Oberfläche

Volumen des Badewassers

Höhe eines Kirchturms

☐ 300 dm²   ☐ 30 cm²   ☐ 3 000 l   ☐ 30 000 cm³   ☐ 850 mm   ☐ 85 dm

☐ 0,3 m²   ☐ 30 000 mm²   ☐ 0,300 m³   ☐ 30 000 ml   ☐ 85 000 cm   ☐ 0,085 km

5 Wintercheck (Lösung Seite 18)

Frau König lässt ihr Auto in der Werkstatt auf den Winter vorbereiten. Für Materialien und Arbeitsleistungen erstellt die Werkstatt die Rechnung mithilfe einer Tabellenkalkulation.

	A	B	C	D
1	Artikelbezeichnung	Menge	Einzelpreis	Gesamtpreis
2				
3	Reifen 195/65 R WinterGrip	4	70,92 €	283,68 €
4	Glühlampen	2	2,03 €	4,06 €
5	Motoröl (in Liter)	1,5		24,75 €
6				
7	Winterräder montieren			18,91 €
8	Wintercheck durchführen			16,72 €
9				
10	Zwischensumme			348,12 €
11	Mehrwertsteuer (in %)	19		66,14 €
12				
13	**Rechnungsbetrag**			414,26 €

a) In welcher Zelle findest du den Einzelpreis für einen Reifen? _____

b) Gib an, wie teuer 1 Liter Motoröl (ohne MwSt.) ist. _____

c) Gib eine Formel für die Zelle D10 an. _____

d) Welche Formeln könnten in D11 stehen? Kreuze alle richtigen an.

☐ = D10 * 0,19   ☐ = D10 / B11*100   ☐ = D10*B11/100   ☐ = 348,12 € / B11

6 Aussagen (Lösung Seite 19)

a) Welche der folgenden Sachtexte passen zu der Gleichung x + (x − 4) = 60? Kreuze an.

1	Vera ist vier Jahre jünger als Max. Zusammen sind sie 60 Jahre alt.	☐ Ja	☐ Nein
2	Eine Lostrommel enthält viermal so viele Nieten wie Gewinnlose. Insgesamt sind 60 Lose in der Trommel.	☐ Ja	☐ Nein
3	Familie Maier legt auf ihrer zweitägigen Radtour insgesamt 60 km zurück. Am zweiten Tag fahren sie 4 km weniger als am ersten Tag.	☐ Ja	☐ Nein
4	Ein 60 m² großer Saal wird mit Parkett ausgelegt. Länge und Breite des Raumes unterscheiden sich um 4 Meter.	☐ Ja	☐ Nein

b) Löse die Gleichung x + (x − 4) = 60. _____

Funktionen

7 Zuordnungen (Lösung Seite 20)

In welchen Graphen erkennst du proportionale (p) oder antiproportionale (a) Zuordnungen? Wo liegt keines von beiden (k) vor? Kreuze jeweils p, a oder k an.

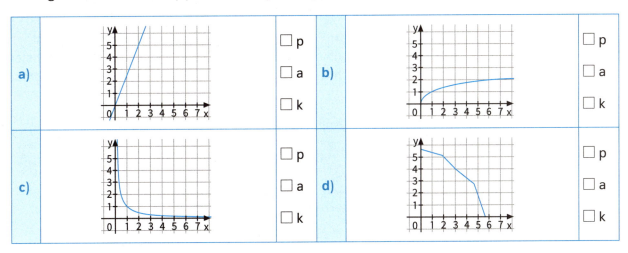

Teil A Basisaufgaben – Eingangstest

8 Gleichungen und Graphen (Lösung Seite 21)
Ordne den Graphen (g_1, g_2, …g_6) die zugehörige Funktionsgleichung zu. Zwei Gleichungen passen zu keinem Graphen.

$y = -0,5x^2$	$y = -2x^2$
$y = x - 2$	$y = 2x^2$
$y = -x - 2$	$y = -x + 2$
$y = x^2 + 2x + 2$	$y = 0,5x^2$

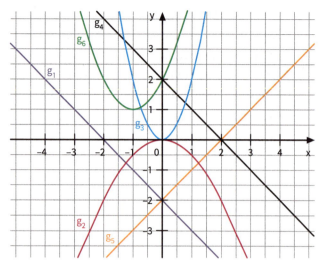

9 Parabeln in verschiedenen Darstellungen (Lösung Seite 22)
Eine Parabel hat den Scheitelpunkt S(3|–15) und ist gegenüber der Normalparabel um den Faktor a = 2 gestreckt.
Gib die Scheitelpunktform der Parabel an und wandle diese in die allgemeine Form um.

f(x) = _____   f(x) = _____

10 Lineare Funktion – Füllmenge (Lösung Seite 23)
Die im Koordinatensystem dargestellte Funktion stellt den Zusammenhang zwischen der Füllmenge in einem Bewässerungstank und der Zeit dar.

a) Wie viel Liter Wasser sind am Anfang im Tank?

   Am Anfang sind _____ im Tank.

b) Bestimme, um wie viel Liter pro Minute die Wassermenge abnimmt.
   _____

c) Gib die Funktionsgleichung an. _____

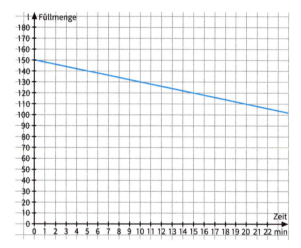

11 Exponentielles Wachstum (Lösung Seite 24)
Eine Stadt hat 42 000 Einwohner. Es wird damit gerechnet, dass die Einwohnerzahl in den nächsten fünf Jahren jährlich um 2 % zunimmt. Berechne, wie viele Einwohner die Stadt in fünf Jahren voraussichtlich haben wird.

Geometrie

12 Rechteck (Lösung Seite 25)

Ein Rechteck ist 8 cm lang und hat einen Umfang von 30 cm. Wie groß ist sein Flächeninhalt A?

A = _____

13 Dreieck im Koordinatensystem
(Lösung Seite 26)

a) Gib die Koordinaten der Punkte
P (|), Q (|), R (|) an.

b) Welchen Flächeninhalt hat das Dreieck PQR?

A = _____

c) Trage den Punkt S (4|4) in das Koordinatensystem ein.
Wie heißt die Figur PQRS?

_____

d) Bestimme den Flächeninhalt der Figur PQRS.

A = _____

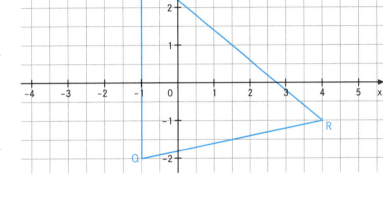

14 Umzug (Lösung Seite 27)

Für den Transport von 90 Umzugskartons sucht Familie Meyer bei einer Leihfirma ein geeignetes Fahrzeug. Ein Karton hat folgende Abmessungen (in mm): 600 x 330 x 340. Es stehen Transporter mit einem Ladevolumen von 5,8 m³ und 9,5 m³ zur Auswahl. Welchen Transporter würdest du empfehlen? Begründe rechnerisch.

15 Zylinder (Lösung Seite 28)

a) Skizziere das Netz eines Zylinders.

b) Ein Zylinder hat eine Grundfläche mit dem Radius 14 cm und ist 8 cm hoch. Bestimme den Oberflächeninhalt des Zylinders gerundet auf ganze cm².

Oberflächeninhalt: _____

Teil A Basisaufgaben – Eingangstest

16 Buchstaben-Design (Lösung Seite 29)

Emil entwirft neue Schriftarten für den Computer. Er beginnt mit dem Buchstaben A (siehe Abbildung rechts). Den noch fehlenden Querstrich möchte er so einzeichnen, dass er
- $\frac{1}{3}$ der unteren Breite des Buchstabens als Länge hat und
- parallel zum Boden verläuft.

Berechne, wo Emil den Querstrich einzeichnen muss.
Zeichne den Buchstaben auf ein extra Blatt. Zeichne den Querstrich ein und überprüfe an der Zeichnung deine Berechnung.

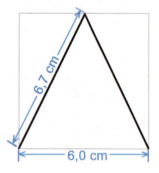

17 Drachen (Lösung Seite 30)

Sven hat einen Drachen gebaut. Die beiden kürzeren Seiten a und b sind jeweils 25 cm lang und schließen einen rechten Winkel ein. Die Längen der beiden Diagonalen e und f verhalten sich wie 2 : 3.

a) Berechne die Längen der beiden Diagonalen. _____

b) Rund um den Drachen wurde eine Schnur gespannt.

   Wie lang ist sie? _____

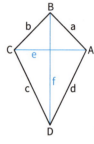

18 Winkel (Lösung Seite 31)

In der Abbildung sind die Geraden g und h parallel.

a) Bestimme, ohne zu messen, die Größe der Winkel β, γ, δ und ε. Begründe.

   β = _____ γ = _____ δ = _____ ε = _____

b) In einem Geometrieprogramm wird die Gerade f so gedreht, dass α = 105° groß ist. Wie verändern sich dadurch die Größen von β, γ, δ und ε? Überprüfe deine Lösung durch eine Zeichnung.

   β = _____ γ = _____ δ = _____ ε = _____

Daten und Zufall

19 Tablet (Lösung Seite 32)

Im Internet wird ein Tablet zu folgenden Preisen angeboten.

a) Gib den Median (Zentralwert), die Spannweite und das arithmetische Mittel der Preise an.

_____

Median: _____ Spannweite: _____ arithmetisches Mittel: _____

b) Berücksichtigt man noch ein sechstes Angebot, beträgt das arithmetische Mittel nur noch 264 €. Wie teuer ist das Tablet aus diesem Angebot?

20 Nutzflächen in Deutschland (Lösung Seite 33)

In dem Diagramm rechts wird dargestellt, wie die Flächen in Deutschland genutzt werden.

a) Wie viel Quadratkilometer entsprechen 1 mm?

1 mm ≙ _____ km²

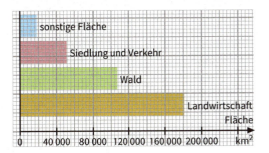

b) (1) Lies aus dem Diagramm ab und fülle die Tabelle aus.

(2) Bestimme die relativen Häufigkeiten und trage sie in die Tabelle ein. Runde auf eine Nachkommastelle.

Kreisdiagramm:

	Flächen-inhalt (in km²)	relative Häufigkeit (in %)
Landwirtschaft		
Wald		
Siedlung und Verkehr		
sonstige Fläche		
Gesamtfläche		

(3) Stelle die Anteile in einem Kreis- und einem Streifendiagramm dar.

Streifendiagramm:

21 Farbige Kugeln (Lösung Seite 34)

Aus einem Behälter mit 3 roten, 5 grünen und 2 blauen gleichartigen Kugeln wird eine verdeckt gezogen. Berechne die Wahrscheinlichkeiten für „blau" und für „nicht rot".

a) P(blau) = _____

b) P(nicht rot) = _____

22 Würfel (Lösung Seite 35)

Rechts siehst du die Netze zweier Würfel.
Der Würfel (1) hat nur die Zahlen 3 und 4, der Würfel (2) die Zahlen 3, 4 und 6.

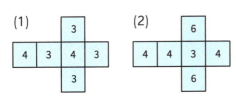

a) Gib die Wahrscheinlichkeit an, mit Würfel (1) eine Vier zu würfeln. _____

b) Gib die Wahrscheinlichkeit an, mit Würfel (2) eine Augenzahl größer als 3 zu würfeln.

c) Mit einem der beiden Würfel wurde 1000-mal gewürfelt und dabei 324-mal die Vier erzielt. Welcher Würfel ist das vermutlich gewesen? Begründe.

Teil A Basisaufgaben – Selbsteinschätzungsbogen

Selbsteinschätzungsbogen

Der Selbsteinschätzungsbogen soll dir helfen, im Anschluss an den Eingangstest einen Überblick zu gewinnen, was du schon ziemlich sicher kannst und wo du noch üben solltest. Kreuze direkt, nachdem du den Eingangstest durchgearbeitet hast, mit Bleistift an, wie sicher du die verschiedenen Themen zu beherrschen glaubst. Vergleiche danach deine Lösungen mit den Beispiellösungen auf den jeweils angegebenen Seiten. Hast du dich richtig eingeschätzt? Korrigiere gegebenenfalls deine Kreuzchen. Du hast nun eine Übersicht, in welchen Bereichen du am dringlichsten üben musst. Die zugehörigen Übungsaufgaben findest du in der Tabelle (rechte Spalte).

Arithmetik/Algebra

Aufgabe	Ich kann...	sicher	fast sicher	muss ich üben	Übungs- aufgaben
1 Rechnen und Ordnen	die Grundrechenarten für rationale Zahlen ausführen.				S. 14: A1, A2
	rationale Zahlen ordnen und vergleichen.				S. 14: A2(5), A3
2 Prozente	Prozentwerte, Prozentsätze und Grundwerte berechnen.				S. 15: A1 bis A6 S. 18: A1
	Prozentaufgaben in der Zinsrechnung lösen.				S. 15: A4
3 Gleichungssysteme	lineare Gleichungssysteme mit zwei Variablen lösen.				S. 16: A1
	Gleichungssysteme zu Sachsituationen aufstellen.				S. 16: A2, A3, A4
4 Schätzen	in Sachsituationen die Größen von Längen, Flächen und Volumina schätzen.				S. 17: A1, A2, A3
	eine Größenangabe in kleinere oder größere Einheiten umrechnen.				S. 17: A4, A5, A6
5 Wintercheck	Berechnungen mithilfe einer Tabellenkalkulation ausführen.				S. 18: A2, A3
6 Aussagen	lineare Gleichungen lösen.				S. 19: A1
	Sachsituationen in Gleichungen übersetzen und lösen.				S. 19: A2, A3, A4

Funktionen

Aufgabe	Ich kann...	sicher	fast sicher	muss ich üben	Übungs- aufgaben
7 Zuordnungen	proportionale und antiproportionale Zuordnungen an ihren Graphen erkennen.				S. 20: A1
	Werte berechnen und Graphen skizzieren, auch in Sachsituationen.				S. 20: A2 bis A5
8 Gleichungen und Graphen	bei linearen Funktionen die Gleichungen und Graphen einander zuordnen.				S. 21: A1, A2, A3
	bei quadratischen Funktionen zwischen Gleichung, Graph und Wertetabelle wechseln.				S. 21: A4, A5
9 Parabeln in verschiedenen Darstellungen	die Scheitelpunktform in die allgemeine Form bringen und umgekehrt.				S. 22: A1 bis A4

Selbsteinschätzungsbogen – Teil A Basisaufgaben

Funktionen

Aufgabe	Ich kann...	sicher	fast sicher	muss ich üben	Übungs-aufgaben
10 Lineare Funktion – Füllmenge	Sachsituationen durch Gleichungen und Graphen von linearen Funktionen beschreiben.				S. 23: A1, A2, A3
11 Exponentielles Wachstum	in Sachsituationen exponentielles Wachstum erkennen und Werte berechnen (auch Zinseszins).				S. 24: A1 bis A5

Geometrie

Aufgabe	Ich kann...	sicher	fast sicher	muss ich üben	Übungs-aufgaben
12 Rechteck	Umfang und Flächeninhalt eines Rechtecks berechnen, auch in Sachsituationen.				S. 25: A1 bis A4
13 Dreieck im Koordinatensystem	Punkte in ein Koordinatensystem eintragen und ablesen.				S. 26: A1, A2, A3
	Flächeninhalte von Dreiecken, Parallelogrammen und Trapezen berechnen.				S. 26: A1, A2, A3
14 Umzug	das Volumen eines Quaders berechnen, auch mit unterschiedlichen Einheiten und in Sachsituationen.				S. 27: A1 bis A6
15 Zylinder	den Flächeninhalt und Umfang eines Kreises berechnen.				S. 28: A1, A2
	die Größe von Mantelfläche, Oberfläche und Volumen eines Zylinders berechnen.				S. 28: A3 bis A6
16 Buchstaben-Design	Streckenlängen mithilfe der Strahlensätze bestimmen.				S. 29: A1 bis A4
17 Drachen	Streckenlängen mithilfe des Satzes von Pythagoras berechnen, auch in Sachsituationen.				S. 30: A1 bis A5
18 Winkel	Winkelgrößen mithilfe der Winkelsätze und der Winkelsumme im Dreieck bestimmen.				S. 31: A1, A2, A3

Stochastik

Aufgabe	Ich kann...	sicher	fast sicher	muss ich üben	Übungs-aufgaben
19 Tablet	Spannweite, Median und arithmetisches Mittel angeben.				S. 32: A1 bis A3
20 Nutzflächen in Deutschland	Werte aus einem Diagramm ablesen.				S. 33: A1, A2 S. 34: A4
	relative Häufigkeiten berechnen und als Prozente angeben.				
	Kreis- und Streifendiagramme erstellen.				
21 Farbige Kugeln	die Wahrscheinlichkeit eines Ereignisses bei einem Laplace-Experiment berechnen.				S. 34: A1 bis A4 S. 35: A1 a) – c)
22 Würfel	Wahrscheinlichkeiten mit den Ergebnissen einer langen Versuchsreihe schätzen.				S. 35: A1 d), A2

Wenn du noch weiteren Übungsbedarf hast oder in einem Thema unsicher bist, empfehlen wir dir, im „Grundlagentraining" nachzuschlagen (ISBN 978-3-7426-1892-4).
Dein **FiNALE**-Team

Lösungen zum Eingangstest und Übungsaufgaben

Auf den folgenden Seiten findest du die ausführlichen Lösungen zum Eingangstest. Der Link neben der Lösung führt zu einem Video, in dem jeder Lösungsschritt erklärt wird.
Zu jeder Aufgabe gibt es passende Übungsaufgaben. Nutze deine Selbsteinschätzung (S. 12/13) und bearbeite auf jeden Fall die Aufgaben, bei denen du noch nicht sicher bist. Die Lösungen der Übungsaufgaben findest du im Lösungsheft.

Arithmetik/Algebra

http://nale.fi/kwzu

http://nale.fi/ukgh

1 Rechnen und Ordnen (von S. 6)

a) Berechne.
  (1) $\frac{3}{4}$ von 8 (2) $\frac{3}{5} \cdot (-15) \cdot (-0{,}1)$
  (3) $-(3{,}8 - 4{,}2) + (-1{,}7 - 1{,}3) : (-5)$
  (4) die Differenz der Zahlen 6,5 und −5,4
  (5) die Summe der Zahlen 1,6 und −4,5
  (6) den Quotienten der Zahlen −3,5 und −0,7
b) Ordne die Zahlen: $\frac{3}{4}$; $1\frac{3}{5}$; 0,6; $-\frac{1}{2}$; $\frac{4}{3}$; 0,5; −0,7

Zu a)
(1) $\frac{3}{4} \cdot 8 = \frac{3}{4} \cdot \frac{8}{1} = \frac{24}{4} = \mathbf{6}$
(2) $\frac{3}{5} \cdot (-15) \cdot (-0{,}1) = \frac{3}{5} \cdot 1{,}5 = 0{,}6 \cdot 1{,}5 = \mathbf{0{,}9}$
(3) $-(3{,}8 - 4{,}2) + (-1{,}7 - 1{,}3) : (-5)$
  $= -(-0{,}4) + (-3) : (-5) = 0{,}4 + 0{,}6 = \mathbf{1}$
(4) $6{,}5 - (-5{,}4) = 6{,}5 + 5{,}4 = \mathbf{11{,}9}$
(5) $1{,}6 + (-4{,}5) = 1{,}6 - 4{,}5 = \mathbf{-2{,}9}$
(6) $-3{,}5 : (-0{,}7) = 3{,}5 : 0{,}7 = 35 : 7 = \mathbf{5}$

Zu b)
$-0{,}7 < -\frac{1}{2} < 0{,}5 < 0{,}6 < \frac{3}{4} < \frac{4}{3} < 1\frac{3}{5}$

---

[1] Berechne.
a) $1{,}2 \cdot 7{,}6$ _____
b) $0{,}45 \cdot 10{,}5$ _____
c) $\frac{2}{5} + \frac{3}{10}$ _____ e) $\frac{1}{3} \cdot \frac{2}{5}$ _____
d) $\frac{1}{3} + \frac{2}{5}$ _____ f) $\frac{1}{3} : \frac{2}{5}$ _____

TIPP

Summe: 27 + 9   **Produkt:** 27 · 9   **Potenz:** 2^3
Differenz: 27 − 9   **Quotient:** 27 : 9

[2] (1) Dividiere die Differenz aus 11 und 8 durch 5.
(2) Berechne $\frac{1}{5}$ von der dritten Potenz von −2.
(3) Halbiere die Differenz aus 2,9 und 5,7.
(4) Bilde die Summe aus 2,5 und dem Produkt der Zahlen −3 und 1,5.
(5) Welche Zahl muss mit 4,8 multipliziert werden, um −1,2 zu erhalten?

Stelle die Ergebnisse an der Zahlengeraden dar.

[3] Ordne der Größe nach, beginne mit der kleinsten Zahl.

a) 0,4 $\frac{3}{6}$ 0,38 $\frac{1}{4}$ $\frac{3}{8}$ 0,44

☐ < ☐ < ☐ < ☐ < ☐ < ☐

b) $-1\frac{1}{2}$ $-\frac{7}{5}$ $-\frac{3}{4}$ −0,8 $-\frac{11}{8}$ −1,3

☐ < ☐ < ☐ < ☐ < ☐ < ☐

c) 0,7 $-\frac{3}{4}$ −1,34 $\frac{4}{5}$ $-\frac{4}{3}$ $\frac{17}{20}$

☐ < ☐ < ☐ < ☐ < ☐ < ☐

d) 2,8   −0,41 $-\frac{2}{5}$ $\frac{29}{10}$ $-\frac{9}{2}$ 2,805

☐ < ☐ < ☐ < ☐ < ☐ < ☐

Lösungen zum Eingangstest und Übungsaufgaben – Teil A Basisaufgaben

[1] Berechne.
 a) 40 % von 650 €
 b) 23 % von 40 m

[2] 45 % der Länge einer Strecke sind 288 m. Wie lang ist die gesamte Strecke?

[3] Wie viel Prozent sind
 a) 3 kg von 60 kg?
 b) 12 cm von 1,20 m?

[4] Berechne die Zinsen.
 a) 3 200 € werden ein Jahr mit 0,5 % verzinst.
 b) Ein halbes Jahr lang werden 560 € bei einem Zinssatz von 1,2 % verzinst.

---

[2] **Prozente** (von S. 6)

a) Wie viel sind 30 % von 250 €?
b) Wie viel Prozent sind 25 cm von 5 m?
c) Von wie viel Kilogramm sind 5 % genau 10 kg?
d) Berechne 4 % Zinsen von 620 € Kapital

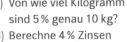

Zu a)
W ist gesucht.
W = 250 € · 0,30
 = 75 €

Zu c)
G ist gesucht.
$G = \frac{10\,kg}{0{,}05} = 200\,kg$

Zu b)
p % ist gesucht.
$p\,\% = \frac{0{,}25\,m}{5\,m} = 0{,}05 = 5\,\%$

Zu d)
Z ist gesucht.
Z = 620 € · 0,04
 = 24,80 €

TIPP

Prozentrechnung:
– Grundwert G
– Prozentwert W
– Prozentsatz p %

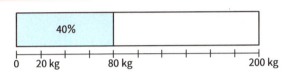

Formeln: W = G · p % $p\,\% = \frac{W}{G}$ $G = \frac{W}{p\,\%}$

Zinsrechnung:
Kapital K ↔ G; Zinsen Z ↔ W   Z = K · p %

---

[5] Familie Meier zahlt monatlich 550 € Miete. Die Miete soll zum 1. Januar um 3,5 % erhöht werden.
 a) Berechne die Mieterhöhung.
 b) Gib die ab Januar zu zahlende Miete an.

[6] Für den Kauf eines Elektroautos zu einem Preis von 32 000 € kann Familie Özdemir einen staatlichen Zuschuss in Höhe von 4 000 € erhalten. Auf den restlichen Kaufpreis gewährt das Autohaus einen Rabatt von 8 %.
 a) Berechne die Höhe des Rabattes.
 b) Wie viel Prozent des Kaufpreises spart Familie Özdemir insgesamt?

Teil A Basisaufgaben – Lösungen zum Eingangstest und Übungsaufgaben

3 Gleichungssysteme (von S. 6)

a) Löse das Gleichungssystem. I. $x - 2y = 4$
                                II. $3x + y = 5$

b) Ein Rechteck hat den Umfang 30 cm, wobei die eine Seite 2 cm länger ist als die andere Seite. Wie lang sind die Seiten?

Zu a)
I. $x - 2y = 4$
II. $3x + y = 5$ $\mid \cdot 2$
I. $x - 2y = 4$
II. $6x + 2y = 10$
I. + II. $7x = 14$ $\mid : 7$
         $x = 2$
$x = 2$ in Gleichung I. eingesetzt:
   $2 - 2y = 4$ $\mid -2$
   $-2y = 2$ $\mid : (-2)$
   $y = -1$

Lösung: $x = 2$ und $y = -1$

Zu b)
x: Breite; y: Länge
I. $2x + 2y = 30$
II. $y = x + 2$
II. in I. eingesetzt:
   $2x + 2(x + 2) = 30$
   $2x + 2x + 4 = 30$ $\mid -4$
   $4x = 26$ $\mid : 4$
   $x = 6{,}5$
$x = 6{,}5$ in Gleichung II. eingesetzt:
   $y = 6{,}5 + 2$
   $y = 8{,}5$

Die Seiten des Rechtecks betragen **6,5 cm** und **8,5 cm**.

---

1 Löse das Gleichungssystem.

a) I. $x + 9y = -41$ b) I. $x + 5y = 17$
   II. $x - 4y = 24$ II. $2x - 4y = 20$

c) I. $2x - 3y = 8$ d) I. $3x + 4y = 1$
   II. $5x + 6y = 20$ II. $6x + 8y = 0$

2 Ein 50-Euro-Schein wird so in 5-Euro-Scheine und 10-Euro-Scheine gewechselt, dass die Anzahl der kleineren Scheine x dreimal so groß ist wie die Anzahl der größeren Scheine y. Wie viele Scheine sind es?

_____

3 Ein Korken und eine Flasche kosten zusammen 1,10 €. Die Flasche ist 1 € teurer als der Korken. Was kostet der Korken, was die Flasche?

_____

4 Bestimme die gesuchten Zahlen.

a) Die Summe zweier Zahlen beträgt 43, ihre Differenz 9.

_____

b) Addiere 12 zu einer Zahl. Du erhältst das Dreifache einer zweiten Zahl. Das Vierfache der zweiten Zahl vermindert um das Sechsfache der ersten Zahl ergibt 2.

_____

Lösungen zum Eingangstest und Übungsaufgaben – Teil A Basisaufgaben

1 Wie viele Sekunden hat eine Schülerin vom ersten Schultag bis zum Ende der 10. Klasse etwa in der Schule verbracht?

☐ 3 600 000 s ☐ 360 000 000 s

☐ 36 000 000 s ☐ 3 600 000 000 s

2 Schätze den Flächeninhalt eines 20-€-Scheins.

☐ 957,6 cm² ☐ 95 760 mm²

☐ 95,76 dm² ☐ 9 576 mm²

3 Kreuze an, welche Schätzung am besten passt.

a) Ungefähre Größe der lackierten Fläche eines Pkws

☐ 72 m² ☐ 720 dm²

☐ 720 000 mm² ☐ 7 200 cm²

b) Größe des Kofferraums eines Pkws

☐ 37 hl ☐ 370 000 ml

☐ 0,037 m³ ☐ 37 000 l

4 Wandle in die nächstkleinere Einheit um.

a) 35 cm = _____

b) 2,5 m² = _____

c) 85 min = _____

5 Wandle in die nächstgrößere Einheit um.

a) 56 000 mm = _____

b) 5 050 m² = _____

c) 150 min = _____

4 Schätzen (von S. 6)

Kreuze an, welche Maßangabe stimmen könnte.

Oberfläche | Volumen des Badewassers | Höhe eines Kirchturms

☐ 300 dm² ☐ 3 000 l ☐ 850 mm
☐ 30 cm² ☐ 30 000 cm³ ☐ 85 dm
☐ 0,3 m² ☐ 0,300 m³ ☐ 85 000 cm
☐ 30 000 mm² ☐ 30 000 ml ☐ 0,085 km

Oberfläche der Schokoladentafel
Eine Schokoladentafel ist ca. 8 cm breit, 16 cm lang und 1 cm hoch. Das ergibt einen Oberflächeninhalt von O = 2 · (8 · 16 + 8 · 1 + 16 · 1) cm² = 304 cm² = 30 400 mm² ≈ **30 000 mm²**.

Volumen des Badewassers
Geschätzte Innenmaße einer Badewanne:
l = 160 cm, b = 50 cm, h = 40 cm
V = 160 cm · 50 cm · 40 cm
V = 320 000 cm³ = 0,320 m³ = 320 l,
also ca. **0,300 m³**

Höhe eines Kirchturms
Hilfreich ist das Umrechnen der Maße in Meter: 850 mm = 0,85 m; 85 000 cm = 850 m; 85 dm = 8,5 m; 0,085 km = 85 m
Nur **0,085 km** (= 85 m) ist realistisch.

TIPP
Beim Vergleichen von *Größen* achte auf die gleiche Einheit.
Rechnest du in eine kleinere (größere) Einheit um, wird die Maßzahl größer (kleiner).

6 Wandle in die angegebene Einheit um.

a) 500 g = _____ kg

b) 1,8 t = _____ kg

c) 25 ha = _____ m²

d) 4 600 cm² = _____ m²

e) 4 500 l = _____ m³

f) 180 s = _____ min

g) 1,2 h = _____ min

17

Teil A Basisaufgaben – Lösungen zum Eingangstest und Übungsaufgaben

5 Wintercheck (von S. 7)

	A	B	C	D
1	Artikelbezeichnung	Menge	Einzelpreis	Gesamtpreis
2				
3	Reifen 195/65 R WinterGrip	4	70,92 €	283,68 €
4	Glühlampen	2	2,03 €	4,06 €
5	Motoröl (in Liter)	1,5		24,75 €
6				
7	Winterräder montieren			18,91 €
8	Wintercheck durchführen			16,72 €
9				
10	Zwischensumme			348,12 €
11	Mehrwertsteuer (in %)	19		66,14 €
12				
13	Rechnungsbetrag			414,26 €

Frau König lässt ihr Auto in der Werkstatt auf den Winter vorbereiten. Für Materialien und Arbeitsleistungen erstellt die Werkstatt die Rechnung mithilfe einer Tabellenkalkulation.

a) In welcher Zelle findest du den Einzelpreis für einen Reifen?
b) Gib an, wie teuer 1 Liter Motoröl (ohne MwSt.) ist.
c) Gib eine Formel für die Zelle D10 an.
d) Welche Formeln könnten in D11 stehen? Kreuze alle richtigen an.
   ☐ = D10 * 0,19   ☐ = D10 / B11*100
   ☐ = D10*B11/100   ☐ = 348,12 € / B11

Zu a)
Der Einzelpreis für einen Reifen steht in Zelle **C3**.

Zu b)
24,75 € : 1,5 = 16,50 €.
Ein Liter Motoröl kostet **16,50 €.**

Zu c)
D10: **=D3+D4+D5+D7+D8**
Schneller geht es mit: **=Summe(D3:D8)**

Zu d)
Die Zwischensumme (in D10) muss mit 19 % multipliziert werden. Richtig sind: = D10*0,19 und = D10*B11/100

---

1 Eine Rechnung beläuft sich einschließlich Mehrwertsteuer auf 1 000 €.
Wie berechnet man den Rechnungsbetrag ohne Mehrwertsteuer (Nettopreis)? Kreuze an.

☐ 1 000 € – 19 €   ☐ 1 000 € – 190 €
☐ 1 000 € : 0,19   ☐ 1 000 € : 1,19

2 Frau Weber notiert sich, bei welchem Kilometerstand sie wie viel Liter getankt hat und was ein Liter Diesel gekostet hat.

	A	B	C	D	E
1	Kilometer	Liter	Preis pro Liter	Gesamtpreis	Verbrauch in Liter auf 100 km
2	35000	35,7	1,46 €	52,12 €	xxx
3	35867	49,4	1,62 €		
4	36422	29,4	1,55 €		
5	37225	52,5	1,52 €		

a) Mit welcher Formel kann in Zelle D2 der Gesamtpreis berechnet werden?
_____

Trage alle Gesamtpreise in Spalte D ein.

b) Berechne den durchschnittlichen Verbrauch auf 100 km zwischen jeweils zwei Tankstopps. Trage die Ergebnisse in die Tabelle ein.

c) Gib für Zelle E3 eine Formel zur Berechnung des Durchschnittsverbrauchs auf 100 km an.
_____

3

	A	B	C
1	Verkäufe am 3. März		
2	Anzahl	Einzelpreis	Gesamtpreis
3	3	17,95 €	53,85 €
4	5	3,98 €	19,90 €
5	8	5,67 €	45,36 €
6			
7		Gesamt Netto	119,11 €
8		MwSt 19%	22,63 €
9		Gesamt Brutto	141,74 €

In dem abgebildeten Tabellenkalkulationsblatt kann man zu jeder eingegebenen Anzahl den jeweiligen Gesamtpreis Netto ablesen. Außerdem sieht man für alle verkauften Artikel den Gesamtpreis Netto und Brutto sowie die Mehrwertsteuer. Gib die möglichen Formeln in den Zellen an.

C3: _____

C7: _____

C8: _____

Lösungen zum Eingangstest und Übungsaufgaben – Teil A Basisaufgaben

1 Löse die Gleichung.

a) 3x − 7 = 35   b) 9 − 4x = 13

c) 8 − (2x + 6) = 5x + 16

d) 7 (2 − 5x) = (9 − x) · 5 − 1

2 Stelle eine Gleichung auf und löse sie.

Für drei Schreibblöcke, eine Spitzmaschine (8,85 €) und acht Stifte bezahlt Paul 16,04 €. Ein Schreibblock kostet 1,25 €. Wie viel kostet ein Stift?

3 Löse das Zahlenrätsel mithilfe einer Gleichung.

a) Das Neunfache einer Zahl vermindert um 7 ergibt 47.

b) Addiert man zum dritten Teil einer Zahl 17, so erhält man 30.

c) Vermindert man das Achtfache einer Zahl um 9, so erhält man das Sechsfache der Zahl vermehrt um 3.

6 Aussagen (von S. 7)

a) Welche der folgenden Sachtexte passen zu der Gleichung x + (x − 4) = 60? Kreuze jeweils an.

		Ja	Nein
1	Vera ist vier Jahre jünger als Max. Zusammen sind sie 60 Jahre alt.	☐	☐
2	Eine Lostrommel enthält viermal so viele Nieten wie Gewinnlose. Insgesamt sind 60 Lose in der Trommel.	☐	☐
3	Familie Maier legt auf ihrer zweitägigen Radtour insgesamt 60 km zurück. Am zweiten Tag fahren sie 4 km weniger als am ersten Tag.	☐	☐
4	Ein 60 m² großer Saal wird mit Parkett ausgelegt. Länge und Breite des Raumes unterscheiden sich um 4 Meter.	☐	☐

b) Löse die Gleichung x + (x − 4) = 60.

a) (1): Max: x; Vera: x − 4
 Gleichung x + (x − 4) = 60   [x] **Ja**

(2): Gewinnlose: x; Nieten: 4x
 Gleichung x + 4x = 60   [x] **Nein**

(3): 1. Tag: x; 2. Tag : x − 4
 Gleichung x + (x − 4) = 60   [x] **Ja**

(4): Länge: x; Breite: x − 4
 Gleichung x · (x − 4) = 60   [x] **Nein**

b) (1): x + (x − 4) = 60
   x + x − 4 = 60
   2x − 4 = 60 | +4
   2x = 64 | : 2
   x = 32

Max ist 32 Jahre alt, Vera 28.

(2): Am 1. Tag legen sie 32 km zurück, am 2. Tag 28 km.

4 Welche Sachtexte passen zu der Gleichung 5x + 17 = 57? Was gibt in diesen Fällen x an?

(1) Fünf Freunde gehen ins Kino. Sie kaufen Karten und anschließend Popcorn für 17 €. Insgesamt bezahlen sie 57 €.

(2) Frau May kauft 5 Flaschen Wein und 17 Flaschen Sekt. Sie bezahlt insgesamt 57 €.

(3) Ein 5 km langer Rundkurs für Crossräder wird x-mal durchfahren. Der Kurs liegt 17 km von Tannendorf entfernt. Es sind 57 Teilnehmer am Start.

(4) Ein Unternehmen soll 57 m³ Muttererde transportieren. Der große Lkw bringt pro Fahrt 17 m3, der kleine Lkw den Rest mit fünf Fahrten, jeweils voll beladen.

(5) Ein Rechteck ist 5 cm breit, seine Länge unbekannt. Wäre es 17 cm² größer, hätte es einen Flächeninhalt von 57 cm².

Funktionen

7 Zuordnungen (von S. 7)

In welchen Graphen erkennst du proportionale (p) oder antiproportionale (a) Zuordnungen? Wo liegt keines von beiden (k) vor? Kreuze jeweils p, a oder k an.

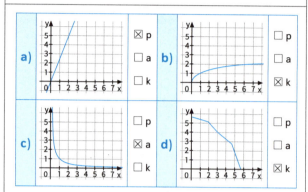

Richtig anzukreuzen ist jeweils …

a) [x] **p (proportional),** da der Graph eine Gerade durch den Ursprung ist.

b) [x] **k (keines von beiden),** da mit größer werdenden x-Werten auch die y-Werte ansteigen (damit nicht antiproportional), die Steigung aber nicht konstant ist, der Graph also keine Ursprungsgerade ist (damit nicht proportional).

c) [x] **a (antiproportional),** da mit größer werdenden x-Werten die y-Werte abnehmen, wobei gilt: $x \cdot y = 1$. Der Graph ist eine Hyperbel.

d) [x] **k (keines von beiden),** da der Graph weder eine Ursprungsgerade noch eine Hyperbel ist.

1 Ist die Zuordnung proportional? Begründe.

Zuordnung (A)

Anzahl	Preis (in €)
3	1,50
4	2,00
8	4,00

Zuordnung (B)

Zeit (h)	Weg (m)
2	1200
3	1800
5	2600

Zuordnung (A) ist _____, weil _____

Zuordnung (B) ist _____, weil _____

2 Vervollständige die Wertetabelle bei a) zur proportionalen Zuordnung und bei b) zur antiproportionalen Zuordnung.

a)
x	1,5	3
y	4,5	

b)
x	7,5	2,5
y	20	

3 Ein Band lässt sich in 20 jeweils 12 cm lange Stücke zerschneiden. Wie viele Stücke erhältst du, wenn jedes Stück 16 cm lang sein soll?

4 Ein Schiff legt eine Strecke von 16 km in 40 Minuten zurück. Welche Strecke legt das Schiff bei gleicher Durchschnittsgeschwindigkeit in 25, 5 und 120 Minuten zurück?

5 Skizziere zu den folgenden Beispielen jeweils den zugehörigen Graphen. Gib an, ob es sich um eine proportionale (p), konstante (k), antiproportionale (a) oder aber um eine lineare (l) Funktion, die nicht proportional ist, handelt.

1	Eier werden hartgekocht: *Anzahl Eier → Kochdauer (in min)*
2	Taxifahrt mit 3 € Grundgebühr: *zurückgelegte Strecke (in km) → Fahrpreis (in €)*

3	10 km Autofahrt: *durchschnittliche Geschwindigkeit (in km/h) → Fahrdauer (in h)*
4	Einkauf auf dem Markt: *Menge Kartoffeln (in kg) → Preis (in €)*

1)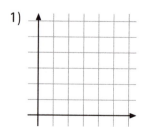

2)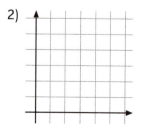

3)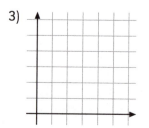

4)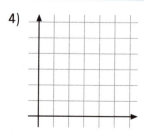

Lösungen zum Eingangstest und Übungsaufgaben – Teil A Basisaufgaben

1 Bestimme die zum Graphen gehörende Funktionsgleichung.

a) 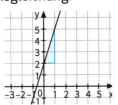   b)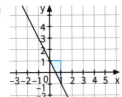

y= _____   y= _____

c) 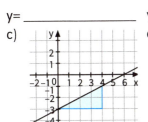   d)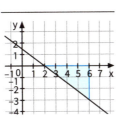

y= _____   y= _____

2 Zeichne in ein Koordinatensystem die Graphen zu den Funktionen
$y = \frac{1}{4}x + 3$ und $y = -x + 3$.
Gib die Koordinaten des Schnittpunkts S an.

S = (___|___)

3 Die lineare Funktion f verläuft durch die Punkte A(−2|5) und B(3|2,5).
Gib die Funktionsgleichung von f an.

f: y = _____

4 a) Ordne jeder Parabel in der Abbildung rechts die passende Funktionsgleichung zu.

(1) $y = x^2 + 1$ → _____

(2) $y = -x^2 + 2x - 1$ → _____

(3) $y = 2x^2 + 1$ → _____

(4) $y = 0{,}5x^2 - 2x - 4$ → _____

b) Gib für jede Parabel die Koordinaten ihres Scheitelpunkts an.

S_1 (___|___) S_3 (___|___)

S_2 (___|___) S_4 (___|___)

5 a) Erstelle jeweils eine Wertetabelle für x = −3, −2, …, 2, 3 zu der quadratischen Funktion.

(1) $y = x^2 - 3$ (2) $y = -x^2 + 2x - 6$

b) Zeichne den Graphen und gib jeweils den Scheitelpunkt an. S_1 (___|___) S_2 (___|___)

---

8 Gleichungen und Graphen (von S. 8)

Ordne den Graphen (g_1, g_2, … g_6) die zugehörige Funktionsgleichung zu. Zwei Gleichungen passen zu keinem Graphen.

$y = -0{,}5x^2$	$y = -2x^2$
$y = x - 2$	$y = 2x^2$
$y = -x - 2$	$y = -x + 2$
$y = x^2 + 2x + 2$	$y = 0{,}5x^2$

http://nale.fi/kopq

http://nale.fi/nkxr

g_1, g_4 und g_5 haben Geradengleichungen der Form y = mx + n. Sie steigen bei m > 0 und fallen bei m < 0; der y-Achsenabschnitt ist n.

Also gilt:
g_1: y = − x − 2; g_4: y = − x + 2; g_5: y = x − 2

g_2, g_3 und g_6 haben Parabelgleichungen der Form $y = ax^2 + bx + c$. Sie schneiden die y-Achse bei c; für b = 0 liegt der Scheitelpunkt auf der y-Achse.
Für a > 0 ist die Parabel nach oben geöffnet, für a < 0 nach unten geöffnet.
Für |a| > 1 ist sie enger als die Normalparabel (gestreckt), für 0 < |a| < 1 ist sie breiter als die Normalparabel (gestaucht).

Also gilt:
g_2: $y = -0{,}5x^2$; g_3: $y = 2x^2$; g_6: $y = x^2 + 2x + 2$

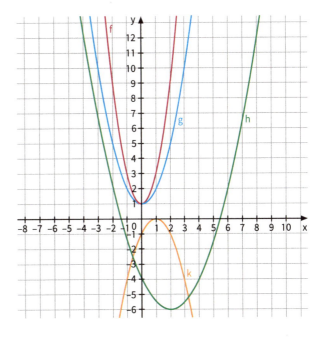

Teil A Basisaufgaben – Lösungen zum Eingangstest und Übungsaufgaben

9 Parabeln in versch. Darstellungen (von S. 8)

Eine Parabel hat den Scheitelpunkt S(3|−15) und ist gegenüber der Normalparabel um den Faktor a = 2 gestreckt. Gib die Scheitelpunktform der Parabel an und wandle diese in die allgemeine Form um.

Eine Parabel mit dem Scheitelpunkt S(e|f) wird durch die Scheitelpunktform
$f(x) = a(x − d)^2 + e$ beschrieben.
Um die gesuchte Scheitelpunktform aufzustellen, notierst du dir am besten erstmal alle gegebenen Werte.
Aus S(3|−15) folgt: d = 3 und e = −15
Zudem ist der Faktor a gegeben: a = 2
Diese Werte setzt du in die Scheitelpunktform ein: **$f(x) = 2(x − 3)^2 − 15$**
Die allgemeine Form der quadratischen Funktion erhältst du dann, indem du die Gleichung umformst:
$f(x) = 2(x − 3)^2 − 15$ | bin. Formel anwenden
$f(x) = 2(x^2 − 6x + 9) − 15$ | ausmultiplizieren
$f(x) = 2x^2 − 12x + 18 − 15$ | zusammenfassen
$f(x) = 2x^2 − 12x + 3$

1 Eine Parabel hat den Scheitelpunkt S(2|−3) und ist gegenüber der Normalparabel um den Faktor a = 0,5 gestaucht.
Gib die Scheitelpunktform der Parabel an und wandle diese in die allgemeine Form um.

Scheitelpunktform: _____

allgemeine Form: _____

> **TIPP**
>
> Mit der quadratischen Ergänzung bringst du den Funktionsterm $y = ax^2 + bx + c$ in die Scheitelpunktform $f(x) = a(x − d)^2 + e$.

2 Forme die Gleichung der quadratischen Funktion in die Scheitelpunktform um und gib die Koordinaten des Scheitelpunkts an.

a) $y = x^2 + 4x + 1$ S(___|___)

b) $y = 2x^2 − 20x + 2$ S(___|___)

c) $y = −0,5x^2 + 8x + 4$ S(___|___)

d) $y = −4x^2 − 12x + 2$ S(___|___)

3 Eine Parabel wird durch die Gleichung $f(x) = −1,5(x + 4)^2 + 8$ beschrieben.

a) Gib ihren Scheitelpunkt an.   S(___|___)

b) Beschreibe, wie man die Parabel mit der o. g. Gleichung aus der Normalparabel gewinnen kann.

_____
_____
_____

> **TIPP**
>
> Eine *Parabel* mit dem Scheitelpunkt S(d|e) wird durch die Scheitelpunktform $f(x) = a(x − d)^2 + e$ beschrieben. Am Faktor a kannst du erkennen, ob die Parabel gestreckt oder gestaucht und nach oben oder unten geöffnet ist.

c) Wandle die Scheitelpunktform in die allgemeine Form um. _____

4 Lukas behauptet, dass diese drei Gleichungen dieselbe Funktion beschreiben:

Überprüfe rechnerisch, ob Lukas recht hat.

(1) $f(x) = (x − 1,5)^2 − 20,25$

(2) $g(x) = x^2 − 3x − 18$

(3) $h(x) = (x + 3) \cdot (x − 6)$

5 Gib den Scheitelpunkt der angegebenen Funktion an, dann bestimme – wie im Beispiel – ihre Nullstellen.

a) $y = (x − 2)^2 − 1$ b) $y = (x + 4)^2 − 16$

c) $y = 0,5(x + 4)^2 − 8$ d) $y = −2,5(x + 1)^2 + 10$

$y = (x + 3)^2 − 4$ S(−3|−4)
$(x + 3)^2 − 4 = 0$
$(x + 3)^2 = 4$
$x + 3 = \sqrt{4}$ oder $x + 3 = −\sqrt{4}$
$x + 3 = 2$ $x + 3 = −2$
$x_1 = −1$ $x_2 = −5$

Lösungen zum Eingangstest und Übungsaufgaben – Teil A Basisaufgaben

1 Welcher Graph passt zu der Sachsituation?

(A) Eine Ferienwohnung kostet pro Tag 45 €. Unabhängig von der Mietdauer werden für die Endreinigung 30 € verlangt.

(B) Die Busreise von Köln nach Prag kostet pro Person 45 €.

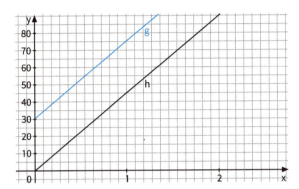

Situation A: _____   Situation B: _____

2 Die im Koordinatensystem dargestellte Funktion gibt den Zusammenhang zwischen der Futtermenge und der Zeit an.

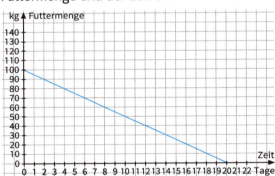

a) Wie viel Kilogramm Futter sind zu Beginn vorhanden?

_____

b) Nach wie vielen Tagen ist die Futtermenge aufgebraucht?

_____

c) Bestimme die Funktionsgleichung.

_____

3 Zeichne die Graphen der linearen Funktionen $y = -3x + 4$ und $y = 4x - 3$ in ein Koordinatensystem.
Gib die Koordinaten des Schnittpunkts der beiden Graphen an.   S (___|___)

---

10 Lineare Funktion – Füllmenge (von S. 8)

Die im Koordinatensystem dargestellte Funktion stellt den Zusammenhang zwischen der Füllmenge in einem Bewässerungstank und der Zeit dar.

a) Wie viel Liter Wasser sind am Anfang im Tank?
b) Bestimme, um wie viel Liter pro Minute die Wassermenge abnimmt.
c) Gib die Funktionsgleichung an.

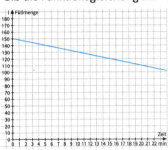

Zu a)
Der Graph schneidet die y-Achse an der Stelle 150. Am Anfang sind **150 l** im Tank.

Zu b)
Wir suchen uns zwei Punkte, deren Koordinaten gut ablesbar sind, z. B. A (0|150) und B (15|120).
Aus den Koordinaten lesen wir ab:
In 15 Minuten nimmt die Füllmenge um 30 l ab.
In 1 Minute nimmt sie dann um **2 l** (= 30 l : 15) ab.

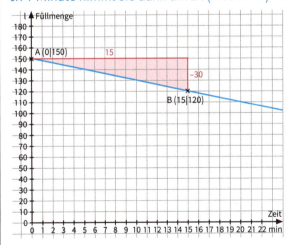

Zu c)
Bei der allgemeinen Funktionsgleichung $y = mx + n$ gibt m die Steigung des Graphen an und n den y-Achsenabschnitt.
In diesem Beispiel ist n = 150.
Da der Graph fällt, ist $m = -\frac{30}{15} = -2$.
Die Funktionsgleichung lautet also:
$y = -2x + 150$

Teil A Basisaufgaben – Lösungen zum Eingangstest und Übungsaufgaben

11 Exponentielles Wachstum (von S. 8)

Eine Stadt hat 42 000 Einwohner. Es wird damit gerechnet, dass die Einwohnerzahl in den nächsten fünf Jahren jährlich um 2 % zunimmt.
Berechne, wie viele Einwohner die Stadt in fünf Jahren voraussichtlich haben wird.

Die voraussichtliche Entwicklung der Einwohnerzahl soll jährlich 2 % betragen, die Anfangsgröße beträgt 42 000.
Es handelt sich um ein exponentielles Wachstum mit $q = 1 + 2\% = 1 + \frac{2}{100} = 1{,}02$.
Die berechneten Werte müssen auf die Einerstelle gerundet werden, da Einwohnerzahlen stets natürliche Zahlen sind.

1. Lösungsweg:

Jahr	0	1	2	3	4	5
Größe	42 000	42 840	43 696,8	44 570,74	45 462,15	46 371,39

· 1,02   · 1,02   · 1,02   · 1,02

Nach 5 Jahren hat die Stadt voraussichtlich **46 371** Einwohner.

2. Lösungsweg:

Wenn die Werte einer exponentiell zu- oder abnehmenden Größe über mehrere Schritte hinweg berechnet werden, kann man auch Potenzen des Wachstumsfaktors q verwenden. Hat die Größe den Anfangswert G, dann gilt für den Wert G_n (nach n Schritten):

$G_n = \underbrace{G \cdot q \cdot \ldots \cdot q}_{n\text{-mal}} = G \cdot q^n$

$G = 42\,000 \quad q = 1{,}02 \quad n = 5$
$G_5 = 42\,000 \cdot 1{,}02^5 \approx 46\,371$

Nach 5 Jahren hat die Stadt voraussichtlich **46 371** Einwohner.

---

1 In einer Bakterienkultur wurden 20 000 Bakterien gezählt. Ihre Anzahl nimmt pro Stunde um 4 % zu. Berechne mithilfe der Tabelle die Anzahl von Bakterien, die nach 4 Stunden zu erwarten sind. Runde sinnvoll.

Stunde	0	1	2	3	4
Anzahl	20 000				

Antwort: _____

TIPP

Aus einer Prozentangabe p % lässt sich der Wachstumsfaktor q bestimmen.
– bei exponentieller Zunahme: $q = 1 + p\% = 1 + \frac{p}{100}$
– bei exponentieller Abnahme: $q = 1 - p\% = 1 - \frac{p}{100}$

2 Ergänze die Wertetabellen so, dass exponentielles Wachstum vorliegt.

a)

x	17	18	19	20
y			3	5

b)

x	1	2	3	4
y		12	18	

3 Aus einer Kleinstadt mit 12 000 Einwohnern wandern pro Jahr etwa 2 % in die Großstadt ab. Erläutere, was mit dem Term $12\,000 \cdot 0{,}98^8$ berechnet wird.

_____
_____
_____

TIPP

Eine Anfangsgröße G ändert sich *exponentiell*, wenn sich ihr Wert in gleichen (zeitlichen) Abständen immer um denselben Faktor q ändert.

4 Elifs Familie hat am Tag ihrer Geburt 2 000 € auf ein Bankkonto gelegt. Das Kapital wird seither jährlich mit 2,5 % verzinst.
Bestimme mithilfe des Wachstumsfaktors q, auf welchen Betrag das Guthaben an Elifs 18. Geburtstag angewachsen ist.

5 Ein 100 m² großer See ist zur Hälfte mit Seerosen bedeckt. Die Seerosenfläche vergrößert sich in einem Monat um 5 %.
Bestimme, nach wie vielen Monaten der gesamte See von Seerosen bedeckt ist.

Geometrie

1 Ein Rechteck hat einen Umfang von 18 cm. Wie breit und wie lang könnte es sein? Gib alle ganzzahligen Möglichkeiten an.

Breite	Länge

2 Ein Baugrundstück ist rechteckig und hat die Maße 32 m x 24 m.

a) Wie viel Quadratmeter ist es groß?

b) Wie teuer ist das Grundstück, wenn ein Quadratmeter 75 € kostet?

---

12 Rechteck (von S. 9)

Ein Rechteck ist 8 cm lang und hat einen Umfang von 30 cm. Wie groß ist sein Flächeninhalt?

Skizze: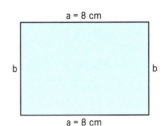

Gegeben:
Länge einer Rechteckseite: $a = 8$ cm
Umfang des Rechtecks: $u = 2a + 2b = 30$ cm
Gesucht: Flächeninhalt A des Rechtecks
Um $A = a \cdot b$ zu ermitteln, wird die Länge der zweiten Rechteckseite b benötigt.

$\quad u = 2 \cdot a \quad + 2 \cdot b$
$30 \text{ cm} = 2 \cdot 8 \text{ cm} + 2b$
$30 \text{ cm} = 16 \text{ cm} \quad + 2b \quad | -16 \text{ cm}$
$14 \text{ cm} = 2b \quad\quad\quad\quad | :2$
$7 \text{ cm} = b$

$A = a \cdot b$
$A = 8 \text{ cm} \cdot 7 \text{ cm}$
$A = 56 \text{ cm}^2$

---

3 Ein Rechteck ist 7 cm breit und 3 cm länger als breit. Berechne Flächeninhalt und Umfang dieses Rechtecks.

A = _____

u = _____

4 Ein alter Sportplatz wird umgebaut. Im rot gefärbten Teil wird ein Bolzplatz mit einem Kunststoffboden angelegt. Auf dem restlichen Teil des alten Platzes wird Rasen gesät.

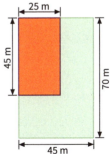

a) Der Bolzplatz wird von einem hohen Drahtzaun eingefasst. An drei Stellen im Zaun sind ein Meter breite Türen eingelassen.
Wie viel Meter Drahtzaun werden benötigt?

_____ m

b) Berechne, wie viel Quadratmeter Kunststoffboden benötigt werden.

_____ m²

c) Ein Sack mit 25 kg Rasensamen reicht für 800 m². Ermittle, wie viele Säcke Rasensamen für den neuen Rasen gekauft werden müssen.

_____ Säcke

Teil A Basisaufgaben – Lösungen zum Eingangstest und Übungsaufgaben

13 Dreieck im Koordinatensystem (von S. 9)

a) Gib die Koordinaten der Punkte P, Q, R an.
b) Welchen Flächeninhalt hat das Dreieck PQR?
c) Trage den Punkt S(4|4) in das Koordinatensystem ein. Wie heißt die Figur PQRS?
d) Bestimme den Flächeninhalt der Figur PQRS.

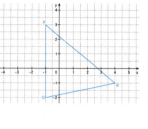

Zu a)
P(−1|3); Q(−1|−2); R(4|−1)

Zu b)
g = 5 cm; h = 5 cm → A = $\frac{5 \text{ cm} \cdot 5 \text{ cm}}{2}$ = **12,5 cm²**

Zu c)
Die Figur PQRS ist ein **Parallelogramm**.

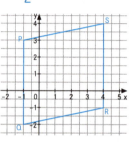

Zu d)
A = g · h
A = 5 cm · 5 cm
A = 25 cm²

1 Zeichne das Dreieck ABC mit A(−3|3,5), B(−3|0) und C(3|1) in das Koordinatensystem mit der Einheit 1 cm.

a) Welchen Flächeninhalt hat das Dreieck?
b) Finde einen vierten Punkt D so, dass das Viereck ABDC ein Parallelogramm ist. Gib die Koordinaten des Punktes D an.
c) Welchen Flächeninhalt hat das Viereck ABDC?

2 Trage die Punkte A(−3|1), B(4|1) und C(4|4) in das Koordinatensystem ein und verbinde sie zu einem Dreieck.

a) Berechne den Flächeninhalt des Dreiecks.

_____

b) Markiere den Mittelpunkt M der Seite $\overline{BC}$. Gib die Koordinaten des Punktes M an.

_____

c) Zeichne durch den Punkt M die Parallele zu $\overline{AB}$. Sie trifft $\overline{AC}$ im Punkt D. Wie heißt das Viereck ABMD? _____ Berechne seinen Flächeninhalt.

_____

3 Zeichne das Dreieck ABC mit A(−2|−2), B(5|2) und C(−2|2) in ein Koordinatensystem (1 LE ≙ 1 cm).

a) Spiegele den Punkt C an der Geraden AB und gib die Koordinaten des Spiegelpunkts C' an.

C'(___|___)

b) Wie heißt das Viereck AC'BC? Berechne seinen Umfang und seinen Flächeninhalt.

Lösungen zum Eingangstest und Übungsaufgaben – Teil A Basisaufgaben

1. Der Boden eines quaderförmigen Aquariums hat die Innenmaße 8 dm x 4,5 dm. Das Aquarium ist 6 dm hoch und bis 5 cm unter den Rand gefüllt.
Wie viel Liter Wasser befinden sich in diesem Aquarium?

TIPP

Volumen
Die Umwandlungszahl ist 1000.
$1000 \text{ mm}^3 = 1 \text{ cm}^3$
$1000 \text{ cm}^3 = 1 \text{ dm}^3$
$1000 \text{ dm}^3 = 1 \text{ m}^3$
$1 \text{ dm}^3 = 1 \ l$ $1 \ l = 1000 \text{ ml}$
$1 \text{ cm}^3 = 1 \text{ ml}$

14 Umzug (von S. 9)

Für den Transport von 90 Umzugskartons sucht Familie Meyer bei einer Leihfirma ein geeignetes Fahrzeug. Ein Karton hat folgende Abmessungen (in mm):
600 x 330 x 340.
Es stehen Transporter mit einem Ladevolumen von 5,8 m³ und 9,5 m³ zur Auswahl. Welchen Transporter würdest du empfehlen? Begründe rechnerisch.

Zunächst muss das Volumen eines Kartons berechnet werden.
Für Quader gilt die Volumenformel:
V = Länge · Breite · Höhe
V = 600 mm · 330 mm · 340 mm
V = 0,6 m · 0,33 m · 0,34 m
V = 0,06732 m³
90 Kartons haben das Volumen:
90 · 0,06732 m³ = 6,0588 m³
Zu empfehlen ist der Transporter mit dem **Ladevolumen von 9,5 m³.**

2. Berechne das Volumen und den Oberflächeninhalt des Quaders. Entnimm die benötigten Maße aus dem abgebildeten Quadernetz.

V = _____ cm³   O = _____ cm²

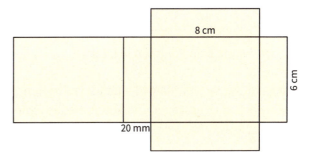

3. Ein Quader ist 0,7 m lang, 20 cm breit und 30 mm hoch. Bestimme das Volumen des Quaders (in cm³).

V = _____

4. Ein Schwimmbecken ist 25 m lang und verfügt über acht Bahnen von je 1,50 m Breite. Es ist an allen Stellen gleich tief und fasst 750 m³ Wasser. Wie tief ist es?

_____

5. Ein Quader ist doppelt so lang wie breit und dreimal so hoch wie breit. Sein Volumen beträgt 48 cm³. Wie breit ist der Quader?

b = _____ cm

6. Eine Baugrube ist 4 m lang, 2,50 m breit und 1,80 m tief.

a) Wie viel Kubikmeter Erde mussten ausgehoben werden? _____

b) Ein Kubikmeter Erde wiegt 1700 kg. Berechne die Masse des Erdaushubs in Tonnen.

_____

Teil A Basisaufgaben – Lösungen zum Eingangstest und Übungsaufgaben

http://nale.fi/hzds

15 Zylinder (von S. 9)

a) Skizziere das Netz eines Zylinders.
b) Ein Zylinder hat eine Grundfläche mit dem Radius 14 cm und ist 8 cm hoch. Bestimme den Oberflächeninhalt des Zylinders gerundet auf ganze cm².

Zu a)
Netz:
Die Länge der Mantelfläche entspricht dem Kreisumfang $2 \cdot \pi \cdot r$.

$A = \pi \cdot r^2$
$M = 2 \cdot \pi \cdot r \cdot h$

Zu b)
$O = 2 \cdot \pi \cdot r^2 + 2 \cdot \pi \cdot r \cdot h$
$O = 2 \cdot \pi \cdot (14\ cm)^2 + 2 \cdot \pi \cdot 14\ cm \cdot 8\ cm$
$O = 2 \cdot \pi \cdot 196\ cm^2 + 2 \cdot \pi \cdot 112\ cm^2$
$O \approx 1935\ cm^2$

1 Der Mittelkreis eines Fußballfeldes hat einen Radius von 9,15 m. Berechne seinen Umfang und seinen Flächeninhalt.

u = _____

A = _____

2 Die Reifen von Laras Fahrrad haben einen Durchmesser von 26 Zoll. (1 Zoll = 2,54 cm)

a) Welchen Umfang hat ein Reifen?

u = _____

b) Lara fährt 4,6 km zur Schule. Bestimme, wie oft sich dabei jeder der beiden Reifen dreht.

_____

3 a) Zeichne das Netz des abgebildeten Zylinders.

b) Berechne den Flächeninhalt seines Mantels und seiner Oberfläche.

M = _____ cm²   O = _____ cm²

c) Berechne sein Volumen in Litern.   V = _____ l

4 Abgebildet ist der Mantel eines 8 cm hohen Zylinders. Berechne Durchmesser und Volumen des Zylinders.

d = _____ cm   V = _____ cm³

5 Familie Meier kauft einen Pool für den Garten. Er hat einen Durchmesser von 3,05 m und eine Höhe von 76 cm.

a) Berechne die Größe der Bodenfläche.   G = _____

b) Der Pool wird bis 6 cm unter den oberen Rand mit Wasser gefüllt. 1 m³ Wasser kostet 1,68 €.

Wie teuer wird eine Poolfüllung? _____

6 Eine Dose Suppe hat einen Durchmesser von 10,4 cm und eine Höhe von 12 cm.

a) Auf der Banderole (Dosenmantel) ist ein Inhalt von 1 000 ml angegeben. Überprüfe, ob diese Angabe zutrifft.

b) Berechne, wie viel Quadratmeter Papier man zur Herstellung von 50 000 Banderolen braucht.

Lösungen zum Eingangstest und Übungsaufgaben – Teil A Basisaufgaben

1 Berechne x.

a)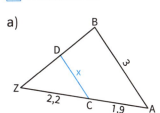

x = _____

b)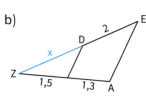

x = _____

TIPP

Zentrische Streckung
Wenn die Geraden parallel sind, dann ist das Verhältnis entsprechender Strecken immer gleich.

2 Fins Augenhöhe beträgt 1,75 m. Er peilt über den Stab die Spitze des Hausdaches an. Wie hoch ist das Haus?

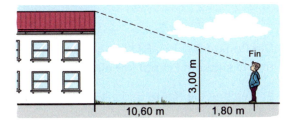

16 **Buchstaben-Design** (von S. 10)

Emil entwirft neue Schriftarten für den Computer. Er beginnt mit dem Buchstaben A (siehe Abbildung rechts). Den noch fehlenden Querstrich möchte er so einzeichnen, dass er
- $\frac{1}{3}$ der unteren Breite des Buchstabens als Länge hat und
- parallel zum Boden verläuft.

Berechne, wo Emil den Querstrich einzeichnen muss. Zeichne den Buchstaben auf ein extra Blatt. Zeichne den Querstrich ein und überprüfe an der Zeichnung deine Berechnung.

Gesucht ist $\overline{SC}$ bzw. $\overline{SD}$. Da die beiden Strecken $\overline{CD}$ und $\overline{AB}$ parallel zueinander verlaufen, kann man den Strahlensatz anwenden.

$\overline{CD} = \frac{1}{3} \cdot \overline{AB} = \frac{1}{3} \cdot 6\,\text{cm} = 2\,\text{cm}$

Mit Strahlensatz:

$\frac{\overline{SC}}{\overline{SA}} = \frac{\overline{CD}}{\overline{AB}}$

$\frac{\overline{SC}}{6{,}7\,\text{cm}} = \frac{2\,\text{cm}}{6\,\text{cm}} \qquad | \cdot 6{,}7\,\text{cm}$

$\overline{SC} = \frac{2\,\text{cm} \cdot 6{,}7\,\text{cm}}{6\,\text{cm}}$

$\overline{SC} = 2{,}2\overline{3}\,\text{cm}$

Wenn man genau gezeichnet hat, sollte man in der Zeichnung ungefähr **2,2 cm als Länge** der Strecke messen.

3 Es gilt: $\overline{XY}$ ist parallel zu $\overline{VW}$ und $\frac{1}{3}\overline{UX} = \overline{UV}$.
Welche der folgenden Gleichungen ist richtig? Begründe deine Antwort.

☐ $\frac{1}{3}\overline{VW} = \overline{XY}$ ☐ $\overline{VW} = 3 \cdot \overline{XY}$ ☐ $\overline{VW} \cdot \overline{XY} = \frac{1}{3}$ ☐ $3 \cdot \overline{VW} = \overline{XY}$

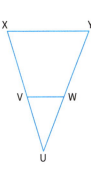

4 Hanna ist 1,50 m groß und wirft einen 1,20 m langen Schatten. Der neben ihr laufende Sebastian hat zum gleichen Zeitpunkt einen Schatten von 1,45 m.
Wie groß ist Sebastian?

Teil A Basisaufgaben – Lösungen zum Eingangstest und Übungsaufgaben

17 Drachen (von S. 10)

Sven hat einen Drachen gebaut. Die beiden kürzeren Seiten a und b sind jeweils 25 cm lang und schließen einen rechten Winkel ein. Die Längen der beiden Diagonalen e und f verhalten sich wie 2 : 3.
a) Berechne die Längen der beiden Diagonalen.
b) Rund um den Drachen wurde eine Schnur gespannt. Wie lang ist sie?

Zu a)

In dem Teildreieck ABC ist bei B ein rechter Winkel; a und b sind die Katheten und e ist die Hypotenuse. Es gilt der Satz des Pythagoras:
$a^2 + b^2 = e^2$.
$(25\text{ cm})^2 + (25\text{ cm})^2 = e^2$

$e^2 = 1250\text{ cm}^2 \to$ **e ≈ 35,36 cm**
Das Seitenverhältnis von e zu f beträgt 2 : 3, d. h., f ist 3-mal so lang wie $\frac{e}{2}$, also

$f = 3 \cdot \frac{e}{2} = 3 \cdot 17{,}68\text{ cm}$ **f = 53,04 cm.**

Zu b)

Die Längen der Seiten a und b des Drachens sind bereits gegeben. Zu berechnen ist noch die Länge der Seite c.

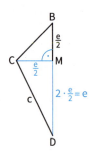

$\overline{BM} = \frac{e}{2}$, weil BCM ein gleichschenkliges Dreieck mit den Basiswinkeln 45° ist. $\overline{DM}$ ist doppelt so lang wie $\overline{BM}$.

Die Längen der Katheten im Dreieck CDM sind $\frac{e}{2}$ und $2 \cdot \left(\frac{e}{2}\right) = e$. Nach dem Satz des Pythagoras gilt damit: $c^2 = \left(\frac{e}{2}\right)^2 + e^2$

$c^2 = (17{,}68\text{ cm})^2 + (35{,}36\text{ cm})^2 = 1562{,}912\text{ cm}^2$
$c \approx 39{,}53\text{ cm}$

Die Länge der Schnur entspricht dem Umfang des Drachenvierecks:
u = 2 · 25 cm + 2 · 39,53 cm ≈ 129 cm.
Die Schnur rund um den Drachen ist ungefähr **130 cm lang.**

---

1 Formuliere für die folgenden Dreiecke zuerst den Satz des Pythagoras mit den gegebenen Bezeichnungen und berechne dann die fehlende Seitenlänge.

a)
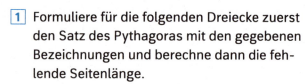

b)
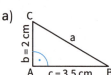

2 Überprüfe mit einer Rechnung, ob das Dreieck ABC mit a = 5 cm, b = 12 cm und c = 13 cm rechtwinklig ist.

3 Die Punkte A (5 | 2), B (1 | –1) und C (5 | –4) und D sind die Eckpunkte einer Raute.

a) Zeichne die Raute und gib die Koordinaten von D an.

D (___ | ___)

b) Berechne den Umfang und den Flächeninhalt der Raute.

u = _____ ; A = _____

4 Der Bildschirm eines Fernsehgeräts ist 121,2 cm breit und 68,2 cm hoch. Berechne die Länge der Bildschirmdiagonalen in cm und in Zoll. (1 Zoll = 2,54 cm)

_____

_____

5 Lara muss für eine Flugreise ihre Trekkingstöcke in den Koffer packen. Zusammengeschoben sind die Stöcke 70 cm lang, ihr Koffer hat die Maße 58 cm x 38 cm x 20 cm. Braucht sie einen anderen Koffer? Begründe.

Lösungen zum Eingangstest und Übungsaufgaben – Teil A Basisaufgaben

[1] Bestimme – ohne zu messen – die Größe der Winkel α, β, γ, δ und ε.
Begründe.

g ∥ h

	Größe	Begründung
α		
β		
γ		
δ		
ε		

TIPP
Winkelsumme im Dreieck
Die Summe der Innenwinkel eines Dreiecks beträgt immer 180°.

[2] Bestimme die Größe der Winkel α und φ.

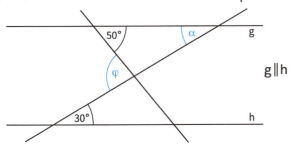

g ∥ h

α = _____   φ = _____

18 Winkel (von S. 10)

In der Abbildung sind die Geraden g und h parallel.

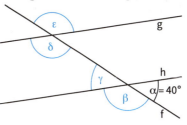

a) Bestimme, ohne zu messen, die Größe der Winkel β, γ, δ und ε. Begründe.
b) In einem Geometrieprogramm wird die Gerade f so gedreht, dass α = 105° groß ist. Wie verändern sich dadurch die Größen von β, γ, δ und ε?
Überprüfe deine Lösung durch eine Zeichnung.

Zu a)
β ist ein Nebenwinkel von α. Beide zusammen sind 180° groß.
β = 180° − α.
β = 180° − 40° = 140°

γ ist als Scheitelwinkel von α genauso groß wie α, also **γ = 40°**.

δ ist ein Stufenwinkel zu β und damit genauso groß, also **δ = 140°**.

ε ist ein Scheitelwinkel zu δ oder auch ein Wechselwinkel zu β und damit ebenfalls 140° groß, also **ε = 140°**.

Zu b)
Wenn α = 105° beträgt, ist der Nebenwinkel β = 75° und der Scheitelwinkel γ = 105° groß. δ und ε sind so groß wie β, also ebenfalls 75°.

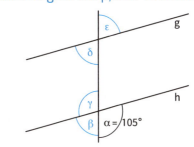

[3] Begründe, dass in jedem Trapez gilt:
α + δ = 180° und β + γ = 180°.

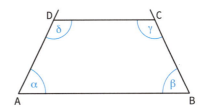

Teil A Basisaufgaben – Lösungen zum Eingangstest und Übungsaufgaben

Daten und Zufall

19 Tablet (von S. 10)

Im Internet wird ein Tablet zu folgenden Preisen angeboten.

a) Gib den Median (Zentralwert), die Spannweite und das arithmetische Mittel der Preise an.
b) Berücksichtigt man noch ein sechstes Angebot, beträgt das arithmetische Mittel nur noch 264 €. Wie teuer ist das Tablet aus diesem Angebot?

Zu a)
Zuerst werden die Daten der Größe nach geordnet:
252 €; 256 €; **269 €;** 279 €; 320 €
Bei einer ungeraden Anzahl von Daten ist der Median der Wert in der Mitte. Bei einer geraden Anzahl von Daten stehen in der Mitte zwei Werte. Als Median gibt man dann das arithmetische Mittel dieser beiden Werte an.

Median: 269 €

Die Spannweite ist die Differenz zwischen dem größten und kleinsten Wert.

Spannweite: 320 € – 252 € = **68 €**

Beim arithmetischen Mittel werden alle Werte addiert und die Summe durch die Anzahl der Werte geteilt.

arithmetisches Mittel:
(252 € + 256 € + 269 € + 279 € + 320 €) : 5
= 1376 € : 5 = **275,20 €**

Zu b)
x sei der Preis des neuen Angebots. Alle sechs Preise zusammen ergeben das Sechsfache des neuen arithmetischen Mittels von 264 €, also:

1376 € + x = 6 · 264 €
1376 € + x = 1584 € | – 1376 €
x = 208 €

Beim sechsten Angebot kostet das Tablet **208 €**.

---

1 Gib jeweils die Spannweite, den Median (Zentralwert) und das arithmetische Mittel der Stichprobe an.

a) 84,30 €; 65,80 €; 111,40 €;
   99,70 €; 107,20 €

Spannweite: _____   Median: _____

arithmetisches Mittel: _____

b) 4,50 m; 4,20 m; 5,10 m;
   4,80 m; 5,30 m; 4,60 m

Spannweite: _____   Median: _____

arithmetisches Mittel: _____

2 Ein Fahrstuhl darf maximal 12 Personen befördern. Es steigen 12 Personen mit den auf dem Zettel angegebenen Gewichten ein.

78,5 kg	96,0 kg	81,4 kg	54,5 kg
67,5 kg	93,4 kg	72,2 kg	56,8 kg
98,6 kg	78,2 kg	73,8 kg	84,3 kg

Bei der Angabe „max. 12 Personen" wurde davon ausgegangen, dass die Personen durchschnittlich 80 kg wiegen.
Ist das hier so?

3 Sabine hat mit sieben Sprüngen für den Weitsprung-Wettbewerb trainiert. Hier sind die Weiten der ersten fünf Sprünge:

| 4,20 m | 4,65 m | 3,95 m | 4,10 m | 4,45 m |

Der sechste Sprung war zugleich Sabines schlechteste Weite. Nach dem mittelmäßigen siebten Sprung stellt Sabine fest:

(1) Die Weitsprungdaten haben eine Spannweite von 90 cm.
(2) Das arithmetische Mittel der Sprungweiten ist 4,20 m.

Wie weit ist Sabine im sechsten und siebten Versuch gesprungen?

Weite im sechsten Versuch: _____

Weite im siebten Versuch: _____

Lösungen zum Eingangstest und Übungsaufgaben – Teil A Basisaufgaben

1 2019 verbrauchte jeder Einwohner in Deutschland im Durchschnitt 126 Liter Trinkwasser. Davon entfielen 45 Liter auf ‚Baden und Duschen', 34 Liter auf ‚Toilettenspülung', 15 Liter auf ‚Wäsche waschen'.
Fülle die Tabelle aus und stelle diese Anteile in einem Kreisdiagramm dar.

	Verbrauch	Anteil	Winkel
Baden/Duschen			
Toilette			
Wäsche			
Sonstiges (Rest)			

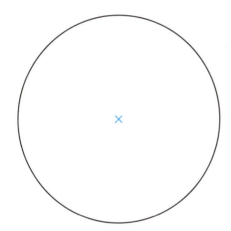

2 Umsatzverteilung eines Online-Händlers:

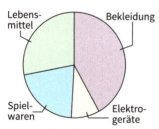

a) Bestimme, wie viel Prozent des Umsatzes er in den vier Bereichen etwa gemacht hat.

Lebensmittel: ____ %   Elektrogeräte: ____ %

Spielwaren: _____ %   Bekleidung: _____ %

b) Insgesamt hat der Händler 128,6 Mio. Euro Umsatz gemacht. Wie verteilt sich diese Summe auf die vier Bereiche?

Lebensmittel: _____ Mio. €

Elektrogeräte: _____ Mio. €

Spielwaren: _____ Mio. €

Bekleidung: _____ Mio. €

---

20 Nutzflächen in Deutschland (von S. 11)

In dem Diagramm rechts wird dargestellt, wie die Flächen in Deutschland genutzt werden.

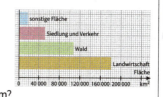

a) Wie viel Quadratkilometer entsprechen 1 mm?

b) (1) Lies aus dem Diagramm ab und fülle die Tabelle aus.
(2) Bestimme die relativen Häufigkeiten und trage sie in die Tabelle ein. Runde auf eine Nachkommastelle.
(3) Stelle die Anteile in einem Kreis- und einem Streifendiagramm dar.

http://nale.fi/hwzu

Zu a)   10 mm $\triangleq$ 40 000 km²   : 10
     1 mm $\triangleq$ 4 000 km²

Zu b)

	(1) Flächen-inhalt (in km²)	(2) relative Häufigkeit (in %)
Landwirtschaft	181 000	50,6
Wald	107 000	30,0
Siedlung und Verkehr	51 500	14,4
sonstige Fläche	18 000	5,0
Gesamtfläche	357 500	100

Die relative Häufigkeit berechnet man, indem man den Teilflächeninhalt durch den Gesamtflächeninhalt dividiert.

(3) Kreisdiagramm (1 % $\triangleq$ 3,6°)

Landw.: 182°
Wald: 108°
Siedlung und Verkehr: 52°
sonst. Fläche: 18°

Streifendiagramm

(5 cm lang)

Beim Streifendiagramm von 10 cm Länge ist jeder Abschnitt doppelt so lang: 1 % entspricht dann 1 mm.

Teil A Basisaufgaben – Lösungen zum Eingangstest und Übungsaufgaben

21 Farbige Kugeln (von S. 11)

Aus einem Behälter mit 3 roten, 5 grünen und 2 blauen gleichartigen Kugeln wird eine verdeckt gezogen. Berechne die Wahrscheinlichkeiten für „blau" und für „nicht rot".

a) P(blau) b) P(nicht rot)

$P(E) = \frac{\text{Anzahl der günstigen Ergebnisse}}{\text{Anzahl der möglichen Ergebnisse}}$

Zu a)
Möglich sind 10 Ergebnisse; günstig sind 2 Ergebnisse, da 2 der 10 Kugeln blau sind.
Also: P(blau) = $\frac{2}{10}$ = **0,2 = 20 %**

Zu b)
Möglich sind 10 Ergebnisse; günstig sind 7 Ergebnisse, da 7 der Kugeln nicht rot sind.
Also: P(nicht rot) = $\frac{7}{10}$ = **0,7 = 70 %**

1 Ein Würfel wird geworfen.
a) Gib zu folgenden Ereignissen die günstigen Ergebnisse an und berechne jeweils die Wahrscheinlichkeit des Ereignisses.

A: *Die Augenzahl ist gerade.*
A = { _____ } ; P(A) = _____

B: *Die Augenzahl ist durch 2 und durch 3 teilbar.*
B = { _____ } ; P(B) = _____

C: *Die Augenzahl ist durch 2 oder durch 3 teilbar.*
C = { _____ } ; P(C) = _____

b) Beschreibe ein weiteres Ereignis mit der Wahrscheinlichkeit $\frac{5}{6}$.

_____

2 Färbe die Kugeln im Behälter rechts so, dass beim verdeckten Ziehen die angegebenen Wahrscheinlichkeiten zutreffen.

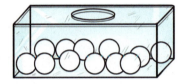

P(rot) = $\frac{1}{6}$
P(blau) = $\frac{1}{3}$
P(grün) = $\frac{1}{2}$

3 Aus dem Behälter rechts zieht Till mit verbundenen Augen eine Kugel.

a) Mit welcher Wahrscheinlichkeit zieht er eine blaue Kugel?

P(blaue Kugel) = _____

b) Mit welcher Wahrscheinlichkeit zieht er keine rote Kugel?

P(keine rote Kugel) = _____

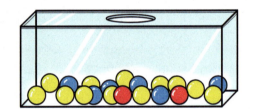

4 Das Glücksrad rechts soll vier farbige Felder haben. Die Mittelpunktswinkel bzw. die Gewinnchancen der Felder stehen in der Tabelle.

Farbe	Winkel	Wahrscheinlichkeit
rot	90°	
gelb		20 %
blau	54°	
grün		

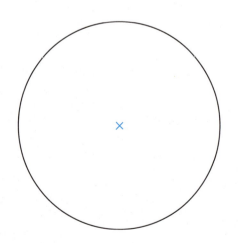

a) Vervollständige die Tabelle und zeichne das Glücksrad.

b) Das Glücksrad wird einmal gedreht. Gib die Wahrscheinlichkeiten an.

(1) P(gelb oder grün) = _____ (2) P(nicht blau) = _____

c) Welches Ereignis hat die Wahrscheinlichkeit 75 %? _____

Lösungen zum Eingangstest und Übungsaufgaben – Teil A Basisaufgaben

1 a) Wie groß ist die Wahrscheinlichkeit, mit Würfel (1) eine Vier zu würfeln?
_____

b) Wie groß ist die Wahrscheinlichkeit, mit Würfel (2) eine gerade Zahl zu würfeln?
_____

c) Wie groß ist die Wahrscheinlichkeit, mit Würfel (3) keine Sechs zu würfeln?
_____

d) Mit einem der abgebildeten Würfel (1), (2) oder (3) wurde 800-mal gewürfelt. Dabei lag 548-mal eine Primzahl oben. Welcher Würfel ist das vermutlich gewesen? Begründe.

Wahrscheinlichkeit für Primzahl:
Würfel (1): _____
Würfel (2): _____
Würfel (3): _____
Antwort: _____
_____

2 Bei einem zylinderförmigen „Würfel" stehen auf den Grundflächen die Augenzahlen 1 und 2 sowie auf der Mantelfläche die Augenzahl 3. Bei einer langen Versuchsreihe von 2 000 Würfen wurde die Augenzahl 3 insgesamt 1280-mal gewürfelt. Gib Näherungswerte für die Wahrscheinlichkeiten der Augenzahlen an. Begründe.

P(1) = _____ P(2) = _____ P(3) = _____
Begründung: _____
_____
_____

---

22 Würfel (von S. 11)

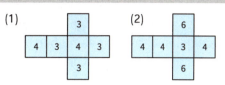

Oben siehst du die Netze zweier Würfel. Der Würfel (1) hat nur die Zahlen 3 und 4, der Würfel (2) die Zahlen 3, 4 und 6.

a) Gib die Wahrscheinlichkeit an, mit Würfel (1) eine Vier zu würfeln.
b) Gib die Wahrscheinlichkeit an, mit Würfel (2) eine Augenzahl größer als 3 zu würfeln.
c) Mit einem der beiden Würfel wurde 1000-mal gewürfelt und dabei 324-mal die Vier erzielt. Welcher Würfel ist das vermutlich gewesen? Begründe.

Zu a)
Von den sechs Feldern des Würfelnetzes (1) sind zwei mit der Zahl 4 beschriftet, also gilt
$P(4) = \frac{2}{6} = \frac{1}{3}$

Zu b)
Von den sechs Feldern des Würfelnetzes (2) sind fünf mit einer Zahl beschriftet, die größer als 3 ist, also gilt
$P(\text{größer als 3}) = \frac{5}{6}$

Zu c)
Die relative Häufigkeit (rH) eines bestimmten Ereignisses in 1 000 Würfen ist ein guter Schätzwert für die Wahrscheinlichkeit dieses Ereignisses.

$rH(4) = \frac{324}{1000} = 0{,}324$

Für Würfel (1) gilt $P(4) = \frac{1}{3}$.
Für Würfel (2) gilt $P(4) = \frac{1}{2}$.

Da die relative Häufigkeit knapp unter $\frac{1}{3}$ liegt $(0{,}324 < 0{,}\overline{3})$, ist mit großer Berechtigung davon auszugehen, dass mit dem **Würfel (1)** gewürfelt wurde. Sicher kann man aber nicht sein.

Hinweis: Bei der häufigen Wiederholung von Zufallsversuchen können – zwar ganz selten – völlig unerwartete Ergebnisse auftreten, bei denen die relative Häufigkeit von der Wahrscheinlichkeit erheblich abweicht.

Teil A Basisaufgaben – Abschlusstest

Abschlusstest

Im Abschlusstest zu den Basisaufgaben kannst du zeigen, wie viel du bereits im Vergleich zum Eingangstest dazugelernt hast. Die Aufgaben des Abschlusstests sind nicht thematisch sortiert.
Die Lösungen zu diesen Aufgaben findest du im Lösungsheft.

1 Rechnen und Ordnen

Rechne und trage deine Ergebnisse auf der Zahlengeraden ein.

a) Berechne die Differenz von 6,5 und 7,3.

b) Berechne die Differenz von −1,2 und −0,8.

c) Dividiere 4 durch −16.

d) Teile das Produkt aus −3 und −50 durch die dritte Potenz von 5.

e) Subtrahiere vom Produkt aus $-\frac{3}{5}$ und 35 das Vierfache von −5.

2 Quadrat und Rechteck

Der Flächeninhalt eines Quadrats beträgt 36 cm².

a) Bestimme den Umfang. u = _____

b) Gib die Seitenlängen von zwei Rechtecken an, die auch einen Flächeninhalt von 36 cm² haben.

(1) a = _____ b = _____ (2) a = _____ b = _____

3 Abschlussfahrt

Für die Abschlussfahrt einer Jahrgangsstufe 10 stehen Venedig, Paris, Prag oder London als Ziele zur Auswahl. Eine Abstimmung unter den 80 Schülerinnen und Schülern der Jahrgangsstufe ergab:
Jeder Vierte ist für Venedig, 20 % sind für Paris. Nach London wollen dreimal so viele wie nach Prag.

a) Wie viele Schülerinnen und Schüler sind für die einzelnen Ziele?

Venedig: _____ Paris: _____

London: _____ Prag: _____

b) Gib die relativen Häufigkeiten für die einzelnen Ziele in Prozent an.

Venedig: _____ % Paris: _____ %

London: _____ % Prag: _____ %

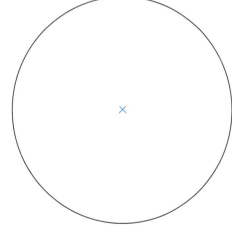

c) Stelle die relativen Häufigkeiten in einem Kreis- und einem Streifendiagramm dar.

Streifendiagramm:

Abschlusstest – Teil A Basisaufgaben

4 Lineare Funktionen
In einem Koordinatensystem sind die Graphen der Funktionen f(x) = −0,2x − 3 und g(x) = −0,2x + 3 dargestellt. Beschreibe Lage und Verlauf der beiden Graphen, ohne zu zeichnen.

_____

_____

_____

5 Gleichungssysteme
a) Löse das Gleichungssystem.

    I: 5x − 3y = 53
    II: 4x + 3y = 37

    x = _____   y = _____

b) Das Dreifache einer Zahl ist um 1 kleiner als eine zweite Zahl. Die Summe aus dem Doppelten der ersten Zahl und der zweiten Zahl ergibt 36. Berechne die beiden Zahlen mit einem Gleichungssystem.

    1. Zahl: _____   2. Zahl: _____

6 Exponentielle Abnahme
Frau Metin nimmt ein Vitaminpräparat ein. Durch die Einnahme von zwei Tabletten befinden sich 300 mg des Vitamins im Blut. In jeder Stunde werden 18 % davon ausgeschieden. Berechne, wie viel mg des Vitamins nach zwei (vier, sechs) Stunden im Blut sind.

7 Dreieck im Koordinatensystem
a) Zeichne das Dreieck A(−1|−1), B(3|−1) und C(3|2) in das gegebene Koordinatensystem.

b) Berechne die Länge der Seite $\overline{AC}$ und den Flächeninhalt A des Dreiecks.

    $\overline{AC}$ = _____

    A = _____

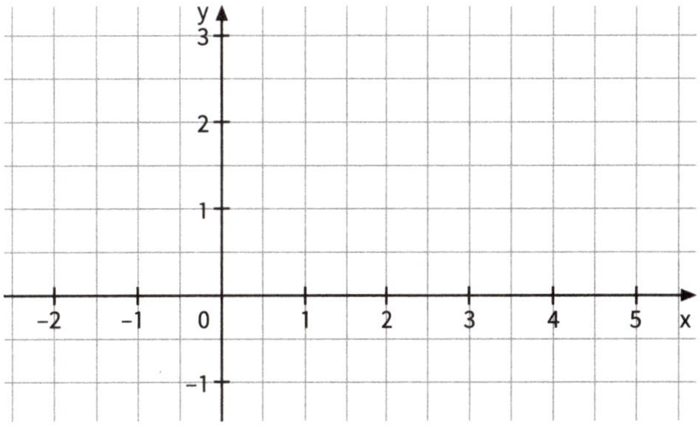

37

Teil A Basisaufgaben – Abschlusstest

8 Prozente

a) Wie viel sind 40 % von 130 €?

b) Von wie viel Kilogramm sind 4 % genau 12 kg?

c) Wie viel Prozent sind 24 cm von 6 m?

d) Berechne 3 % Zinsen von 760 € Spareinlage.

9 Kinobesucher

In der ersten Woche nach dem Filmstart wurden in einem Kino folgende Besucherzahlen notiert:

| Do: 625 | Fr: 745 | Sa: 820 | So: 655 | Mo: 423 | Di: 388 | Mi: 495 |

a) Berechne das arithmetische Mittel der Besucherzahlen pro Tag. _____

b) Nachdem der Film zwei Wochen gelaufen ist, steht in der Zeitung: „In den ersten beiden Kinowochen haben durchschnittlich 450 Besucher pro Tag den Film gesehen." Wie viele Personen haben den Film in der zweiten Kinowoche gesehen? _____

10 Lostrommel

In einer Lostrommel sind 300 Lose, davon 20 Hauptgewinne.

a) Gib die Wahrscheinlichkeit an, dass das erste gezogene Los ein Hauptgewinn ist.

b) Unter den ersten 30 gezogenen Losen waren zwei Hauptgewinne. Lukas zieht das 31. Los. Vergleiche die Wahrscheinlichkeit für einen Hauptgewinn mit der ersten Ziehung. Ist sie jetzt

☐ kleiner, ☐ größer, ☐ genauso groß?

11 Gleichungen und Graphen

Ordne den Funktionsgleichungen die zugehörigen Graphen (g_1, g_2, ...) zu.

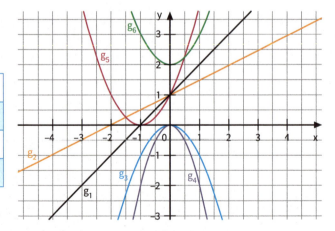

	$y = x + 1$
	$y = -x^2$
	$y = x^2 + 2x + 1$
	$y = x^2 + 2$

	$y = x^2 - 2$
	$y = 0{,}5x + 1$
	$y = -2x + 1$
	$y = -2x^2$

12 Baumhöhe

Die Baumspitze wird über einen 3 m langen Stab angepeilt. Bestimme die Höhe des Baumes.

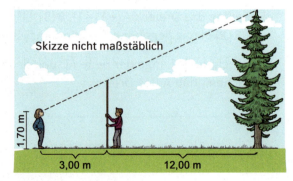

Skizze nicht maßstäblich

1,70 m 3,00 m 12,00 m

Abschlusstest – Teil A Basisaufgaben

13 Fahrstuhl

Für ein Büro in der ersten Etage wird eine Palette mit Kopierpapier angeliefert. Die Palette muss mit dem Fahrstuhl transportiert werden. Wie schwer ist das Kopierpapier?
Hinweis:
Maße eines DIN-A4-Blattes (in cm): 21,0 x 29,7

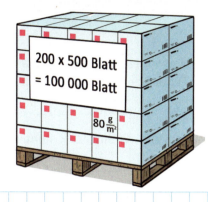

14 Parabeln in verschiedenen Darstellungen

Eine Parabel hat den Scheitelpunkt S(–1,5|3,5). Sie ist nach unten geöffnet und gegenüber der Normalparabel um 0,5 gestaucht.
Gib die Scheitelpunktform der Parabel an und wandle diese in die allgemeine Form um.

f(x) = _____ (Scheitelpunktform)

f(x) = _____ (allgemeine Form)

15 Wasserfass

a) Berechne das Volumen des Wasserfasses. Runde auf Liter.

V = _____

b) Berechne den Oberflächeninhalt des Fasses. Runde auf Zehntel m².

O = _____

16 Größen bestimmen

Kreuze an, welche Maßangabe stimmen könnte.

Ladevolumen eines Lasters *Länge eines Springseils* *Fläche eines Handballfeldes*

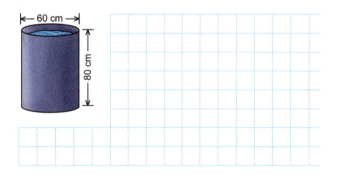 

☐ 5 m³ ☐ 500 000 dm³   ☐ 250 000 mm ☐ 25 dm   ☐ 80 000 cm² ☐ 8 000 dm²
☐ 50 000 l ☐ 500 cm³   ☐ 2 500 cm ☐ 0,025 km   ☐ 800 m² ☐ 0,8 km²

Teil A Basisaufgaben – Abschlusstest

17 Straßenfest

Die Bewohner des Parkwegs planen ein Straßenfest.
Die Tabelle zeigt die Kalkulation für den Grillstand.

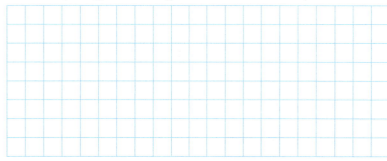

a) Insgesamt sollen _____ Würste verkauft werden.

b) Der Preis für ein Steak steht in Zelle _____ .

   Es soll _____ € kosten.

c) Die voraussichtlichen Einnahmen aus dem Bratwurstverkauf werden in der Zelle _____ mit der

   Formel _____ berechnet.

d) Gib zwei verschiedene Formeln an, um die Gesamteinnahmen in Zelle D12 zu berechnen.

   D12: _____ oder _____

18 Kleintiergehege

Aus sechs Zaunelementen mit jeweils 60 cm Länge baut Jan im Garten ein Gehege für seine Meerschweinchen. Die Grundfläche hat die Form eines regelmäßigen Sechsecks (s. Abbildung).

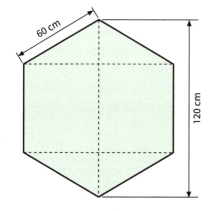

Berechne, wie groß die eingezäunte Fläche ist.

19 Funktionsbeschreibung

Beschreibe so genau wie möglich, wie bei den jeweiligen Funktionen der x-Wert und der y-Wert zusammenhängen. Gib auch jeweils an, um welche Art von Funktion es sich handelt.

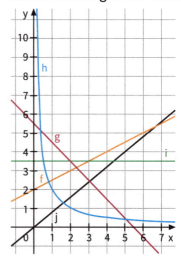

Graph f	
Graph g	
Graph h	
Graph i	
Graph j	

Abschlusstest – Teil A Basisaufgaben

20 Würfeln mit einem Quader

Die Grundflächen des abgebildeten Holzquaders sind Quadrate. Auf den Flächen des Quaders stehen wie bei einem normalen Würfel die Zahlen 1 bis 6. Mit einer sehr großen Anzahl von Versuchen wurde ermittelt, dass die Wahrscheinlichkeit, die Augenzahl 6 zu würfeln, ca. 8 % beträgt.

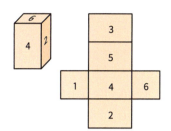

a) Schau dir das Netz des Quaders genau an und bestimme für die übrigen Augenzahlen 1 bis 5 Näherungswerte für die Wahrscheinlichkeiten.

b) Der Quader wird in einer Versuchsreihe 4 000-mal gewürfelt. Wie oft wird dann ungefähr die Augenzahl 6 auftreten? Begründe.

Augenzahl	1	2	3	4	5	6
Näherungswert für Wahrscheinlichkeit						8 %

Begründe, warum man nur Näherungswerte angeben kann.

_____

_____

_____

21 Rechengeschichten

a) Welche der folgenden Sachtexte passen zu der Gleichung x + 0,5x = 30? Kreuze jeweils an!

b) Löse die Rechengeschichten.

1	Eine Lostrommel enthält 30 Lose. Es gibt doppelt so viele Gewinne wie Nieten.	☐ ja	☐ nein
2	Robert nimmt sich vor, 30 Tage lang täglich 1 Euro zu sparen. Die Hälfte der Zeit schafft er leider nur 50 Cent zu sparen.	☐ ja	☐ nein
3	Für eine Feier werden 30 Liter Fruchtbowle bestellt. Zu einer 1-Liter-Flasche Mineralwasser wird jeweils 0,5 Liter frischer Fruchtsaft hinzugefügt.	☐ ja	☐ nein
4	Max ist nur halb so alt wie sein Bruder. Zusammen sind sie 30 Jahre alt.	☐ ja	☐ nein

22 Winkel

Die Geraden g und h sowie j und k sind jeweils parallel.
Welche der folgenden Aussagen sind wahr (w), welche sind falsch (f)? Begründe.

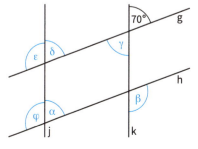

Aussage	w/f	Begründung
γ = 70°		
δ = 70°		
β = α		
ε = β		

Teil B Komplexe Aufgaben

Eingangstest

Bearbeite den Eingangstest zu den komplexen Aufgaben, um deinen Kenntnisstand besser einschätzen zu können. Die Aufgaben des Eingangstests zu den komplexen Aufgaben sind nicht thematisch sortiert. Ausführliche Lösungen zu jeder Aufgabe findest du hier im Arbeitsbuch (Kurzlösungen im Lösungsheft). Die Seite steht jeweils in Klammern hinter dem Namen der Aufgabe. Dort sind auch weitere Übungsaufgaben zu dem jeweiligen Thema.

1 Preisänderungen (Lösung Seite 52)

a) Eine Bluse kostet 74,90 €. Der Preis wird um 35 % gesenkt.

Berechne den neuen Preis. _____

b) Der Preis für einen Anzug wurde um 40 % auf 179,94 € reduziert.

Wie teuer war er vorher? _____

c) Der Preis für ein Rennrad wird um 50 € erhöht und beträgt jetzt 499 €.

Um wie viel Prozent wurde der Preis erhöht? _____

2 Werkstück (Lösung Seite 53)

Das abgebildete Werkstück ist ein Quader, aus dem oben eine Halbkugel mit dem Radius 5 cm gefräst wurde (Maße in cm).
Das Werkstück besteht aus Stahl mit der Dichte 7,9 $\frac{g}{cm^3}$.

a) Berechne die Masse m des Werkstücks. m = _____

b) Berechne den Oberflächeninhalt. O = _____

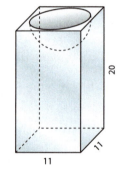

3 Straßenbahnfahrplan (Lösung Seite 54)

Der grafische Fahrplan gibt Auskunft über die Fahrt einer Straßenbahn vom Bahnhof (Bhf.) bis zum Tierpark mit den Zwischenhalten Rosentor, Nordheide und Stadion.

a) Gib die Entfernung zwischen den Haltestellen Bahnhof und Tierpark an.

_____

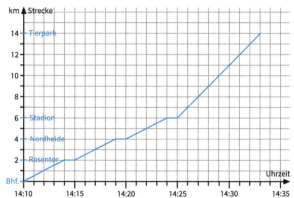

b) Bestimme mithilfe der Grafik die Durchschnittsgeschwindigkeiten zwischen den Haltestellen.

_____

c) Vervollständige mithilfe der Grafik den Fahrplan mit Ankunfts- und Abfahrtzeiten.

Haltestelle	Bahnhof	Rosentor		Nordheide		Stadion		Tierpark
	ab	an	ab	an	ab	an	ab	an
Uhrzeit	___	___	___	___	___	___	___	___

Eingangstest – Teil B Komplexe Aufgaben

4 Fahrradurlaub (Lösung Seite 55)

Die nebenstehende Grafik zeigt, wie sich der Verbrauch eines Autos ändert, wenn man einen Dach- oder Heckträger (mit Fahrrädern) montiert.

a) Lennard behauptet, dass bei 80 $\frac{km}{h}$ der Verbrauch eines Autos mit zwei Fahrrädern auf dem Dachträger ungefähr doppelt so hoch ist wie bei einem Auto ohne Aufbau. Nimm Stellung zu dieser Aussage.

_____

_____

b) Herr Tropper fährt immer mit einem Dachträger. Diesmal hat er aber darauf noch zwei Fahrräder montiert. Um wie viel Prozent steigt dadurch der Verbrauch bei 120 $\frac{km}{h}$?

_____

_____

c) Herr und Frau Tropper überlegen, ob sie auf dem Dachträger des Autos ihre beiden Fahrräder in den Urlaub nach Schweden mitnehmen. Herr Tropper fährt im Schnitt 100 $\frac{km}{h}$. Erstelle einen Graphen, der den Gesamtverbrauch für beide Varianten (mit und ohne Fahrräder) in Abhängigkeit von der zurückgelegten Strecke beschreibt. Benutze dafür das rechts abgebildete Koordinatensystem.

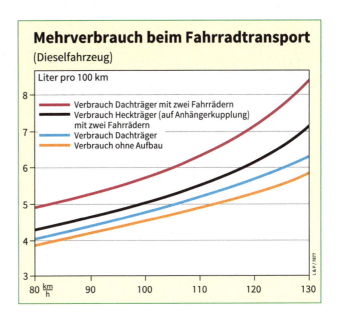

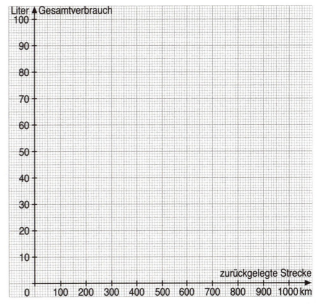

5 Herzogstandbahn (Lösung Seite 56)

Der Kartenausschnitt zeigt ein Wandergebiet in der Nähe von München. Anhand der Höhenlinien kann man erkennen, wie steil das Gelände ist. Eine Höhenlinie verbindet jeweils Punkte der Erdoberfläche, die auf gleicher Höhe über dem Meeresspiegel (ü. M.) liegen.
Wer sich den anstrengenden Aufstieg auf den Fahrenberg sparen will, benutzt den Sessellift. Die Herzogstandbahn bringt in nur 4 Minuten ihre Gäste von der Talstation am Walchensee auf den Fahrenberg.
Wie lang ist die Strecke, die eine Kabine bei ihrer Fahrt auf den Berg zurücklegt?

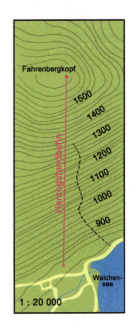

Teil B Komplexe Aufgaben – Eingangstest

6 Konservendosen (Lösung Seite 57)

Sechs Konservendosen werden von einem Plastikband umfasst. Jede Dose hat einen Radius von 4 cm.

a) Berechne die Länge des Plastikbandes.

Länge: _____

b) Reicht für Dosen mit doppeltem Radius ein doppelt so langes Plastikband? Begründe deine Antwort.

_____

_____

7 Gläser (Lösung Seite 58)

Ein Likörglas und ein Rotweinglas werden mit Wasser gefüllt.

a) Wie viele vollständig gefüllte Likörgläser werden benötigt, um das Rotweinglas bis zum Rand zu füllen?

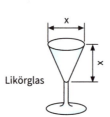
Likörglas

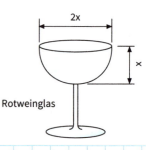
Rotweinglas

b) Welcher der abgebildeten Graphen zeigt am besten, wie sich die *Höhe h* des Flüssigkeitsspiegels beim gleichmäßigen Befüllen des **Rotweinglases** in Abhängigkeit von der *Zeit t* ändert? Kreuze an.

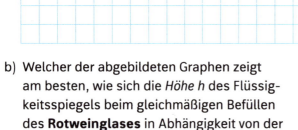

☐   ☐   ☐

8 Agenturmeldung (Lösung Seite 59)

> Vor allem in Thüringen und Sachsen hängt oder liegt die *weiße Bluse* bei fast jeder neunten Frau (87,4 Prozent) im Schrank, ergab jetzt eine Umfrage.

Die nebenstehende Pressemeldung ist fehlerhaft. Begründe und korrigiere den Text.

_____

_____

_____

_____

9 Kugelstoßen (Lösung Seite 60)

Hier siehst du den ersten Teil der Flugbahn einer gestoßenen Kugel (Maße in m).

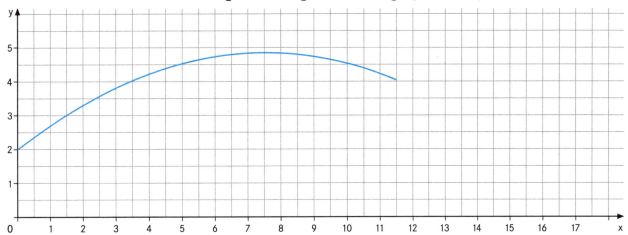

Die Flugbahn kann näherungsweise mit der Funktionsgleichung $f(x) = -0{,}05x^2 + 0{,}75x + 2$ beschrieben werden.

a) Lies am Graphen ab, aus welcher Höhe die Kugel abgestoßen wurde.

_____

b) Berechne, welche maximale Höhe die Kugel erreicht. Kontrolliere dein Ergebnis am Graphen.

_____

c) Berechne die Kugelstoßweite und vervollständige die Flugbahn.

_____

10 Haus mit Satteldach (Lösung Seite 61)

Der Zeichnung kannst du die Außenmaße eines Einfamilienhauses entnehmen.

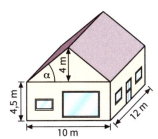

a) Berechne das Volumen des Hauses (umbauter Raum).

_____

b) Wie groß ist die gesamte Dachfläche?

_____

c) Berechne den Neigungswinkel α des Dachs.

_____

11 Nebenjobs (Lösung Seite 62)

Bei einer Umfrage unter 580 Zehntklässlern geben 30 % an, neben der Schule zu jobben. Insgesamt nehmen 348 Mädchen an der Umfrage teil. Von den befragten Mädchen haben 25 % einen Nebenjob.

a) Berechne den prozentualen Anteil der Mädchen und Jungen an den befragten Zehntklässlern.

b) Wie viele Mädchen haben keinen Nebenjob?

c) Wie viel Prozent der Jungen haben keinen Nebenjob?

12 Pkw-Antriebe und Kosten (Lösung Seite 63)

Fahrzeughersteller bieten ihre Modelle mit alternativen Antrieben an.

a) Berechne, wie weit man mit den verschiedenen Antrieben für 10 € kommt. Stelle die Ergebnisse in einem geeigneten Diagramm dar.

Modell	Antrieb	Kosten pro 100 km
Eco B	Benzinmotor	7,80 €
Eco D	Dieselmotor	5,82 €
Eco H	Hybridmotor	5,33 €
Eco E	Elektromotor	2,93 €

b) Für den Antrieb mit einem Hybridmotor wurde ein Preis von 1,30 € pro Liter Super angenommen. Kann das Fahrzeug mit einer Tankfüllung (50 l) die Strecke Hamburg – München (775 km) zurücklegen? Begründe rechnerisch.

c) Im Preis von einem Liter Super (1,30 €) ist eine Energiesteuer von 65,45 ct enthalten. Berechne den Anteil in Prozent.

Eingangstest – Teil B Komplexe Aufgaben

13 Seitenlängen beim Quadrat (Lösung Seite 64)

Welche Aussagen sind falsch? Begründe, warum sie falsch sind.

(1) Verdoppelt man die Seitenlänge eines Quadrats, so vervierfacht sich der Umfang.
(2) Verdoppelt man die Seitenlänge eines Quadrats, so vervierfacht sich der Flächeninhalt.
(3) Verdreifacht man die Seitenlänge eines Quadrats, so verdreifacht sich der Umfang.
(4) Verdreifacht man die Seitenlänge eines Quadrats, so verdreifacht sich der Flächeninhalt.

14 Tonnenschwere Goldmünze (Lösung Seite 65)

Zwei Zeitungen berichteten im Oktober 2011 über die größte Goldmünze der Welt.

(1) „Eine Tonne schwer und 80 cm Durchmesser, reines Gold im Wert von 55 Millionen US-Dollar."
(2) „… sie ist 80 cm hoch, 12 cm dick, 1 Tonne schwer und zu 99,99 Prozent aus Feingold. Ihr Materialwert liegt bei 34 000 000 €."

a) Bestimme aus den Angaben zum Materialwert in den Meldungen (1) und (2) den Wechselkurs zwischen Euro und Dollar für Oktober 2011.

b) Stimmt die angegebene Dicke in (2) mit den in (1) genannten Maßen überein? Rechne bei Gold mit einer Dichte von 19,3 $\frac{g}{cm^3}$.

c) Löse die Formel für das Volumen eines Zylinders nach r auf. Berechne damit den Radius r einer solchen Goldmünze, die dieselbe Dicke hat, aber nur halb so schwer ist.

15 Kapitalanlage (Lösung Seite 66)

Zur Konfirmation erhält Henrik 1 000 € von seinen Großeltern. Er legt das Geld zu 1,5 % an und will den Betrag so lange unangetastet lassen, bis sich sein Anfangskapital verdoppelt hat.

a) Wie viele Jahre muss Henrik ungefähr warten?

b) In welcher Zeit würde sich bei gleicher Verzinsung ein Kapital von 10 000 € verdoppeln?

Teil B Komplexe Aufgaben – Eingangstest

16 Zwei Würfel (Lösung Seite 67)

Es wird gleichzeitig mit einem gelben und einem roten Würfel gewürfelt.
Das Ereignis (3;5) bedeutet: Mit dem gelben Würfel wurde eine 3 und mit dem roten Würfel eine 5 gewürfelt.

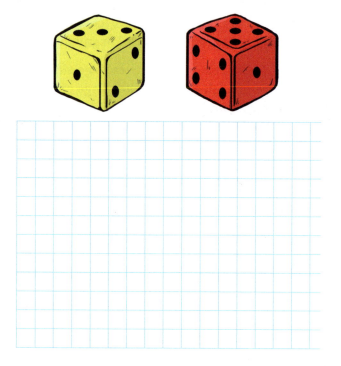

a) Wie viele Ergebnisse sind möglich?

_____

b) Wie groß ist die Wahrscheinlichkeit für das Ereignis (3;5)?

_____

c) Wie groß ist die Wahrscheinlichkeit, einen Pasch, d. h. zwei gleiche Zahlen, zu würfeln?

_____

17 Fußballduell (Lösung Seite 68)

Die abgebildete Grafik vergleicht, wie viel Euro in Deutschland und wie viel Euro in England durch internationale und nationale Medienerlöse eingenommen werden.

 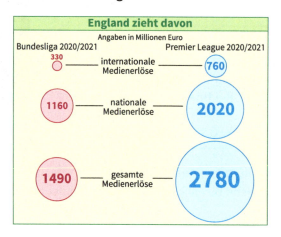 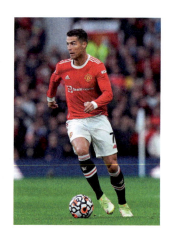

a) Berechne den Anteil der nationalen Erlöse in Deutschland an den gesamten Medienerlösen in Prozent.

_____
_____

b) Angenommen, der internationale Medienerlös wächst jedes Jahr in Deutschland um 10 %. Nach wie vielen Jahren ist er dann ungefähr so groß wie in England im Jahr 2020/2021?

_____
_____

c) Begründe, warum die Darstellung der beiden Kreise zum internationalen Medienerlös irreführend ist.

_____
_____

48

Eingangstest – Teil B Komplexe Aufgaben

18 Zahlenrätsel (Lösung Seite 69)

(1) Subtrahierst du vom Dreifachen einer Zahl 8, dann erhältst du 5 mehr als die Zahl.

(2) Verdreifachst du die Differenz aus einer Zahl und 8, so erhältst du 5 weniger als die Zahl.

(3) Subtrahierst du 8 von einer Zahl, so erhältst du das Dreifache der Summe aus 5 und der Zahl.

a) Welches Zahlenrätsel gehört zu der Gleichung $x - 8 = 3(5 + x)$?   Nr.: _____

b) Löse die Gleichung $x - 8 = 3(5 + x)$.

   $x =$ _____

c) Schreibe auch zu den anderen Zahlenrätseln eine passende Gleichung auf.

   Nr. ( ): _____

   Nr. ( ): _____

19 Smartphone-Nutzung (Lösung Seite 70)

Die Schülerinnen und Schüler aller 10. Klassen einer Schule wurden befragt, wie oft sie ihr Smartphone am Tag vor der Befragung zum Telefonieren, Nachrichten verschicken oder Surfen ungefähr benutzt haben. Das Ergebnis wurde in einem Boxplot dargestellt.

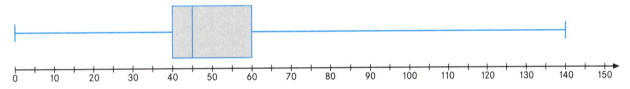

a) Entnimm dem Boxplot folgende Werte:

   Spannweite: _____   Median (Zentralwert): _____   unteres Quartil: _____   oberes Quartil: _____

b) Felix behauptet: „Die meisten Schülerinnen und Schüler haben mehr als 60-mal mit dem Smartphone telefoniert, Nachrichten verschickt oder gesurft." Nimm Stellung.

   _____

   _____

20 Fläche NRW (Lösung Seite 71)

Der Kartenausschnitt zeigt das Bundesland Nordrhein-Westfalen. Bestimme näherungsweise die Größe der Fläche von Nordrhein-Westfalen. Benutze den Maßstab der Karte. Begründe dein Vorgehen.

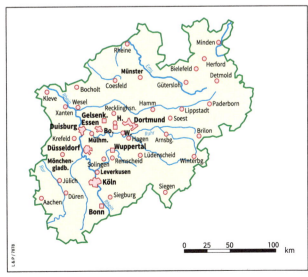

Teil B Komplexe Aufgaben – Eingangstest

21 Quadratische Gleichungen (Lösung Seite 72)

In der Abbildung siehst du, wie zwei Schüler die Gleichung $x^2 - 8x + 20 = 0$ gelöst haben.

a) Prüfe die Lösungswege. Welcher Weg stimmt, welcher Fehler wurde gemacht?

b) Löse folgende Gleichungen. Nicht immer brauchst du eine Lösungsformel.

Marcel	Paul
$x^2 - 8x + 20 = 0$	$x^2 - 8x + 20 = 0$
$x_{1/2} = 4 \pm \sqrt{16 + 20}$	$x_{1/2} = 4 \pm \sqrt{16 - 20}$
$x_{1/2} = 4 \pm \sqrt{36}$	$x_{1/2} = 4 \pm \sqrt{-4}$
$x_1 = 4 + 6 = 10$	
$x_2 = 4 - 6 = -2$	keine Lösung

(1) $(x + 7) \cdot (x - 7) = 0$ (2) $x^2 + 8x + 16 = 0$ (3) $x^2 - 5x = 0$ (4) $4x^2 + 96x - 100 = 0$

22 Glücksrad (Lösung Seite 73)

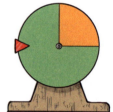

Auf einem Schulfest kann man am Stand der Klasse 10a für einen Einsatz von 1 € zweimal das abgebildete Glücksrad drehen. Bleibt es jedes Mal auf der gleichen Farbe stehen, gewinnt man, und zwar bei „grün" einen Trostpreis im Wert von 0,30 € und bei „orange" einen Sachpreis von 8 €.

a) Zeichne ein Baumdiagramm und bestimme die Wahrscheinlichkeiten:

(1) P(g;g): _____

(2) P(o;o): _____

b) Wie groß ist die Wahrscheinlichkeit, bei diesem Spiel zu verlieren?

c) Es werden 400 Spiele durchgeführt. Mit welchem Gewinn kann die Klasse rechnen?

23 Angebote (Lösung Seite 74)

Frau Kurt kann für zwei Jahre einen Lottogewinn von 1 000 000,– € sparen. Drei Banken (A, B, C) bieten ihr unterschiedliche Zinssätze an:

A 1. Jahr 1,2 %; 2. Jahr 1,7 %   B 1. Jahr 0,9 %; 2. Jahr 2,0 %   C 1. Jahr 1,4 %; 2. Jahr 1,5 %

a) Welche Bank kannst du empfehlen? Begründe.

b) Würdest du die gleiche Bank auch für jeden anderen Sparbetrag empfehlen? Begründe.

Eingangstest – Teil B Komplexe Aufgaben

24 Brückenkonstruktion (Lösung Seite 75)

Über den Fluss soll eine Brücke führen, die in A beginnt und in B endet. Vermesser haben am unteren Flussufer eine 400 m lange Strecke $\overline{AC}$ abgesteckt und von dort folgende Winkel vermessen:
∢ BAC = 67,8° und ∢ ACB = 49,3°
Bestimme die Länge der Brücke durch eine maßstäbliche Zeichnung und durch Rechnung auf einem extra Blatt.

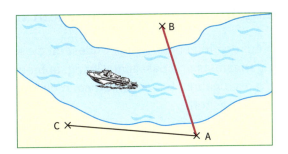

25 Verdienst (Lösung Seite 76)

Herr Berger arbeitet als Verkäufer. Er kann sich in seiner Firma entscheiden, wie sein Verdienst berechnet wird:
Modell 1: 2 500 € Grundgehalt plus 4 % Provision vom Umsatz;
Modell 2: kein Grundgehalt, aber dafür 10 % Provision vom Umsatz.

	A	B	C	D
	Umsatz	Provision (4%)	Verdienst Modell 1	Verdienst Modell 2
1				
2	- €	- €	2.500,00 €	- €
3	10.000,00 €	400,00 €	2.900,00 €	1.000,00 €
4	20.000,00 €	800,00 €	3.300,00 €	2.000,00 €
5	50.000,00 €	2.000,00 €	4.500,00 €	5.000,00 €
6	100.000,00 €	4.000,00 €	6.500,00 €	10.000,00 €

a) Lies aus der Tabelle ab, wie viel Herr Berger bei einem Umsatz von 20 000 € nach Modell 1 mehr verdienen würde als nach Modell 2. _____

b) Gib eine Formel für den Verdienst in Zelle D3 an.   Formel: _____

c) Kreuze an, welche Formeln den Verdienst in Zelle C3 liefern.
☐ =B3+2500   ☐ =A3+B3   ☐ =A3*4/100   ☐ =A3*0,04+2500

d) Bei welchem Umsatz ist der Verdienst bei beiden Modellen gleich? _____

26 Riesentasse (Lösung Seite 77)

In Koblenz steht vor einem Café die rechts abgebildete Riesentasse.

a) Schätze folgende Größen: Tassenhöhe: _____
oberer/unterer Tassendurchmesser: _____ / _____

b) Jenny hat die folgenden drei Körper gezeichnet, um das Volumen der Riesentasse damit abzuschätzen. Welcher der drei Körper wird das beste Ergebnis liefern? Kreuze an und begründe deine Antwort.

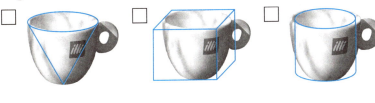

c) Wie teuer wäre ein Cappuccino in dieser Riesentasse, wenn 0,2 l Cappuccino in diesem Café 2,80 € kosten?

Teil B Komplexe Aufgaben – Lösungen zum Eingangstest und Übungsaufgaben

Lösungen zum Eingangstest und Übungsaufgaben

Auf den folgenden Seiten findest du die ausführlichen Lösungen zu den komplexen Aufgaben des Eingangstests und passende Übungsaufgaben. Kontrolliere deine Ergebnisse und bearbeite auf jeden Fall die Aufgaben, bei denen du noch nicht sicher bist. Die Lösungen der Übungsaufgaben findest du im Lösungsheft.

http://nale.fi/wggz

1 Preisänderungen (von S. 42)

a) Eine Bluse kostet 74,90 €. Der Preis wird um 35 % gesenkt. Berechne den neuen Preis.
b) Der Preis für einen Anzug wurde um 40 % auf 179,94 € reduziert. Wie teuer war er vorher?
c) Der Preis für ein Rennrad wird um 50 € erhöht und beträgt jetzt 499 €. Um wie viel Prozent wurde der Preis erhöht?

Zu a)
35 % von 74,90 €: 74,90 € · 0,35 ≈ 26,22 €
74,90 € − 26,22 € = 48,68 €
oder
100 % − 35 % = 65 %   74,90 € · 0,65 ≈ 48,68 €

Der neue Preis der Bluse ist **48,68 €**.

Zu b)
  60 % ≙ 179,94 €

   1 % ≙ $\frac{179,94 \text{ €}}{60}$

100 % ≙ $\frac{179,94 \text{ € } \cdot 100}{60}$ = 299,90 €

kürzer: x = 179,94 € : 0,6 = 299,90 €

Der Anzug kostete vorher **299,90 €**.

Zu c)
Gesucht ist der Wachstumsfaktor q.

Neuer Preis: 499 €   Alter Preis: 449 €

  449 € · q = 499 € | : 449 €
          q = 499 € : 449 €
          q = 1,1114

Zu diesem Wachstumsfaktor q gehört der Prozentsatz (gerundet) p % ≈ 11,14 %
oder
Wie viel Prozent sind 50 € von 449 €?
p % = $\frac{50 \text{ €}}{449 \text{ €}}$ ≈ 0,1114 = 11,14 %

Der Preis wurde um rund **11,14 %** erhöht.

---

1 Svenja und Silke sind begeisterte Kart-Fahrerinnen. Svenja legt 12 Runden zurück, das sind nur 80 % der Anzahl von Runden, die Silke in derselben Zeit geschafft hat. Wie viele Runden hat Silke geschafft?

2 Ein Reisebüro wirbt für eine 14-tägige Mittelmeer-Kreuzfahrt im September. Der Normalpreis pro Person in einer Außenkabine im B-Deck beträgt 1 990 €. Bei Buchung bis Ende März kostet die Kreuzfahrt in derselben Kategorie nur 1 293,50 €.
Wie viel Prozent gegenüber dem Normalpreis spart man bei Buchung bis Ende März?

3 Gegenüber dem Vorjahr ist ein Auto 8 % billiger geworden. Es kostet jetzt 22 264 €.
Wie teuer war das Auto im Vorjahr?

4 In einer Kleinstadt sind wöchentlich 840 Hausmülltonnen zu leeren. Jede dieser Hausmülltonnen ist erfahrungsgemäß mit durchschnittlich 18 kg Abfall gefüllt.
Durch ein Neubaugebiet hat sich Anfang 2020 die Zahl der Tonnen um 15 % erhöht, zugleich ist auch die durchschnittliche Abfallmenge pro Tonne um 5 % gewachsen.
Wie viel Abfall aus Hausmülltonnen mussten die Stadtreinigungswerke der Kleinstadt 2020 insgesamt abtransportieren?

5 Zum Schuljahresbeginn 2019/2020 nahm eine neue Schule ihren Betrieb mit wenigen Schülerinnen und Schülern auf. 2020/2021 waren es schon 50 % mehr, zum Schuljahresbeginn 2021/2022 noch einmal 40 % mehr, nämlich 189.
Mit wie vielen Schülerinnen und Schülern nahm die Schule den Betrieb auf?

52

Lösungen zum Eingangstest und Übungsaufgaben – Teil B Komplexe Aufgaben

1 Dieser Turm aus Holz steht als Modell vor dem Eingang zu einer Ausstellung.

a) Ein Kubikmeter Holz wiegt 0,76 t. Wie schwer ist das Modell insgesamt? Runde auf eine Nachkommastelle.

b) Das Modell soll einen Schutzanstrich erhalten, damit es vor der Witterung geschützt ist. Pro Quadratmeter wird ein halber Liter Farbe gebraucht. Wie viel Liter Farbe werden insgesamt benötigt?
Hinweis: Berechne zunächst s.

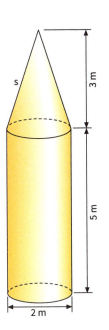

2 In den abgebildeten Holzzylinder wird ein 5 cm tiefes Loch mit dem Radius 2 cm gebohrt. 1 cm³ Holz wiegt 0,76 g. Berechne die Masse des Werkstücks.

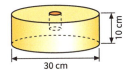

3 Die Skizze zeigt ein Werkstück aus Aluminium. Es besteht aus einer quadratischen Pyramide mit einer kegelförmigen Aushöhlung. Der Winkel zwischen den Seitenflächen und der Grundfläche beträgt 67°. Die Höhe des Kegels beträgt die Hälfte der Höhe der Pyramide.

a) Berechne die Höhe der Pyramide.
b) Wie groß ist das Volumen des Werkstücks?
c) Ein Kubikzentimeter Aluminium wiegt 2,7 g. Berechne die Masse des Werkstücks in kg.

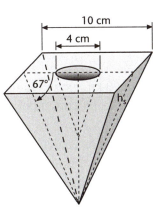

---

2 Werkstück (von S. 42)

Das abgebildete Werkstück ist ein Quader, aus dem oben eine Halbkugel mit dem Radius 5 cm gefräst wurde (Maße in cm). Das Werkstück besteht aus Stahl mit der Dichte $7{,}9 \frac{g}{cm^3}$.

a) Berechne die Masse m des Werkstücks.
b) Berechne den Oberflächeninhalt.

Zu a)
Volumen Werkstück =
Volumen Quader – Volumen Halbkugel
Das Volumen des Quaders beträgt:
$V_Q = 11\text{ cm} \cdot 11\text{ cm} \cdot 20\text{ cm} = 2420\text{ cm}^3$
Das Volumen der Kugel beträgt:
$V_K = \frac{4}{3} \cdot \pi \cdot (5\text{ cm})^3 = \frac{4}{3} \cdot \pi \cdot 125\text{ cm}^3 \approx 523{,}6\text{ cm}^3$
Das Volumen der Halbkugel beträgt dann
$V_{HK} = 523{,}6\text{ cm}^3 : 2 = 261{,}8\text{ cm}^3$
Das Volumen des Werkstücks beträgt dann
$V_Q - V_{HK} = 2420\text{ cm}^3 - 261{,}8\text{ cm}^3 = 2158{,}2\text{ cm}^3$

Da jeder Kubikzentimeter Stahl 7,9 g wiegt, ergibt sich die **Masse m** des Werkstücks aus:
$m = 7{,}9 \frac{g}{cm^3} \cdot 2158{,}2\text{ cm}^3 = 17049{,}78\text{ g} \approx \mathbf{17\text{ kg}}$

Zu b)

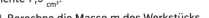

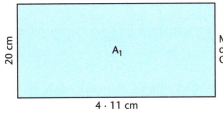

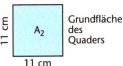

$A_1 = 20\text{ cm} \cdot 44\text{ cm} = 880\text{ cm}^2$
$A_2 = (11\text{ cm})^2 = 121\text{ cm}^2$
$A_3 = 121\text{ cm}^2 - \pi \cdot (5\text{ cm})^2 \approx 42{,}5\text{ cm}^2$
$A_4 = \frac{1}{2} \cdot 4 \cdot \pi \cdot r^2 = 2\pi \cdot (5\text{ cm})^2 \approx 157{,}1\text{ cm}^2$

$O = A_1 + A_2 + A_3 + A_4$
$O = 880\text{ cm}^2 + 121\text{ cm}^2 + 42{,}5\text{ cm}^2 + 157{,}1\text{ cm}^2$
$O = 1200{,}6\text{ cm}^2$

Der **Oberflächeninhalt ist ca. 1 201 cm² groß.**

Teil B Komplexe Aufgaben – Lösungen zum Eingangstest und Übungsaufgaben

3 Straßenbahnfahrplan (von S. 42)

Der grafische Fahrplan gibt Auskunft über die Fahrt einer Straßenbahn vom Bahnhof (Bhf.) bis zum Tierpark mit den Zwischenhalten Rosentor, Nordheide und Stadion.

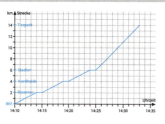

a) Gib die Entfernung zwischen den Haltestellen Bahnhof und Tierpark an.
b) Bestimme mithilfe der Grafik die Durchschnittsgeschwindigkeiten zwischen den Haltestellen.
c) Vervollständige mithilfe der Grafik den Fahrplan mit Ankunfts- und Abfahrtzeiten.

Zu a)
Die Entfernung zwischen den Haltestellen Bahnhof und Tierpark lässt sich aus dem Weg-Zeit-Diagramm ablesen. Sie **beträgt 14 km.**

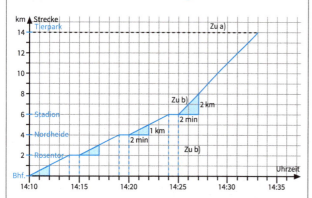

Zu b)
Je schneller die Straßenbahn fährt, desto steiler steigt der Graph an. Drei der vier Steigungsdreiecke sind kongruent, d.h., vom Bahnhof bis Stadion fährt die Straßenbahn zwischen den Haltestellen mit gleicher Durchschnittsgeschwindigkeit ($\frac{1\,km}{2\,min}$, **also 30 $\frac{km}{h}$**). Vom Stadion bis zum Tierpark fährt sie schneller ($\frac{2\,km}{2\,min}$, **also 60 $\frac{km}{h}$**).

Zu c)

Haltestelle		Uhrzeit
Bahnhof	ab	**14:10**
Rosentor	an	**14:14**
	ab	**14:15**
Nordheide	an	**14:19**
	ab	**14:20**
Stadion	an	**14:24**
	ab	**14:25**
Tierpark	an	**14:33**

---

[1] Die Klasse 10a veranstaltet um 20:00 Uhr eine Party im Jugendheim. Ina und Paul machen sich mit dem Fahrrad auf den Weg.

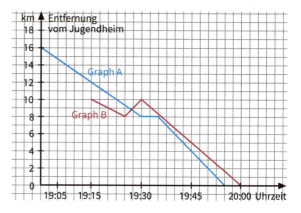

a) Ina startet 19:00 Uhr. Graph A beschreibt ihre Fahrt. Beurteile anhand dieser Darstellung, ob die Aussagen zutreffen können.

	Ja	Nein
Nach einer Viertelstunde hat Ina bereits 5 km zurückgelegt.	☐	☐
Nach 30 Minuten legt Ina eine Rast ein.	☐	☐
Anfangs fährt Ina durchschnittlich 8 $\frac{km}{h}$.	☐	☐

b) 15 Minuten nach Ina beginnt Paul seine Fahrt. Diese ist in Graph B dargestellt. Beschreibe, wie sie verlaufen sein könnte.

c) Mit welcher konstanten Geschwindigkeit hätte Paul die gesamte Strecke fahren müssen, um 15 Minuten vor Ina anzukommen?

[2] Eine 8 km lange Wanderung führt die Klasse 10b auf das Nebelhorn.

> Die ersten Kilometer geht es nur leicht bergauf, und die Gruppe kommt gut voran. Dann fordert ein Klettersteig (K) die Kondition aller heraus. Gut, dass am Ende des Steigs eine Hütte (H) zur Rast einlädt. Von hier aus führt ein fast ebener Weg zum Gipfelkreuz (G).

Skizziere in einem Koordinatensystem einen zu der Beschreibung passenden Graphen für die Zuordnung *Zeit t → Weg s*.
Trage K, H und G am Graphen ein.

Lösungen zum Eingangstest und Übungsaufgaben – Teil B Komplexe Aufgaben

1 Die Grafik zeigt die Entwicklung der Aktie der Firma UV in den Monaten Januar bis Juni.

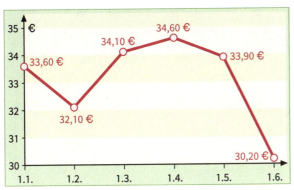

a) Um wie viel Prozent hat die Aktie der Firma UV vom 1.5. bis 1.6. verloren?

b) Im letzen Jahr hatte die Aktie der Firma durchschnittlich einen Wert von 33,65 €. Hat sie diesen Durchschnittswert auch in den dargestellten sechs Monaten erreicht?

c) Die Grafik vermittelt den Eindruck, als sei die Aktie der Firma UV vom 1.5. bis 1.6. so abgestürzt, dass sie fast nichts mehr wert ist. Wodurch entsteht dieser Eindruck?

d) Zeichne ein Säulendiagramm, das die Entwicklung des Aktienkurses vom 1.1. bis 1.6. realistisch darstellt.

2 Die Klasse 10a führte eine Befragung zur Computernutzung in zwei 7. Klassen durch.

	7a	davon befragt	7b	davon befragt
Mädchen	14	11	16	14
Jungen	16	13	16	12

a) Wie viel Prozent der Mädchen und Jungen aus der Klasse 7a haben an der Umfrage teilgenommen?

b) Stelle für die Klasse 7b in einem Kreisdiagramm die Anteile der Jungen und Mädchen in der Klasse und die jeweiligen Anteile der Mädchen und Jungen, die befragt wurden, dar.

c) Von den Befragten nutzten den Computer 45 % für Emails, 84 % zum Chatten, 72 % zum Spielen und 38 % für Internetrecherchen. Ist es sinnvoller, die Umfrageergebnisse in einem Kreisdiagramm oder in einem Säulendiagramm darzustellen? Begründe deine Antwort.

4 Fahrradurlaub (von S. 43)

http://nale.fi/nmwr

Die Grafik (siehe S. 43) zeigt, wie sich der Verbrauch eines Autos ändert, wenn man einen Dach- oder Heckträger (mit Fahrrädern) montiert.

a) Lennard behauptet, dass bei 80 $\frac{km}{h}$ der Verbrauch eines Autos mit zwei Fahrrädern auf dem Dachträger ungefähr doppelt so hoch ist wie bei einem Auto ohne Aufbau. Nimm Stellung zu dieser Aussage.

b) Herr Tropper fährt immer mit einem Dachträger. Diesmal hat er aber darauf noch zwei Fahrräder montiert. Um wie viel Prozent steigt dadurch der Verbrauch bei 120 $\frac{km}{h}$?

c) Herr und Frau Tropper überlegen, ob sie auf dem Dachträger des Autos ihre beiden Fahrräder in den Urlaub nach Schweden mitnehmen. Herr Tropper fährt im Schnitt 100 $\frac{km}{h}$. Erstelle einen Graphen, der den Gesamtverbrauch für beide Varianten (mit und ohne Fahrräder) in Abhängigkeit von der zurückgelegten Strecke beschreibt.
Benutze dafür das rechts abgebildete Koordinatensystem.

Zu a)
Lennards **Aussage ist falsch.**
Man muss beachten, dass die y-Achse nicht bei 0 beginnt. Entsprechend muss man die Werte von 4 Liter bzw. 5 Liter pro 100 km vergleichen.

Zu b)
Bei 120 $\frac{km}{h}$ lesen wir ab:
Der Verbrauch mit leerem Dachgepäckträger liegt bei ca. 5,6 Liter pro 100 km, mit zwei Fahrrädern auf dem Dach bei ca. 7,1 Liter pro 100 km. Mit dem Dreisatz kann man nun den prozentualen Anstieg bestimmen:
5,6 Liter ≙ 100 %
1,0 Liter ≙ 17,86 %   (= 100 % : 5,6)
7,1 Liter ≙ 126,8 %   (= 17,86 % · 7,1)
Also steigt der Verbauch um **ungefähr 27 %**.

Zu c)
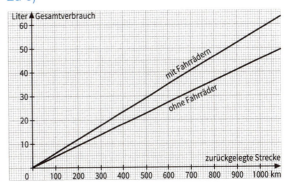

55

Teil B Komplexe Aufgaben – Lösungen zum Eingangstest und Übungsaufgaben

http://nale.fi/xbbn

5 Herzogstandbahn (von S. 43)

Der Kartenausschnitt (siehe S. 43) zeigt ein Wandergebiet in der Nähe von München. Anhand der Höhenlinien kann man erkennen, wie steil das Gelände ist. Eine Höhenlinie verbindet jeweils Punkte der Erdoberfläche, die auf gleicher Höhe über dem Meeresspiegel (ü. M.) liegen. Wer sich den anstrengenden Aufstieg auf den Fahrenberg sparen will, benutzt den Sessellift. Die Herzogstandbahn bringt in nur 4 Minuten ihre Gäste von der Talstation am Walchensee auf den Fahrenberg.
Wie lang ist die Strecke, die eine Kabine bei ihrer Fahrt auf den Berg zurücklegt?

Die Länge der gesuchten Strecke ermittelt man mithilfe des Satzes des Pythagoras.

Zunächst bestimmen wir den Höhenunterschied zwischen Tal- und Bergstation.
An den Höhenlinien lesen wir ab:
Talstation 830 m ü. M.
Bergstation 1580 m ü. M.
Der Höhenunterschied h beträgt also 750 m.

Die Luftlinienentfernung (Entfernung über Grund) l zwischen Tal- und Bergstation bestimmt man in zwei Schritten:
(1) Entfernung der beiden Orte in der abgebildeten Karte messen.
(2) Kartenmaßstab nutzen.

Zu (1) Der Abstand zwischen Tal- und Bergstation in der Karte beträgt 5 cm.
Zu (2) Der Maßstab 1 : 20 000 bedeutet:
1 cm auf einer Karte entsprechen 20 000 cm in der Wirklichkeit. Man muss die gemessene Strecke also mit 20 000 multiplizieren:
5 cm · 20 000 = 100 000 cm.
Die Entfernung l zwischen den beiden Orten beträgt in der Realität also etwa 1000 m.
Jetzt lässt sich die gesuchte Strecke x mit dem Satz des Pythagoras ermitteln:
$x^2 = h^2 + l^2$
$x^2 = (750\ m)^2 + (1000\ m)^2 = 1\,562\,500\ m^2$
$x \approx 1250\ m$
Die Kabine legt also eine Strecke von ungefähr **1250 m** zurück.

---

1 Bestimme die Länge der blau eingetragenen Strecke im Dreieck. Runde auf mm.

a)   b)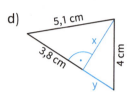

c)

d)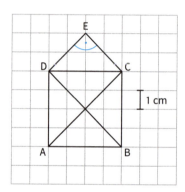

2 Das sogenannte „Haus des Nikolaus" ist ein bekanntes Zeichenspiel und Rätsel. Man löst es, wenn man es schafft, das Haus in einem Zug zu zeichnen und dabei keine Strecke zweimal zu durchlaufen.

Bestimme rechnerisch die Länge des gesamten Streckenzuges. Runde das Ergebnis auf mm.

3 Bei Skisprungwettbewerben werden häufig Seilkameras eingesetzt. Sie liefern Aufnahmen der Skispringer aus der Vogelperspektive und übertragen diese an verschiedene Fernsehsender. In der Skizze ist eine Seilkamera an einem Tragseil befestigt, das zwischen zwei 12 m hohen Stahlpfosten über die Sportstätte gespannt ist.
Wie lang ist das Tragseil?

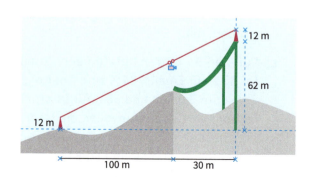

Lösungen zum Eingangstest und Übungsaufgaben – Teil B Komplexe Aufgaben

1. Vier Konservendosen werden von einem Plastikband umfasst. Jede Dose hat einen Radius von 5 cm. Berechne die Länge des Plastikbandes.

2. Sechs Konservendosen werden wie in der Abbildung gezeigt von einem Plastikband umfasst. Jede Dose hat einen Radius von 6 cm. Berechne die Bandlänge.

   Hinweis: Das Lupenbild hilft dir bei der Lösung der Aufgabe. Überlege dazu, wie groß der Winkel α und demzufolge der Winkel β ist.

3. Der Kreis hat einen Radius von r = 8 cm.

   a) Berechne im Dreieck FME die Größe der Winkel.

   b) Berechne den Umfang des regelmäßigen Sechsecks ABCDEF.

   c) Um wie viel Prozent ist der Umfang des Kreises größer als der Umfang des regelmäßigen Sechsecks?

   d) Welche Höhe hat das Trapez BCDE? Ermittle diese Höhe mit einer Zeichnung und berechne anschließend den Flächeninhalt des Trapezes.

   e) Wie vergrößert sich der Flächeninhalt des Sechsecks, wenn der Radius des Umkreises verdoppelt wird? Wie vergrößert sich gleichzeitig der Umfang des Sechsecks?

4. Aus einer quadratischen Sperrholzplatte mit einer Fläche von 0,25 m² wird der größtmögliche Kreis ausgeschnitten.

   a) Berechne Flächeninhalt und Umfang des Kreises.

   b) Wie viel Prozent der ursprünglichen Platte sind Abfall?

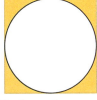

6 Konservendosen (von S. 44)

Sechs Konservendosen werden von einem Plastikband umfasst. Jede Dose hat einen Radius von 4 cm.
a) Berechne die Länge des Plastikbandes.
b) Reicht für Dosen mit doppeltem Radius ein doppelt so langes Plastikband? Begründe deine Antwort.

Zu a)
Zur Berechnung der Länge des Bandes unterteilt man es in gerade und gekrümmte Stücke.

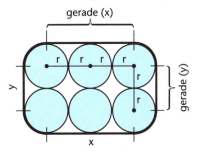

$x = 4 \cdot$ Radius $\quad y = 2 \cdot$ Radius
$x = 4 \cdot 4$ cm $\quad\quad y = 2 \cdot 4$ cm
$x = 16$ cm $\quad\quad\quad y = 8$ cm

Die vier gekrümmten Stücke entsprechen jeweils dem Viertelkreis, bilden zusammen also einen ganzen Kreis, dessen Umfang zu berechnen ist.

$u = 2 \cdot \pi \cdot r$
$u = 2 \cdot \pi \cdot 4$ cm
$u \approx 25{,}1$ cm

Die Gesamtlänge des Bandes berechnet sich so: $\quad l = 2x + 2y + u \quad$ | x und y durch r ausdrücken
$l = 2 \cdot 4r + 2 \cdot 2r + 2\pi r$
$l \approx 8r + 4r + 2\pi r$
$l \approx 73{,}1$ cm

Zu b)
Gesamtlänge l_1 des Bandes mit Radius r:
$l_1 = 2x + 2y + u \quad$ | x und y durch r ausdrücken
$l_1 = 2 \cdot 4r + 2 \cdot 2r + 2\pi r$
$l_1 = 8r + 4r + 2\pi r$
$l_1 = 12r + 2\pi r$
$l_1 = r(12 + 2\pi)$

Gesamtlänge l_2 mit doppeltem Radius:
$l_2 = 2r(12 + 2\pi)$

Ein doppelt so langes Band reicht also.

Teil B Komplexe Aufgaben – Lösungen zum Eingangstest und Übungsaufgaben

7 Gläser (von S. 44)

Ein Likörglas und ein Rotweinglas werden mit Wasser gefüllt.

a) Wie viele vollständig gefüllte Likörgläser werden benötigt, um das Rotweinglas bis zum Rand zu füllen?

b) Welcher der abgebildeten Graphen zeigt am besten, wie sich die Höhe h des Flüssigkeitsspiegels beim gleichmäßigen Befüllen des **Rotweinglases** in Abhängigkeit von der Zeit t ändert? Kreuze an.

Zu a)
Zunächst muss das Volumen jedes Glases mit einem Term beschrieben werden.

– Der Kelch des Likörglases hat die Form eines auf die Spitze gestellten Kegels mit $r = \frac{1}{2}x$ und $h = x$. Also:
$V_{Likörglas} = \frac{1}{3} \cdot \pi \cdot (\frac{1}{2}x)^2 \cdot x = \frac{1}{3} \cdot \pi \cdot \frac{1}{4}x^2 \cdot x$
$= \frac{1}{12} \pi \cdot x^3$

– Der Kelch des Rotweinglases hat die Form einer Halbkugel mit $r = x$. Also:
$V_{Rotweinglas} = \frac{1}{2} \cdot \frac{4}{3} \cdot \pi \cdot x^3 = \frac{2}{3} \cdot \pi \cdot x^3$

Aus $(\frac{1}{12} \pi \cdot x^3) \cdot 8 = \frac{2}{3} \cdot \pi \cdot x^3$ folgt: **8** randvolle Likörgläser füllen das Rotweinglas.

Zu b)
Je höher ein Punkt des Graphen liegt, desto voller ist das Gefäß.

A: Zu Beginn nimmt die Füllhöhe für eine kurze Zeit rapide, später immer langsamer ab.
B: Die Füllhöhe steigt zu Beginn ein wenig, später immer stärker an.
C: Der Flüssigkeitsspiegel steigt für kurze Zeit rasch, später immer weniger stark an.

Da das Rotweinglas nach oben zunehmend breiter wird und in gleicher Zeit stets die gleiche Flüssigkeitsmenge in das Glas fließt, steigt die Füllhöhe immer langsamer an.
Deshalb: **Richtig ist der Graph C.**

1. Ein quaderförmiger Behälter besitzt die in der Zeichnung angegebenen Innenmaße. Er wird langsam mit einer Flüssigkeit gefüllt. Pro Minute fließen 150 cm³ in den Behälter.

a) Welches Volumen hat der Behälter?
b) Nach wie viel Minuten ist der Behälter voll?
c) Skizziere den Graphen der Funktion f: Zeit x (in min) → Füllhöhe y (in cm).
d) Wie lautet die zu f gehörende Funktionsgleichung?

2. Der abgebildete Behälter wird mit einer Flüssigkeit gefüllt. In jeder Minute 150 cm³ fließen in den Behälter.

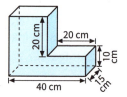

a) Nach wie viel Minuten ist jetzt der Behälter bis zum Rand gefüllt?
b) Skizziere den Graphen dieses Füllvorgangs im Koordinatensystem.

3. Verschiedene Gefäße werden gleichmäßig mit Wasser gefüllt.

a) Ordne jedem Gefäß den Graphen zu, der dessen Füllvorgang am besten darstellt.

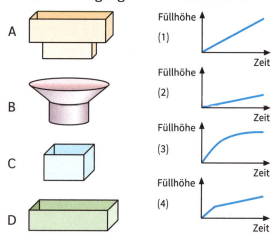

b) Skizziere ein Gefäß, dessen Füllvorgang zu diesem Graphen passt.

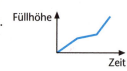

Lösungen zum Eingangstest und Übungsaufgaben – Teil B Komplexe Aufgaben

[1] Nur zwei Angaben geben den Anteil der hellen Spielsteine auf dem Bild richtig wieder. Ordne zu.

20 %, ein Drittel, jeder Vierte, 40 %, 25 %, jeder Fünfte

[2] Zwei Ausdrücke beschreiben denselben Anteil. Ordne die Zahlen den Buchstaben zu.

(1)	jeder Zweite
(2)	fast die Hälfte
(3)	10 %
(4)	niemand
(5)	100 %

(A)	ein Zehntel
(B)	0 %
(C)	alle
(D)	50 %
(E)	49 %

[3] Diese Schulnachrichten enthalten Fehler. Zeige rechnerisch, welche mathematische Aussage nicht mit dem Text übereinstimmt und korrigiere den Fehler.

(A) Jeder vierte Junge (4 %) der Klassenstufe 10 ist aktives Mitglied eines Sportvereins.

(B) Ein Zwanzigstel aller Schüler erhielten bei den Bundesjugendspielen eine Siegerurkunde. Letztes Jahr waren es sogar 5 %.

(C) Ein Fünftel aller Siebtklässler kommt mit dem Bus zur Schule. Unter den Achtklässlern sind es mit 25 % deutlich weniger.

[4] Aus dem Mitteilungsblatt des FC Dribbel:

In der vorletzten Saison gewann unsere 1. C-Jugend-Mannschaft jedes dritte Spiel. Die letzte Saison verlief deutlich besser. Nach jedem sechsten Spiel verließ unsere Mannschaft als Sieger den Platz. Der Vereinsvorsitzende äußerte daher stolz: „Dies ist eine Steigerung um 50 %."

Was sagst du dazu?

[5] Fuhr vor einigen Jahren noch jeder zehnte Autofahrer zu schnell, so ist es heute ‚nur noch' jeder fünfte. Doch auch fünf Prozent sind zu viele, und so wird weiterhin kontrolliert, und die Schnellfahrer haben zu zahlen.

Die Meldung ist fehlerhaft. Begründe.

---

[8] Agenturmeldung (von S. 44)

Vor allem in Thüringen und Sachsen hängt oder liegt die *weiße Bluse* bei fast jeder neunten Frau (87,4 Prozent) im Schrank, ergab jetzt eine Umfrage.

Die nebenstehende Pressemeldung ist fehlerhaft. Begründe und korrigiere den Text.

Die Meldung ist fehlerhaft, denn „jede neunte Frau" bedeutet:

Bei einer von neun Frauen hängt eine weiße Bluse im Schrank.

1 von 9 = $\frac{1}{9}$ ≈ 0,11 = $\frac{11}{100}$ = 11 %

Unter 100 Frauen sind dann etwa elf Frauen zu finden, bei denen eine weiße Bluse im Schrank hängt.

Laut Agenturmeldung ist die weiße Bluse als Kleidungsstück sehr beliebt, nämlich bei 87,4 % der Frauen, d. h. unter 100 Frauen gibt es etwa 87, unter zehn Frauen sind etwa neun zu finden, bei denen eine weiße Bluse im Schrank hängt.

Richtig müsste die Meldung also lauten:

„Vor allem in Thüringen und Sachsen hängt oder liegt die weiße Bluse bei **etwa neun von zehn Frauen (87,4 Prozent)** im Schrank, ergab jetzt eine Umfrage."

Weitere Möglichkeit:

Da 87,4 % ≈ 88 % ≈ $\frac{8}{9}$ gilt, hätte man auch schreiben können:

„Vor allem in Thüringen und Sachsen hängt oder liegt die weiße Bluse **bei etwa acht von neun Frauen (87,4 Prozent)** im Schrank, ergab jetzt eine Umfrage."

Teil B Komplexe Aufgaben – Lösungen zum Eingangstest und Übungsaufgaben

9 Kugelstoßen (von S. 45)

Hier siehst du den ersten Teil der Flugbahn einer gestoßenen Kugel (Maße in m).

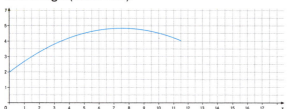

Die Flugbahn kann näherungsweise mit der Funktionsgleichung $f(x) = -0{,}05\,x^2 + 0{,}75\,x + 2$ beschrieben werden.

a) Lies am Graphen ab, aus welcher Höhe die Kugel abgestoßen wurde.
b) Berechne, welche maximale Höhe die Kugel erreicht. Kontrolliere dein Ergebnis am Graphen.
c) Berechne die Kugelstoßweite und vervollständige die Flugbahn.

Zu a)
Die Kugel wird aus **2 m Höhe** abgestoßen (Punkt auf der y-Achse).

Zu b)
Die Funktionsgleichung wird auf die Scheitelpunktform gebracht (quadratische Ergänzung).
$f(x) = -0{,}05 \cdot (x^2 - 15x - 40)$
$f(x) = -0{,}05 \cdot (x^2 - 15x + 7{,}5^2 - 7{,}5^2 - 40)$
$f(x) = -0{,}05 \cdot ((x - 7{,}5)^2 - 96{,}25)$
$f(x) = -0{,}05 \cdot (x - 7{,}5)^2 + 4{,}8125$
Die Kugel erreicht eine **Höhe von 4,81 m.**
Das passt zu dem y-Wert, den man am Graphen an der Stelle x = 7,5 abliest.

Zu c)
Wenn die Kugel am Boden aufprallt, ist die Flughöhe f(x) = 0.
$-0{,}05x^2 + 0{,}75x + 2 = 0 \quad |:(-0{,}05)$
$x^2 - 15x - 40 = 0 \quad |\,\text{p-q-Formel}$
$x_{1/2} = 7{,}5 \pm \sqrt{7{,}5^2 + 40}$
$x_{1/2} = 7{,}5 \pm \sqrt{96{,}25}$
$x_1 \approx 17{,}31 \quad (x_2 \approx -2{,}31)$

Die Kugel wird **17,31 m** weit gestoßen.
Das ist die **vollständige Flugbahn:**

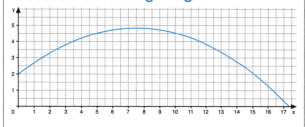

1. Ein Brückenbogen hat die Form einer Parabel mit der Gleichung $f(x) = y = -0{,}04x^2 + 38$

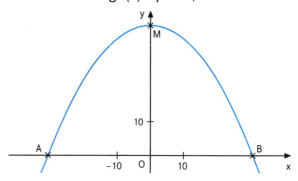

a) Wie lang ist die Strecke $\overline{OM}$?
b) Wie lang ist die Strecke $\overline{AB}$?

2. Die Zeichnung zeigt schematisch den Ablauf eines Weitsprungs. Das Gesäß des Springers bewegt sich etwa auf einer Parabel mit der Gleichung $y = -0{,}08x^2 + 0{,}4x + 0{,}7$.

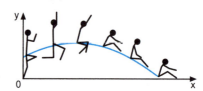

Wie weit vom Absprung entfernt setzt der Springer im Sand auf?

3. Elke versucht einen Korbwurf. Trifft sie? Begründe.

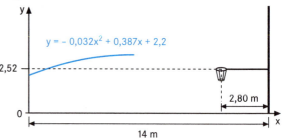

4. Das ist die Flugbahn eines Golfballes. Sie ist eine Parabel der Form $y = ax^2 + bx + c$.

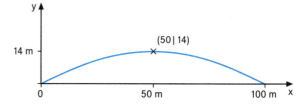

a) Bestimme den Wert von c.
b) Berechne a und b mithilfe der Punkte (50|14) und (100|0).
Schreibe dann die Funktionsgleichung auf.

Lösungen zum Eingangstest und Übungsaufgaben – Teil B Komplexe Aufgaben

1 Abgebildet ist ein gleichschenkliges Dreieck.

a) Berechne den Flächeninhalt des Dreiecks.

b) Berechne die Innenwinkel des Dreiecks.

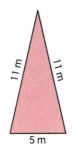

2 Das Werkstück aus Eisen ist ein Prisma mit einem gleichschenkligen Trapez als Grundfläche.

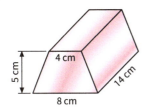

a) Berechne das Volumen des Werkstücks.

b) Berechne den Oberflächeninhalt des Werkstücks.

c) Berechne die Innenwinkel der Trapezfläche.

3 Abgebildet sind die Maße von Tor, Torraum und Strafraum eines Fußballfeldes. Das Tor ist 2,44 m hoch.

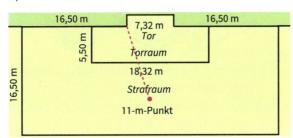

a) Wie groß ist der Strafraum eines Fußballfeldes außerhalb des Torraumes?

b) Vom Elfmeterpunkt wird ein Ball in gerader Linie in die obere linke Ecke geschossen, wo Pfosten und Latte zusammentreffen. Welchen Weg legt der Ball zurück?

c) Mit welchem Winkel hebt der Ball, dessen Weg in Teilaufgabe b) beschrieben ist, vom Boden ab?

4 Berechne den Flächeninhalt und den Umfang des Parallelogramms.

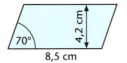

10 Haus mit Satteldach (von S. 45)

Der Zeichnung kannst du die Außenmaße eines Einfamilienhauses entnehmen.

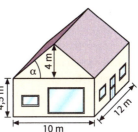

http://nale.fi/ngra

http://nale.fi/xsce

a) Berechne das Volumen des Hauses (umbauter Raum).
b) Wie groß ist die gesamte Dachfläche?
c) Berechne den Neigungswinkel α des Dachs.

Zu a)

Der untere Teil des Hauses ist ein Quader mit dem Volumen V_1, der obere Teil ist ein Prisma mit einem Dreieck als Grundfläche G und dem Volumen V_2.

$V_1 = a \cdot b \cdot c$ $\qquad V_2 = G \cdot h$

$V_1 = 10 \text{ m} \cdot 4{,}5 \text{ m} \cdot 12 \text{ m} \qquad V_2 = \frac{10 \text{ m} \cdot 4 \text{ m}}{2} \cdot 12 \text{ m}$

$V_1 = 540 \text{ m}^3 \qquad\qquad V_2 = 240 \text{ m}^3$

$V = V_1 + V_2 = 540 \text{ m}^3 + 240 \text{ m}^3 = 780 \text{ m}^3$

Das Volumen des Hauses beträgt insgesamt **780 m³.**

Zu b)

Die Dachflächen bestehen aus zwei gleichen Rechtecken. Der Flächeninhalt eines Rechtecks berechnet sich aus x · 12 m.

Die Länge der Dachkante x wird mit dem Satz des Pythagoras berechnet.

$x^2 = (4 \text{ m})^2 + (5 \text{ m})^2$
$x^2 = 41 \text{ m}^2 \qquad\qquad |\sqrt{N}$
$x = \sqrt{41 \text{ m}^2} \approx 6{,}40 \text{ m}$

$A = (6{,}40 \text{ m} \cdot 12 \text{ m}) \cdot 2 = 153{,}60 \text{ m}^2$

Die gesamte Dachfläche ist **153,6 m²** groß.

Zu c)
$\tan \alpha = \frac{\text{Gegenkathete}}{\text{Ankathete}} = \frac{4 \text{ m}}{5 \text{ m}} = \frac{4}{5}$

$\tan \alpha = 0{,}8$

$\alpha \approx 38{,}66°$

Der Neigungswinkel des Dachs beträgt ca. **39°**.

Teil B Komplexe Aufgaben – Lösungen zum Eingangstest und Übungsaufgaben

11 Nebenjobs (von S. 46)

Bei einer Umfrage unter 580 Zehntklässlern geben 30 % an, neben der Schule zu jobben. Insgesamt nehmen 348 Mädchen an der Umfrage teil. Von den befragten Mädchen haben 25 % einen Nebenjob.

a) Berechne den prozentualen Anteil der Mädchen und Jungen an den befragten Zehntklässlern.
b) Wie viele Mädchen haben keinen Nebenjob?
c) Wie viel Prozent der Jungen haben keinen Nebenjob?

Zu a)
348 der 580 Befragten sind Mädchen.
G = 580   W = 348   p % ist gesucht.
$p\% = \frac{W}{G} = \frac{348}{580} = 0{,}6 = 60\%$

Der prozentuale Anteil der **Mädchen** an den befragten Zehntklässlern beträgt **60 %**.
Also sind 40 % der befragten Zehntklässler Jungen. Das sind 232 (= 580 – 348).

Zu b)
25 % (ein Viertel) der befragten 348 Mädchen geben an, einen Nebenjob zu haben. Das sind 348 : 4 = 87 Mädchen. Damit haben 261 (= 348 – 87) Mädchen keinen Nebenjob.

Zu c)
30 % der 580 befragten Zehntklässler haben einen Nebenjob.
G = 580   p % = 30 %   W ist gesucht.
W = G · p % = 580 · 30 % = 580 · 0,3 = 174
174 der befragten Zehntklässler haben also einen Nebenjob und **406** (= 580 – 174) haben keinen Nebenjob.
Von diesen 406 Zehntklässlern ohne Nebenjob sind 261 Mädchen (s. Teil b)), also haben 145 (= 406 – 261) Jungen keinen Nebenjob.
Da insgesamt 232 Jungen an der Befragung teilgenommen haben, entspricht dies einem Anteil von $\frac{145}{232} = 0{,}625 = 62{,}5\%$.

62,5 % der Jungen haben keinen Nebenjob.
In der folgenden Tabelle sind noch einmal alle Daten zusammengestellt.

	mit Nebenjob	ohne Nebenjob	
Mädchen	87	261	348
Jungen	87	145	232
	174	406	**580**

1. An einer Schule sind 55 % der Schülerinnen und Schüler Mädchen. 35 % der Mädchen kommen mit dem Fahrrad zur Schule. Insgesamt fahren 40 % mit dem Rad zur Schule.

a) Vervollständige das Baumdiagramm.

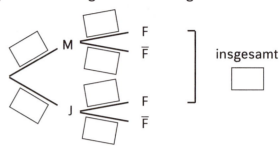

F: mit dem Fahrrad   F̄: ohne Fahrrad

b) Berechne, wie viel Prozent der Jungen mit dem Fahrrad zur Schule kommen.

2. Eine Tüte Lakritzkonfekt enthält 60 Stücke in zwei Geschmacksrichtungen: Kakao und Kokos. Zwei Drittel der Konfektstücke besitzen die Form eines Quaders, der Rest ist zylinderförmig. Ein Drittel des Konfekts hat Kakaogeschmack, 12 Konfektstücke sind zylinderförmig und schmecken nach Kokos.

a) Wie viel Prozent der Konfektstücke sind zylinderförmig?
b) Wie viele Konfektstücke sind zylinderförmig und schmecken nach Kakao?
c) Wie hoch ist die Wahrscheinlichkeit, ein quaderförmiges Konfekt mit Kokosgeschmack aus der vollen Tüte zu ziehen?

3. Ein Hersteller für Tiefkühlkost befragte 300 Personen, darunter 120 Jugendliche, ob ihnen eine neue Pizzasorte schmeckt. Die Tabelle zeigt das Ergebnis der Umfrage.

	schmeckt	schmeckt nicht	gesamt
Erwachsene			
Jugendliche		48	120
gesamt	196		300

a) Ergänze die fehlenden Daten der Umfrage.
b) Gib die Wahrscheinlichkeit dafür an, dass einem Erwachsenen die Pizza nicht schmeckt.

Lösungen zum Eingangstest und Übungsaufgaben – Teil B Komplexe Aufgaben

1 Ein Routenplaner zeigt für die Strecke von Köln nach Dortmund mit dem Auto 95 km an und nennt eine Fahrtzeit von 1 Stunde 30 Minuten. Der Regionalexpress fährt die etwas längere Bahnstrecke mit einer Durchschnittsgeschwindigkeit von 72 $\frac{km}{h}$ in der gleichen Zeit. Wie lang ist die Bahnstrecke?

2 Das Schaubild gibt an, wie viel die Bundesbürger für Waren und Dienstleistungen des täglichen Bedarfs ausgeben, wenn 1 000 € zu Grunde liegen.

a) Aus dem Schaubild kann folgender Vergleich herausgelesen werden: „Für Wohnen/Energie geben die Bundesbürger etwa dreimal so viel aus wie für Freizeit/Kultur." Stelle mithilfe des Schaubilds mindestens drei weitere Vergleiche an.

b) Familie Wagner hat jährlich rund 30 000 € zur Verfügung. Ihre Ausgaben entsprechen ungefähr den durchschnittlichen Ausgaben deutscher Haushalte. Wie viel Geld würde Familie Wagner nach dem abgebildeten Modell für Wohnen/Energie im Jahr ausgeben, wie viel für Verkehr?

12 Pkw-Antriebe und Kosten (von S. 46)

Fahrzeughersteller bieten ihre Modelle mit alternativen Antrieben an (siehe S. 46).

a) Berechne, wie weit man mit den verschiedenen Antrieben für 10 € kommt. Stelle die Ergebnisse in einem geeigneten Diagramm dar.

b) Für den Antrieb mit einem Hybridmotor wurde ein Preis von 1,30 € pro Liter Super angenommen. Kann das Fahrzeug mit einer Tankfüllung (50 l) die Strecke Hamburg – München (775 km) zurücklegen? Begründe rechnerisch.

c) Im Preis von einem Liter Super (1,30 €) ist eine Energiesteuer von 65,45 ct enthalten. Berechne den Anteil in Prozent.

Zu a)
Benzinmotor: $\frac{10\,€}{7{,}80\,€} = \frac{B}{100\,km} \to B \approx 128\,km$

$B = \frac{10\,€ \cdot 100\,km}{7{,}80\,€} \approx$ **128,21 km**

Dieselmotor: $\frac{10\,€}{5{,}82\,€} = \frac{D}{100\,km} \to D \approx 172\,km$

$D = \frac{10\,€ \cdot 100\,km}{5{,}82\,€} \approx$ **171,82 km**

Hybridmotor: $\frac{10\,€}{5{,}33\,€} = \frac{H}{100\,km} \to H \approx 188\,km$

$H = \frac{10\,€ \cdot 100\,km}{5{,}33\,€} \approx$ **187,62 km**

Elektromotor: $\frac{10\,€}{2{,}93\,€} = \frac{E}{100\,km} \to E \approx 341\,km$

$E = \frac{10\,€ \cdot 100\,km}{2{,}93\,€} \approx$ **341,30 km**

Zu b)
Zunächst muss der Verbrauch für 100 km berechnet werden: 5,33 € : 1,30 € = 4,1
Bei einer Tankfüllung von 50 l ergibt sich:
50 l : 4,1 l ≈ 12
Die Reichweite beträgt 12 · 100 km = 1200 km.
Die Tankfüllung reicht.

Zu c)
$\frac{0{,}6545\,€}{1{,}30\,€} \approx 0{,}50$

Der Anteil der Energiesteuer beträgt **rund 50 %**.

Teil B Komplexe Aufgaben – Lösungen zum Eingangstest und Übungsaufgaben

13 Seitenlängen beim Quadrat (von S. 47)

Welche Aussagen sind falsch? Begründe, warum sie falsch sind.

(1) Verdoppelt man die Seitenlänge eines Quadrats, so vervierfacht sich der Umfang.
(2) Verdoppelt man die Seitenlänge eines Quadrats, so vervierfacht sich der Flächeninhalt.
(3) Verdreifacht man die Seitenlänge eines Quadrats, so verdreifacht sich der Umfang.
(4) Verdreifacht man die Seitenlänge eines Quadrats, so verdreifacht sich der Flächeninhalt.

Aussage (1) ist **falsch**:
$u_1 = 4a$ $u_2 = 4 \cdot 2a = 8a$
8a ist nur das Doppelte von 4a.

Aussage (2) ist **richtig**:
$A_1 = a^2$ $A_2 = (2a)^2 = 2a \cdot 2a = 4a^2$
$4a^2$ ist das Vierfache von a^2.

Aussage (3) ist **richtig**:
$u_1 = 4a$ $u_3 = 4 \cdot 3a = 12a$
12a ist das Dreifache von 4a.

Aussage (4) ist **falsch**:
$A_1 = a^2$ $A_3 = (3a)^2 = 3a \cdot 3a = 9a^2$
$9a^2$ ist sogar das 9-Fache von a^2.

Verdreifacht man dagegen bei einem Würfel die Kantenlänge, hat das folgende Auswirkung auf das Volumen:

$V = a^3$ $V_3 = (3a)^3$ $V_3 = 27a^3$

Verlängert man bei einer Fläche oder einem Körper alle Kanten um den Faktor k, so wächst:
– der Umfang der Fläche um das k-Fache,
– der Flächeninhalt bzw. die Oberfläche um das k^2-Fache,
– das Volumen des Körpers um das k^3-Fache.

Beispiel:
Bei einem Kegel mit dem Radius r und der Höhe h werden beide Maße verdoppelt. Wie ändert sich das Volumen?
Der vergrößerte Kegel hat den Radius 2r und die Höhe 2h.

Es gilt: $V = \frac{\pi}{3} \cdot r^2 \cdot h$ $V = \frac{\pi}{3} \cdot (2r)^2 \cdot 2h$

$V = \frac{\pi}{3} \cdot 8r^2h$

Das Volumen ist 8-mal so groß.

---

1 Wie ändert sich der Umfang eines Rechtecks, wenn man Länge und Breite verdoppelt?
☐ Der Umfang verdoppelt sich.
☐ Der Umfang vervierfacht sich.
☐ Der Umfang verachtfacht sich.

2 Wie ändert sich der Flächeninhalt eines Kreises, wenn man den Radius vervierfacht?
☐ Der Flächeninhalt verdoppelt sich.
☐ Der Flächeninhalt vervierfacht sich.
☐ Der Flächeninhalt verachtfacht sich.
☐ Der Flächeninhalt versechszehnfacht sich.

3 Wie ändert sich das Volumen eines Würfels, wenn man seine Kantenlänge halbiert?

4 Abgebildet sind eine große Kugel und vier kleine Kugeln, die nur halb so hoch sind.

Die fünf Kugeln sind aus demselben Material. Die große Kugel wiegt 7 kg. Wie viel wiegen die vier kleinen Kugeln zusammen?

5 Beim abgebildeten Quader werden die Kantenlängen a, b und c verdoppelt.

a) Wie ändert sich der Oberflächeninhalt des Quaders?

b) Wie ändert sich das Volumen des Quaders?

6 Die abgebildete Holzpyramide ist 24 cm hoch und wiegt 2 kg. 6 cm unterhalb der Spitze wird parallel zur Grundfläche ein Schnitt durch die Pyramide gelegt.
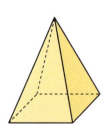

a) Wie schwer ist die abgeschnittene Spitze, die ja ebenfalls eine Pyramide ist?

b) Welchen Bruchteil von der Oberfläche der gesamten Pyramide beträgt die Oberfläche der Spitze?

☐ $\frac{1}{2}$ ☐ $\frac{1}{16}$
☐ $\frac{1}{4}$ ☐ $\frac{1}{32}$
☐ $\frac{1}{8}$ ☐ $\frac{1}{64}$

Lösungen zum Eingangstest und Übungsaufgaben – Teil B Komplexe Aufgaben

1

LOS ANGELES, 21. Mai 2010
Für die Rekordsumme von 7,85 Mio. Dollar (6,36 Mio. €) ist in Kalifornien jetzt ein Silberdollar aus dem Jahr 1794 verkauft worden. Von den Münzen wurden 1758 geprägt. Die jetzt verkaufte ist die älteste von den 150, die es noch gibt.

Flowing Hair Dollar

Masse	27 g
Durchmesser	39 bis 40 mm
Zusammensetzung	90% Silber 10% Kupfer
Prägung	1794 bis 1795

a) Bestimme anhand der Angaben im Nachrichtentext den Wechselkurs zwischen Euro und Dollar im Mai 2010.

b) Silber besitzt eine Dichte von 10,5 $\frac{g}{cm^3}$, Kupfer von 8,9 $\frac{g}{cm^3}$. Für die Silberlegierung des Flowing Hair Dollars wird die Dichte mit 10,34 $\frac{g}{cm^3}$ angegeben. Erkläre.

c) Bestimme die Dicke der Münze.

d) 1 Gramm der Silberlegierung hatte Ende Mai 2010 einen Materialwert von etwa 0,80 €. Wie viel Prozent des Materialwerts des Flowing Hair Dollars entspricht die Rekordsumme aus dem Verkauf?

2

Beim Aufschütten von Salz, Getreide, Sand usw. entstehen Schüttkegel. Wie hoch und wie breit ein Kegel wird, hängt von dem so genannten Böschungswinkel des Materials ab. Bei Mehl beträgt dieser Winkel zwischen Seitenlinie und Durchmesser ca. 45°. Der abgebildete Mehlkegel besteht aus 250 g Mehl, sein Durchmesser beträgt etwa 12 cm.

a) Berechne ungefähr die Masse von 1 cm³ Mehl.

b) Wie hoch wäre der Kegel, wenn statt 250 g die doppelte Menge verwendet worden wäre?

---

14 Tonnenschwere Goldmünze (von S. 47)

Zwei Zeitungen berichteten im Oktober 2011 über die größte Goldmünze der Welt.

(1) „Eine Tonne schwer und 80 cm Durchmesser, reines Gold im Wert von 55 Millionen US-Dollar."

(2) „… sie ist 80 cm hoch, 12 cm dick, 1 Tonne schwer und zu 99,99 Prozent aus Feingold. Ihr Materialwert liegt bei 34 000 000 €."

a) Bestimme aus den Angaben zum Materialwert in den Meldungen (1) und (2) den Wechselkurs zwischen Euro und Dollar für Oktober 2011.

b) Stimmt die angegebene Dicke in (2) mit den in (1) genannten Maßen überein? Rechne bei Gold mit einer Dichte von 19,3 $\frac{g}{cm^3}$.

c) Löse die Formel für das Volumen eines Zylinders nach r auf. Berechne damit den Radius r einer solchen Goldmünze, die dieselbe Dicke hat, aber nur halb so schwer ist.

Zu a)

Euro	US-Dollar
34 000 000	55 000 000
34	55
1	$\frac{55}{34} \approx 1{,}6176$

Im Oktober 2011 betrug der Wechselkurs zwischen Euro und Dollar 1,6176. Für 1 Euro erhielt man 1,62 US-Dollar.

Zu b)

(1) $V = \frac{\text{Masse}}{\text{Dichte}} = \frac{1\,t}{19{,}3\,\frac{g}{cm^3}} = \frac{1\,000\,000\,g}{19{,}3\,\frac{g}{cm^3}}$

V ≈ 51 813,5 cm³

Wegen $V = \pi \cdot r^2 \cdot h$ gilt:

$h = \frac{V}{\pi \cdot r^2} \approx \frac{51\,813{,}5\,cm^3}{\pi \cdot (40\,cm)^2}$, **h ≈ 10,3 cm**

Dabei ist h die Dicke der Münze. Die Angaben **stimmen also nicht überein.**

Zu c)

$V = \pi \cdot r^2 \cdot h \rightarrow r^2 = \frac{V}{\pi \cdot h} \rightarrow r = \sqrt{\frac{V}{\pi \cdot h}}$

Halbe Masse bedeutet halbes Volumen.

$V = \frac{51\,813{,}5\,cm^3}{2} = 25\,906{,}75\,cm^3$

h = 10,3 cm

$r = \sqrt{\frac{25\,906{,}75\,cm^3}{\pi \cdot 10{,}3\,cm}} \approx$ **28,3 cm**

Der Radius beträgt etwa **28,3 cm.**

Teil B Komplexe Aufgaben – Lösungen zum Eingangstest und Übungsaufgaben

15 Kapitalanlage (von S. 47)

Zur Konfirmation erhält Henrik 1 000 € von seinen Großeltern. Er legt das Geld zu 1,5 % an und will den Betrag so lange unangetastet lassen, bis sich sein Anfangskapital verdoppelt hat.
a) Wie viele Jahre muss Henrik warten?
b) In welcher Zeit würde sich bei gleicher Verzinsung ein Kapital von 10 000 € verdoppeln?

Zu a)
Um zu berechnen, in wie vielen Jahren das Anfangskapital von 1 000 € bei einem Zinssatz von 1,5 % auf ein Endkapital von 2 000 € anwächst, überlegt man sich:

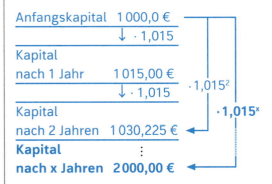

Die Anzahl der Jahre bis zur Verdoppelung des Anfangskapitals auf 2 000 € liefert demnach die Gleichung:

$1000\ € \cdot 1{,}015^x = 2000\ €\quad |:1000\ €$

$1{,}015^x = \frac{2000\ €}{1000\ €}$

$1{,}015^x = 2$

Lösen der Gleichung durch probierendes Einsetzen von ganzzahligen Exponenten:
$1{,}015^{40} \approx 1{,}81$
$1{,}015^{45} \approx 1{,}95$
$1{,}015^{46} \approx 1{,}98$
$1{,}015^{47} \approx 2{,}01$

Henrik muss also etwa **47 Jahre** bis zur Verdoppelung seines Anfangskapitals warten.

Zu b)
Die Lösung zu a) zeigt, dass die Höhe des Betrages keinen Einfluss auf die Verdoppelungszeit hat. Richtig ist daher: Auch ein Kapital von 10 000 € verdoppelt sich bei einem Zinssatz von 1,5 % in etwa **47 Jahren**.

---

1 Berechne die fehlenden Angaben mithilfe der Zinseszinsformel: $K_n = K_0 \cdot (1 + \frac{p}{100})^n$.

	a)	b)	c)
Kapital (K_0)	2 000 €		1 560 €
Zinssatz (p %)	1,4 %	1,6 %	1,5 %
Laufzeit (n)	4 Jahre	1 Jahr	
Endkapital (K_n)		751,84 €	1 705,77 €

2 Legt man einen Betrag von 2 000 € fest zu 1,6 % Zinsen an, so verdoppelt sich das Kapital durch Zins und Zinseszins nach etwa 44 Jahren. Wie viele Jahre dauert es ungefähr, bis sich das Kapital vervierfacht hat?

☐ etwa 66 Jahre ☐ etwa 100 Jahre
☐ etwa 88 Jahre ☐ etwa 135 Jahre

3 Im Diagramm ist die Entwicklung eines Anfangskapitals von 500 € bei einem festen Zinssatz über mehrere Jahre dargestellt. Das Endkapital y nach x Jahren kann durch die Gleichung

$y = 500 \cdot \left(1 + \frac{p}{100}\right)^x$ berechnet werden.

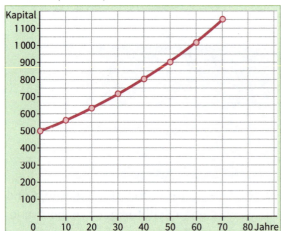

a) Lies aus dem Diagramm ab, nach welcher Zeit sich das Anfangskapital verdoppelt hat.

b) Gib an, zu welchem gleichbleibenden Zinssatz das Anfangskapital angelegt wurde. Notiere deine Rechnung. Runde das Ergebnis auf Zehntel %.

c) Wie lange würde es bei gleicher Verzinsung dauern, bis sich ein Kapital von 50 000 € verdoppelt hätte?

Lösungen zum Eingangstest und Übungsaufgaben – Teil B Komplexe Aufgaben

1 Es wird mit den beiden Würfeln aus der nebenstehenden Aufgabe ⑯ gewürfelt. Benutze zur Beantwortung der folgenden Fragen die Tabelle aus der Lösungsspalte der Aufgabe ⑯.

a) Wie groß ist die Wahrscheinlichkeit, zwei verschiedene Zahlen zu würfeln?

b) Wie groß ist die Wahrscheinlichkeit, mindestens die Augensumme 10 zu würfeln?

c) Wie groß ist die Wahrscheinlichkeit, zwei ungerade Zahlen zu würfeln?

2 Julian und Lara würfeln abwechselnd mit zwei Würfeln, Lara beginnt. Sie muss versuchen, die Augensumme 12 zu erzielen, Julian ist erfolgreich mit der Augensumme 7.
Das Spiel ist zu Ende, wenn Lara 3-mal die Augensumme 12 oder Julian 15-mal die Augensumme 7 erzielt hat.
Begründe, wer von den beiden die besseren Gewinnchancen hat.

3 Abgebildet sind die Netze von zwei Würfeln, mit denen gleichzeitig gewürfelt wird.

(1) 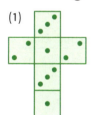   (2)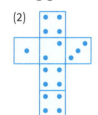

a) Wie groß ist die Wahrscheinlichkeit, eine gerade Augensumme zu würfeln?

b) Wie groß ist die Wahrscheinlichkeit, zwei gleiche Zahlen zu würfeln?

c) Wie groß ist die Wahrscheinlichkeit, die Augensumme 6 zu würfeln?

4 Die vier Könige eines Skatspiels werden gemischt und verdeckt auf den Tisch gelegt. Du drehst nacheinander zwei der vier Spielkarten um. Wie groß ist die Wahrscheinlichkeit,

a) die beiden schwarzen Könige umzudrehen?

b) einen roten und einen schwarzen König in beliebiger Reihenfolge umzudrehen?

---

⑯ Zwei Würfel (von S. 48)

Es wird gleichzeitig mit einem gelben und einem roten Würfel gewürfelt.
Das Ergebnis (3;5) bedeutet: Mit dem gelben Würfel wurde eine 3 und mit dem roten Würfel eine 5 gewürfelt.

a) Wie viele Ergebnisse sind möglich?
b) Wie groß ist die Wahrscheinlichkeit für das Ergebnis (3;5)?
c) Wie groß ist die Wahrscheinlichkeit, einen Pasch, d. h. zwei gleiche Zahlen, zu würfeln?

Zu a)
Die möglichen Ergebnisse kann man sich in einer Tabelle darstellen.

	1	2	3	4	5	6
1	(1;1)	(1;2)	(1;3)	(1;4)	(1;5)	(1;6)
2	(2;1)	(2;2)	(2;3)	(2;4)	(2;5)	(2;6)
3	(3;1)	(3;2)	(3;3)	(3;4)	(3;5)	(3;6)
4	(4;1)	(4;2)	(4;3)	(4;4)	(4;5)	(4;6)
5	(5;1)	(5;2)	(5;3)	(5;4)	(5;5)	(5;6)
6	(6;1)	(6;2)	(6;3)	(6;4)	(6;5)	(6;6)

Das blau unterlegte Feld zeigt das Wurfergebnis: gelber Würfel 3, roter Würfel 5.

Es gibt 6 · 6 = **36 mögliche Ergebnisse.**

Zu b)
(1) Von den 36 möglichen Ergebnissen ist nur ein einziges Ergebnis (3;5). **P (3;5) = $\frac{1}{36}$**

(2) Das Würfeln mit zwei Würfeln kann als zweistufiger Versuch aufgefasst werden. Für das Ergebnis (3;5) können wir ein vereinfachtes Baumdiagramm zeichnen.

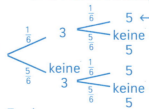

Mit der Pfadregel erhalten wir:
P (3;5) = $\frac{1}{6} \cdot \frac{1}{6} = \frac{1}{36}$

Zu c)
Es gibt die sechs Pasche (1;1), (2;2), (3;3), (4;4), (5;5) und (6;6).

P (Pasch) = $\frac{6}{36} = \frac{1}{6}$

Teil B Komplexe Aufgaben – Lösungen zum Eingangstest und Übungsaufgaben

17 Fußballduell (von S. 48)

Die abgebildete Grafik vergleicht, wie viel Euro in Deutschland und wie viel Euro in England durch internationale und nationale Medienerlöse eingenommen werden.

a) Berechne den Anteil der nationalen Erlöse in Deutschland an den gesamten Medienerlösen in Prozent..

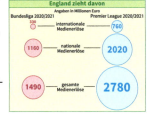

b) Angenommen, der internationale Medienerlös wächst jedes Jahr in Deutschland um 10 %. Nach wie vielen Jahren ist er dann ungefähr so groß wie in England im Jahr 2020/2021?

c) Begründe, warum die Darstellung der beiden Kreise zum internationalen Medienerlös irreführend ist.

Zu a)
gesamte Medienerlöse in Deutschland (G):
1 490 000 000 €
nationale Medienerlöse in Deutschland (W):
1 160 000 000 €
Gesucht: p %   p % = $\frac{1\,160\,000\,000\,€}{1\,490\,000\,000\,€}$ ≈ 0,78 = **78 %**

Zu b)
Wenn der internationale Medienerlös in der Bundesliga jedes Jahr um 10 % wächst, entspricht dies einem Wachstumsfaktor von 1,1.
Daraus ergibt sich folgende Gleichung:
330 Mio. € · $1,1^x$ = 760 Mio. €
Systematisches Probieren liefert für x etwa 9.
Nach 9 Jahren wären die internationalen Medienerlöse in Deutschland ungefähr so hoch wie in England in der Saison 2020/2021.

Zu c)
In der Grafik werden die Werte der Medienerlöse durch die Flächeninhalte der Kreise dargestellt. Der Kreis der Premier League hat einen etwa dreimal so großen Radius und damit den 9-fachen Flächeninhalt wie der Kreis der Bundesliga.
Jedoch sind die internationalen Medienerlöse in England nur etwa 2,3-mal so hoch wie die in Deutschland (760 Mio. : 330 Mio. ≈ 2,3).
Die Darstellung der Kreise ist also irreführend, **der Kreis der internationalen Medienerlöse der Bundesliga müsste größer gezeichnet werden**.

---

[1] Unter günstigen Bedingungen vermehren sich Fruchtfliegen täglich um 25 %. Angenommen, anfangs waren es zehn Fruchtfliegen.

a) Wie viele Fruchtfliegen sind es nach sieben Tagen?

b) Bestimme den Zeitraum, in dem sich die Anzahl der Fruchtfliegen verhundertfacht.

[2] Mexiko-Stadt hatte bei der letzten Volkszählung im August 2020 rund 21 Millionen Einwohner. Vorausgesagt wird, dass die Bevölkerungszahl dort jährlich um 4,5 % steigt.

a) Berechne die Zahl der Einwohner, die Mexiko-Stadt im August 2030 hätte.

b) Tokio war 2020 mit rund 38 Millionen Einwohnern die größte Stadt der Welt. Angenommen, Mexiko-Stadt wächst weiterhin mit der angenommenen Wachstumsrate. Bestimme das Jahr, in dem Mexiko-Stadt die 38-Millionen-Grenze erreicht.

[3] In der Tabelle ist die Entwicklung des durchschnittlichen Benzinverbrauchs der Autos in Deutschland seit 1997 dargestellt.

Jahr	1997	1999	2001	2003	2005	2007
Verbrauch pro 100 km (in Liter)	8,7	8,4	8,1	8,0	7,8	7,6

Jahr	2009	2011	2013	2015	2017	2019
Verbrauch pro 100 km (in Liter)	7,5	7,4	7,2	7,3	7,4	7,4

a) Berechne, um wie viel Prozent der jährliche Verbrauch im Jahr 2019 kleiner ist als der im Jahr 1997.

b) Der Verbrauch des Jahres 2013 mit 7,2 l war 20 % kleiner als der 1993 mit 9 l. Kann man deswegen sagen, dass der Verbrauch in diesen 20 Jahren pro Jahr um 1 % abgenommen hat? Begründe deine Antwort.

c) Der Verbrauch in den letzten zehn Jahren blieb fast unverändert. Nenne mögliche Ursachen.

d) Erstelle eine eigene grafische Darstellung, die den Eindruck erweckt, als wäre der Benzinverbrauch seit 1997 drastisch gefallen.

Lösungen zum Eingangstest und Übungsaufgaben – Teil B Komplexe Aufgaben

[1] Ordne jedem Zahlenrätsel die passende Gleichung zu und bestimme die Lösung.

Die Differenz aus 3 und dem 3. Teil einer Zahl a ist 8. ④ — $\frac{3a}{8} = \frac{1}{2}a$ (C)

$3 - \frac{1}{3}a = 8$ (B)

$8 : 3a = 0{,}5a$ (D)

Die Summe aus einer Zahl a und dem Dreifachen dieser Zahl a ergibt 8. ①

Multipliziere das Dreifache einer Zahl a mit 8, so erhältst du 3. ③

$a + 3a = 8$ (E)

$3a \cdot 8 = 3$ (A)

Der Quotient aus dem Dreifachen einer Zahl a und 8 ist gleich der Hälfte von a. ②

[2] Mit Termen lassen sich auch geometrische Sachverhalte beschreiben.
Skizziere das vierte Muster und schreibe einen Term auf, mit dem sich die Anzahl der Hölzer im n-ten Muster berechnen lässt.

a)

Nummer	n = 1	n = 2	n = 3
Muster	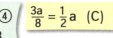		
Hölzer	4 = 1 + 3	7 = 1 + 2 · 3	10 = 1 + 3 · 3

b)

Nummer	n = 1	n = 2	n = 3
Muster			
Hölzer	3	5 = 3 + 2	7 = 3 + 2 · 2

[3] a) Schreibe für das Zahlenrätsel eine Gleichung auf und löse sie: „Subtrahiere von der Hälfte einer Zahl ein Drittel der Zahl, dann erhältst du 4."
b) Erfinde ein Zahlenrätsel zur Gleichung $7x - 48 = 2x$. Löse auch die Gleichung.

[4] Subtrahiert man vom dreifachen Alter der Frau Krause 5 Jahre, so erhält man dieselbe Zahl, wie wenn man in 15 Jahren Frau Krauses Alter verdoppelt. Stelle eine Gleichung auf und berechne das heutige Alter von Frau Krause.

---

[18] Zahlenrätsel (von S. 49)

(1) Subtrahierst du vom Dreifachen einer Zahl 8, dann erhältst du 5 mehr als die Zahl.
(2) Verdreifachst du die Differenz aus einer Zahl und 8, so erhältst du 5 weniger als die Zahl.
(3) Subtrahierst du 8 von einer Zahl, so erhältst du das Dreifache der Summe aus 5 und der Zahl.

a) Welches Zahlenrätsel gehört zu der Gleichung $x - 8 = 3(5 + x)$?
b) Löse die Gleichung $x - 8 = 3(5 + x)$.
c) Schreibe auch zu den anderen Zahlenrätseln eine passende Gleichung auf.

Zu a)
Um zu überprüfen, welches Zahlenrätsel zu der Gleichung $x - 8 = 3(5 + x)$ gehört, „übersetzen" wir die Terme rechts und links vom Gleichheitszeichen.
„$x - 8$" heißt „die Differenz aus einer Zahl und 8" oder „Subtrahiere 8 von einer Zahl";
„$3(5 + x)$" heißt „das 3-Fache der Summe aus 5 und einer Zahl" oder „Verdreifache die Summe aus 5 und einer Zahl".
Diese Formulierung findet man nur bei **Zahlenrätsel (3)**.

Zu b)
Die Lösung der Gleichung erhält man so:
$x - 8 = 3(5 + x)$ | Klammer ausmultiplizieren
$x - 8 = 15 + 3x$ | $+8$
$x = 23 + 3x$ | $-3x$
$-2x = 23$ | $:(-2)$
$x = -11{,}5$
Die gesuchte Zahl lautet **–11,5.**

Zu c)
Zahlenrätsel (1):
„Subtrahierst du vom Dreifachen einer Zahl 8" heißt in der mathematischen Sprache: „$3x - 8$".
„5 mehr als die Zahl" heißt „$x + 5$".
„Erhältst du" steht für das Gleichheitszeichen.
Zum **Zahlenrätsel (1)** lautet die passende Gleichung also: **$3x - 8 = x + 5$**
Zahlenrätsel (2):
„Verdreifache die Differenz aus einer Zahl und 8" heißt in mathematischer Sprache:
„$3 \cdot (x - 8)$".
„5 weniger als die Zahl" heißt „$x - 5$".
„Erhältst du" steht für das Gleichheitszeichen.
Zum **Zahlenrätsel (2)** lautet die passende Gleichung also: **$3(x - 8) = x - 5$**

Teil B Komplexe Aufgaben – Lösungen zum Eingangstest und Übungsaufgaben

19 Smartphone-Nutzung (von S. 49)

Die Schülerinnen und Schüler aller 10. Klassen einer Schule wurden befragt, wie oft sie ihr Smartphone am Tag vor der Befragung zum Telefonieren, Nachrichten verschicken oder Surfen ungefähr benutzt haben. Das Ergebnis wurde in einem Boxplot dargestellt.

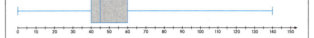

a) Entnimm dem Boxplot folgende Werte:
Spannweite, Median (Zentralwert),
unteres Quartil, oberes Quartil

b) Felix behauptet: „Die meisten Schülerinnen und Schüler haben mehr als 60-mal mit dem Smartphone telefoniert, Nachrichten verschickt oder gesurft." Nimm Stellung.

Zu a)
Spannweite: 140 – 0 = **140**
(größter Wert – kleinster Wert)

Median (Zentralwert): 45
(mittlerer Wert aller Werte)

unteres Quartil: 40
(mittlerer Wert der unteren Hälfte)

oberes Quartil: 60
(mittlerer Wert der oberen Hälfte)

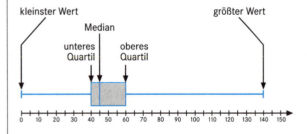

Zu b)
Die Aussage ist falsch. Lediglich ein Viertel aller befragten Schülerinnen und Schüler hat mehr als 60-mal telefoniert, Nachrichten verschickt oder gesurft.
Der Boxplot verdeutlicht die Streuung der gegebenen Werte.
Die Streuung ist im oberen Viertel am größten. Durch die Länge der Strecke zwischen oberem Quartil und größtem Wert hat sich Felix täuschen lassen.

1 Gehe davon aus, dass in den 10. Klassen (Aufgabe 19, links abgebildet) 79 Schülerinnen und Schüler an der Befragung teilgenommen haben und dass nur Vielfache von 5 bei den Antworten genannt wurden.

a) Wie viele Antworten liegen unter 40, zwischen 45 und 60 sowie über 60?
Hinweis: Jeweils genau eine Antwort gab es für 40, 45 und 60.

b) Stelle in einer Tabelle ein mögliches Befragungsergebnis zusammen, das zum abgebildeten Boxplot passt.

2 Notenspiegel einer Klassenarbeit:

Note	1	2	3	4	5	6
Anzahl	3	8	6	4	3	1

Stelle das Ergebnis in einem Boxplot dar.

3 Die Klasse 10a einer Schule hat eine Klassenarbeit mit folgenden Ergebnissen geschrieben:

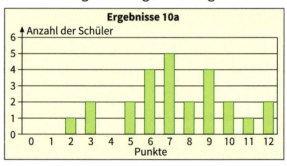

a) Gib an, welcher der abgebildeten Boxplots zur 10a gehört und begründe deine Entscheidung mithilfe geeigneter Kennwerte.

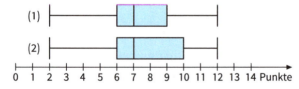

b) Der in Teilaufgabe a) nicht gewählte Boxplot zeigt die Verteilung der Ergebnisse der Klasse 10b (29 Schülerinnen und Schüler). Hier die Tabelle (obere Zeile: Punkte; untere Zeile: Anzahl der Schüler):

2	3	4	5	6	7	8	9	10	11	12
1	2	2	1	4	5	3			1	3

Gib eine mögliche Lösung für die leeren Felder an und begründe deine Lösung.

Lösungen zum Eingangstest und Übungsaufgaben – Teil B Komplexe Aufgaben

1 Wie viel Quadratkilometer ist Frankreich ungefähr groß?
Vergleiche dein Ergebnis mit Angaben aus dem Lexikon oder dem Internet.
Beachte: Zu Frankreich gehört auch die Mittelmeerinsel Korsika, die rechts abgebildet ist. Ihre Größe musst du beim Vergleich mit der offiziellen Größe Frankreichs berücksichtigen.

2 Weihnachten 2016 tobte der Sturm „Barbara" und hinterließ an der Sylter Südküste erhebliche Schäden. Bestimme näherungsweise die Größe der rot umrandeten beschädigten Fläche.

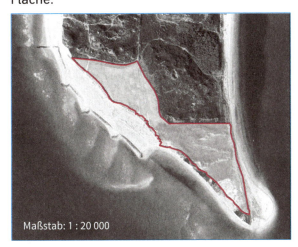

Luftbild vom 26. Dezember 2016:
Die Veränderungen, die Sturm „Barbara" bis zum 28. Dezember hinterließ, sind rot eingezeichnet.

20 Fläche NRW (von S. 49)

Der Kartenausschnitt zeigt das Bundesland Nordrhein-Westfalen. Bestimme näherungsweise die Größe der Fläche von Nordrhein-Westfalen. Benutze den Maßstab der Karte. Begründe dein Vorgehen.

Man muss versuchen, die Fläche von NRW durch berechenbare Figuren (Vierecke, Dreiecke, ...) so abzudecken, dass sich „Gewinne" und „Verluste" ungefähr ausgleichen. Dafür gibt es sehr viele verschiedene Möglichkeiten; hier ist eine dargestellt. Die gemessenen „cm auf der Karte" muss man mit 40 multiplizieren und erhält dann „km in Wirklichkeit".

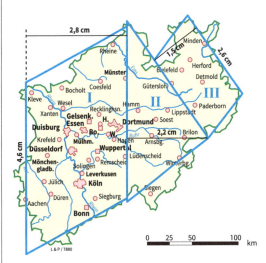

$A_I = 184 \text{ km} \cdot 112 \text{ km}$ (Parallelogramm)

$A_{II} = \dfrac{192 \text{ km} \cdot 88 \text{ km}}{2}$ (Dreieck)

$A_{III} = 104 \text{ km} \cdot 60 \text{ km}$ (Parallelogramm)

$A_I + A_{II} + A_{III} \approx 35296 \text{ km}^2$

Nach dieser Schätzung ist das Bundesland knapp **35 000 km²** groß.

Ein Blick auf offizielle Angaben zeigt, dass NRW etwas mehr als 34 600 km² groß ist. Die Schätzung ist also ein guter Wert.

Teil B Komplexe Aufgaben – Lösungen zum Eingangstest und Übungsaufgaben

21 Quadratische Gleichungen (von S. 50)

In der Abbildung siehst du, wie zwei Schüler die Gleichung $x^2 - 8x + 20 = 0$ gelöst haben.
a) Prüfe die Lösungswege. Welcher Weg stimmt, welcher Fehler wurde gemacht?

Marcel	Paul
$x^2 - 8x + 20 = 0$	$x^2 - 8x + 20 = 0$
$x_{1/2} = 4 \pm \sqrt{16 + 20}$	$x_{1/2} = 4 \pm \sqrt{16 - 20}$
$x_{1/2} = 4 \pm \sqrt{36}$	$x_{1/2} = 4 \pm \sqrt{-4}$
$x_1 = 4 + 6 = 10$	keine Lösung
$x_2 = 4 - 6 = -2$	

b) Löse folgende Gleichungen. Nicht immer brauchst du eine Lösungsformel.
(1) $(x + 7) \cdot (x - 7) = 0$
(2) $x^2 + 8x + 16 = 0$
(3) $x^2 - 5x = 0$
(4) $4x^2 + 96x - 100 = 0$

Zu a)
Marcels Lösung ist falsch. Der Fehler geschah beim Einsetzen von q = 20 in die Formel:
$x_{1/2} = -\frac{p}{2} \pm \sqrt{\left(\frac{p}{2}\right)^2 - q} = +4 \pm \sqrt{16 - 20} = 4 \pm \sqrt{-4}$

Pauls Lösung stimmt. Es gibt keine Lösung, da die Diskriminante negativ ist.

Zu b)
(1) $(x + 7) \cdot (x - 7) = 0$ Ein Produkt aus zwei Faktoren ergibt 0, wenn einer der Faktoren gleich 0 ist.
Deshalb: $x + 7 = 0$ oder $x - 7 = 0$.
$\mathbf{x_1 = -7; \ x_2 = 7}$

(2) Lösung mit der pq-Formel:
$x^2 + 8x + 16 = 0$ $p = 8$ $q = 16$
$x_{1/2} = -4 \pm \sqrt{16 - 16}$
$\mathbf{x = -4}$

Lösung mit der 1. binomischen Formel:
$x^2 + 8x + 16 = 0$
$(x + 4)^2 = 0$
$x + 4 = 0$
$x = -4$

(3) $x^2 - 5x = 0$ x ausklammern ergibt
$x \cdot (x - 5) = 0$ also entweder
$x = 0$ oder $x - 5 = 0$
$\mathbf{x_1 = 0; \ x_2 = 5}$

(4) $4x^2 + 96x - 100 = 0$ $|:4$
$x^2 + 24x - 25 = 0$ $p = 24$ $q = -25$
$x_{1/2} = -12 \pm \sqrt{144 - (-25)}$
$x_{1/2} = -12 \pm \sqrt{169}$
$\mathbf{x_1 = -12 + 13 = 1}$ $\mathbf{x_2 = -12 - 13 = -25}$

---

1 Löse die Gleichung.
a) $(2x - 14) \cdot (15 - 3x) = 0$
b) $4x^2 - 17 - 3x^2 - 8 = 0$
c) $7x^2 - 6x - 5 - 5x^2 + 18x + 5 = 0$
d) $3y^2 - 9y - 37 = 3y - 1$
e) $(5 + a)^2 + a^2 = 3a + 29$

2 Stelle eine Gleichung auf und löse sie.

a) Addiert man zum Quadrat einer Zahl das Dreifache dieser Zahl, so erhält man dasselbe, wie wenn man vom Elffachen der Zahl 7 subtrahiert.

b) Maik subtrahiert 16 vom Doppelten einer Zahl. Fatima subtrahiert diese Zahl von 15. Anschließend multiplizieren Maik und Fatima ihre Ergebnisse und erhalten Null. Welche Zahl können Maik und Fatima gewählt haben?

3
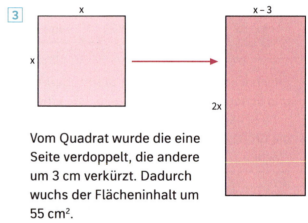

Vom Quadrat wurde die eine Seite verdoppelt, die andere um 3 cm verkürzt. Dadurch wuchs der Flächeninhalt um 55 cm².
Welche Seitenlänge hatte das Quadrat?

4 Ein 6 cm hoher Zylinder hat einen Oberflächeninhalt von 169,646 cm².

a) Wie groß ist der Radius des Zylinders? *Hinweis:* $169{,}646 \ldots = 54\pi$

b) Welches Volumen hat der Zylinder?

5 Der Oberflächeninhalt eines geraden Kreiskegels mit der Kantenlinie s = 6 cm beträgt 172,788 cm³.

a) Berechne den Radius der Grundfläche.

b) Berechne die Höhe des Kegels und anschließend das Volumen.

Lösungen zum Eingangstest und Übungsaufgaben – Teil B Komplexe Aufgaben

1 In einem Gefäß sind 4 blaue und 7 rote Kugeln. Es werden nacheinander verdeckt zwei Kugeln gezogen, wobei die erste Kugel vor der zweiten Ziehung wieder zurückgelegt wird.

a) Zeichne ein Baumdiagramm und berechne die Wahrscheinlichkeiten für
 (1) zwei blaue Kugeln;
 (2) zwei Kugeln verschiedener Farbe;
 (3) zwei Kugeln gleicher Farbe.

b) Wie ändern sich die Wahrscheinlichkeiten aus a), wenn die zuerst gezogene Kugel nicht zurückgelegt wird?

2 Das Glücksrad hat abwechselnd gelbe und blaue Felder gleicher Größe. Es wird zweimal nacheinander gedreht. Wie groß ist die Wahrscheinlichkeit für folgendes Ereignis?

a) Es wird zweimal „blau" erzielt.
b) Die letzte Drehung führt zu „blau".
c) Keine Farbe tritt zweimal auf.
d) Die Farbe „gelb" tritt höchstens einmal auf.

3 Die Klasse 10b hat für das Schulfest einen Stand mit einem Würfelspiel aufgebaut. Im Würfelbecher sind zwei Würfel, die gleichzeitig geworfen werden.
Einen Hauptpreis im Wert von 10 € gibt es bei der Augensumme 12; bei den Augensummen 11 und 10 gibt es einen kleineren Preis im Wert von 2 €. Der Einsatz pro Spiel beträgt 1 €.

Am Ende des Schulfestes hat die Klasse 10b 392 € bei dem Spiel verdient. Wie viele Glücksspiele wurden wahrscheinlich durchgeführt?
Eine Zahl stimmt; begründe deine Entscheidung.

12, 11 und 10 gewinnt!

| 457 | 893 | 1116 | 1431 | 1599 |

---

22 Glücksrad (von S. 50)

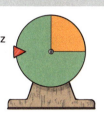

http://nale.fi/hzvh

Auf einem Schulfest kann man am Stand der Klasse 10a für einen Einsatz von 1 € zweimal das abgebildete Glücksrad drehen. Bleibt es beide Male auf der gleichen Farbe stehen, gewinnt man, und zwar bei „grün" einen Trostpreis im Wert von 0,30 € und bei „orange" einen Sachpreis von 8 €.

a) Zeichne ein Baumdiagramm und bestimme damit die Wahrscheinlichkeiten für die möglichen Gewinne
 (1) P(g;g) und (2) P(o;o).
b) Wie groß ist die Wahrscheinlichkeit, bei diesem Spiel zu verlieren?
c) Es werden 400 Spiele durchgeführt. Mit welchem Gewinn kann die Klasse rechnen?

$\frac{1}{4}$ des Glücksrades ist orange und $\frac{3}{4}$ sind grün gefärbt.

Mit einem Baumdiagramm und der Pfadregel kann man die Wahrscheinlichkeiten bei 2 Drehungen darstellen.

Zu a)
Baumdiagramm (g: grün; o: orange)

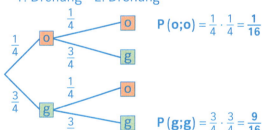

$P(o;o) = \frac{1}{4} \cdot \frac{1}{4} = \frac{1}{16}$

$P(g;g) = \frac{3}{4} \cdot \frac{3}{4} = \frac{9}{16}$

Zu b)
Subtrahiert man von 1 alle Gewinnwahrscheinlichkeiten, erhält man die Wahrscheinlichkeit für einen Verlust.

P(Verlust) $= 1 - \frac{9}{16} - \frac{1}{16} = \frac{6}{16} = \frac{3}{8}$

oder: $P(\text{Verlust}) = P(o;g) + P(g;o)$
$= \frac{1}{4} \cdot \frac{3}{4} + \frac{3}{4} \cdot \frac{1}{4} = \frac{3}{16} + \frac{3}{16} = \frac{6}{16} = \frac{3}{8}$

Zu c)
Bei 400 Spielen kann die Klasse mit ca. 25 Sachpreisen ($25 = 400 \cdot \frac{1}{16}$) und mit 225 Trostpreisen ($225 = 400 \cdot \frac{9}{16}$) rechnen. Diese kosten 200 € und 67,50 €, also insgesamt 267,50 €.
Die Klasse hat **400 € Einnahmen** und kann mit einem **Gewinn von 132,50 €** rechnen (= 400 € − 267,50 €).

Teil B Komplexe Aufgaben – Lösungen zum Eingangstest und Übungsaufgaben

http://nale.fi/bwah

23 Angebote (von S. 50)

Frau Kurt kann für zwei Jahre einen Lottogewinn von 1 000 000,– € sparen. Drei Banken (A, B, C) bieten ihr unterschiedliche Zinssätze an:

A 1. Jahr 1,2 %; 2. Jahr 1,7 %
B 1. Jahr 0,9 %; 2. Jahr 2,0 %
C 1. Jahr 1,4 %; 2. Jahr 1,5 %

a) Welche Bank kannst du empfehlen? Begründe.
b) Würdest du die gleiche Bank auch für jeden anderen Sparbetrag empfehlen? Begründe.

Zu a)

① Ein Lösungsweg besteht darin, für jede Bank die jährlichen Zinsen sowie das Kapital nach zwei Jahren zu ermitteln.

Angebot	Zinsen für das 1. Jahr	Zinsen für das 2. Jahr	Endkapital
A	12 000 €	17 204 €	1 029 204 €
B	9 000 €	20 180 €	1 029 180 €
C	14 000 €	15 210 €	**1 029 210 €**

Zu empfehlen ist also das **Angebot C.**

② Ein zweiter Lösungsweg betrachtet lediglich die auftretenden Faktoren, mit denen das Anfangskapital entsprechend der Zinsformel multipliziert wird:
Angebot A: $1{,}012 \cdot 1{,}017 = 1{,}029204$
Angebot B: $1{,}009 \cdot 1{,}020 = 1{,}029180$
Angebot C: $1{,}014 \cdot 1{,}015 = \mathbf{1{,}029210}$

Angebot C liefert den größten Faktor, also auch das größte Endkapital:
$1{,}02921 \cdot 1\,000\,000\,€ = \mathbf{1\,029\,210\,€}$

Zu b)

Das Angebot C ist auch bei jedem anderen Sparbetrag zu empfehlen. Wie die Überlegung unter ② zeigt, bewirkt der größere Faktor den Vorteil des Angebotes C und dies unabhängig von der Höhe des Sparbetrages.

Die Summe der Zinssätze beträgt bei allen drei Angeboten 2,9 %, die Produkte der Zinssätze jedoch sind verschieden. Dieser Zusammenhang lässt sich auch geometrisch interpretieren.
Für alle Rechtecke mit derselben Summe von Länge und Breite gilt: Der Flächeninhalt ist umso größer, je geringer der Unterschied zwischen Länge und Breite ist.

---

1 Berechne jeweils den fehlenden Wert mithilfe der Zinsformel:
$$Z = K \cdot p\% = K \cdot \frac{p}{100}$$

	a)	b)	c)
Kapital (K)	1 800 €		3 000 €
Zinssatz (p %)	0,5 %	1,8 %	
Zinsen (Z)		81 €	19,50 €

2 Tom hat seine Ersparnisse für ein Jahr fest angelegt. Am Jahresende erhält er 20 € Zinsen. Wie viel Zinsen würde Tom nach einem Jahr erhalten,

a) wenn er doppelt so hohe Ersparnisse bei doppelt so hohem Zinssatz angelegt hätte?

b) wenn er doppelt so hohe Ersparnisse bei halb so großem Zinssatz angelegt hätte?

c) wenn er nur die Hälfte seiner Ersparnisse bei doppelt so hohem Zinssatz angelegt hätte?

3 Welche Person hat in zehn Jahren den höchsten Zinssatz für ihr Kapital bekommen?

	Anfangskapital	Endkapital
☐ Anja	2 400 €	2 925,59 €
☐ Boris	1 800 €	2 281,77 €
☐ Pia	300 €	348,16 €
☐ Luca	600 €	798,83 €

4 Die Hausverwaltung bietet Frau Winter zwei Formen des Staffelmietvertrags an:

Angebot A: 3,5 % Mieterhöhung im 1. Jahr, 4,5 % im 2. Jahr
Angebot B: 4,5 % Mieterhöhung im 1. Jahr, 3,5 % im 2. Jahr

a) Auf den ersten Blick erscheinen ihr beide Angebote gleich gut. Stimmt das? Begründe.

b) Mit welcher gleich bleibenden prozentualen Mieterhöhung könnte die Hausverwaltung nach zwei Jahren dieselbe Miete erzielen?

1 Die Heini-Klopfer-Skiflugschanze in Oberstdorf gilt als eine der größten Skiflugschanzen der Welt. Sie wird im Volksmund auch „Schiefer Turm von Oberstdorf" genannt.
Welchen Höhenunterschied hat die Anlaufbahn und wie lang ist diese?

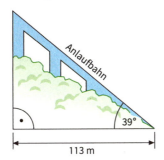

2 Abgebildet ist ein Segelschiff, das von zwei Leuchttürmen angepeilt wird. Wie weit ist es von den beiden Leuchttürmen jeweils entfernt?

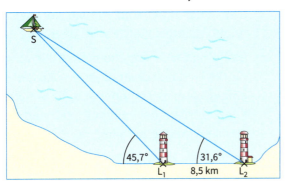

3 Im Maßstab 1:5000 sieht man eine Passstraße von oben. Sie beginnt an Punkt A und erreicht an Punkt B die Passhöhe. Punkt A befindet sich auf einer Höhe von 620 m, die durchschnittliche Steigung beträgt 14 %.
Wie hoch liegt Punkt B und wie weit fährt man von A bis B?

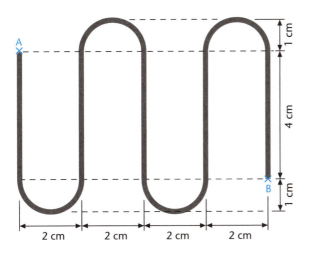

24 Brückenkonstruktion (von S. 51)

Über den Fluss soll eine Brücke führen, die in A beginnt und B endet. Vermesser haben am unteren Flussufer eine 400 m lange Strecke $\overline{AC}$ abgesteckt und von dort folgende Winkel vermessen:
∡ BAC = 67,8° und ∡ ACB = 49,3°
Bestimme die Länge der Brücke durch eine maßstäbliche Zeichnung und durch Berechnung auf einem extra Blatt.

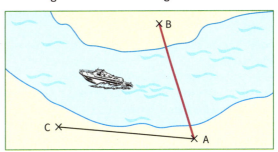

① *Zeichnerische Lösung*
Maßstab 1:10 000
(1 cm ≙ 100 m).
Messung: x = 3,4 cm
In Wirklichkeit:
$\overline{AB}$ = 3,4 cm · 10 000
$\overline{AB}$ = 340 m

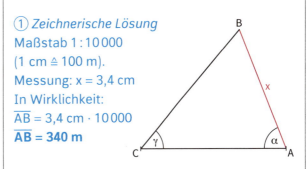

② *Rechnerische Lösung*
α = ∡BAC = 67,8°
γ = ∡ACB = 49,3°
β = 180° − α − γ = 62,9°

Das Dreieck CAB wird durch die Höhe h in zwei rechtwinklige Dreiecke zerlegt.

$\sin \gamma = \frac{h}{400 \text{ m}}$

h = 400 m · sin 49,3° ≈ 303,25 m

$\sin \beta = \frac{h}{x} = \frac{303,25 \text{ m}}{x}$

$x = \frac{303,25 \text{ m}}{\sin 62,9°} \approx 340,65 \text{ m}$

Die Brücke muss rund **341 m** lang werden.

Falls der Sinussatz behandelt wurde, gibt es noch einen kürzeren Weg:

$\frac{x}{\sin 49,3°} = \frac{400 \text{ m}}{\sin 62,9°}$

$x = \frac{400 \text{ m} \cdot \sin 49,3°}{\sin 62,9°}$

x ≈ 340,65 m

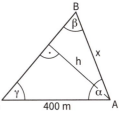

Teil B Komplexe Aufgaben – Lösungen zum Eingangstest und Übungsaufgaben

http://nale.fi/oaos

25 Verdienst (von S. 51)

Herr Berger arbeitet als Verkäufer. Er kann sich in seiner Firma entscheiden, wie sein Verdienst berechnet wird:

	A	B	C	D
1	Umsatz	Provision (4%)	Verdienst Modell 1	Verdienst Modell 2
2	- €	- €	2.500,00 €	- €
3	10.000,00 €	400,00 €	2.900,00 €	1.000,00 €
4	20.000,00 €	800,00 €	3.300,00 €	2.000,00 €
5	50.000,00 €	2.000,00 €	4.500,00 €	5.000,00 €
6	100.000,00 €	4.000,00 €	6.500,00 €	10.000,00 €

Modell 1: 2 500 € Grundgehalt plus 4 % Provision vom Umsatz;
Modell 2: kein Grundgehalt, aber dafür 10 % Provision vom Umsatz.

a) Lies aus der Tabelle ab, wie viel Herr Berger bei einem Umsatz von 20 000 € nach Modell 1 mehr verdienen würde als nach Modell 2.
b) Gib eine Formel für den Verdienst in Zelle D3 an.
c) Kreuze an, welche Formeln den Verdienst in Zelle C3 liefern. ☐ =B3+2500   ☐ =A3+B3   ☐ =A3*4/100   ☐ =A3*0,04+2500
d) Bei welchem Umsatz ist der Verdienst bei beiden Modellen gleich?

Zu a)
Man kann in Zeile 4 ablesen, dass er bei einem Umsatz von 20 000 € nach Modell 2 2 000 € verdienen würde und nach Modell 1 3 300 €, also **1 300 € mehr.**

Zu b)
Der zugehörige Umsatz steht in Zelle A3. 10 % vom Umsatz sind dann **=A3*10/100** oder **=A3*0,1.**

Zu c)
Richtig sind:
☒ =B3+2500 (Provision + Grundgehalt) und
☒ =A3*0,04+2500 (mit A3*0,04 als Provision)
Bei der Formel =A3*4/100 wird nur die Provision berechnet, ohne das Grundgehalt.
In der Formel =A3+B3 werden der Umsatz und die Provision addiert.

Zu d)
$$2500\ € + \frac{4}{100} \cdot \text{Umsatz} = \frac{10}{100} \cdot \text{Umsatz}$$
$$2500\ € = \frac{6}{100} \cdot \text{Umsatz}$$
$$250\,000\ € = 6 \cdot \text{Umsatz}$$
$$\text{Umsatz} \approx 41\,667\ €$$

Bei einem Umsatz von **41 667 €** verdient man mit beiden Modellen gleich viel.

---

1 Tim möchte für seinen Umzug einen Transporter mieten. Er vergleicht zwei Angebote.
Angebot A: 0,42 €/Kilometer + 38 € Pauschale
Angebot B: 0,32 €/Kilometer + 66 € Pauschale

	A	B	C
1	Strecke in km	Angebot A	Angebot B
2	50	59,00 €	82,00 €
3	100	80,00 €	98,00 €
4	150	101,00 €	114,00 €
5	200	122,00 €	130,00 €
6	250	143,00 €	146,00 €
7	300	164,00 €	162,00 €
8	350	185,00 €	178,00 €
9	400	206,00 €	194,00 €

a) Welche Formeln liefern das korrekte Ergebnis in Zelle B7?
☐ =A7*0,42   ☐ =A7*0,42+38   ☐ =B2+B5
b) Lies in der Tabelle ab, für wie viel km die Angebote etwa gleich sind. Begründe.
c) Stelle für beide Angebote die Gleichungen für die Funktion *Strecke (km) → Kosten (€)* auf und ermittle rechnerisch, für welche Kilometerzahl bei beiden Angeboten die gleichen Kosten anfallen.

2 Tanja untersucht mit einer Tabellenkalkulation die Veränderung des Würfelvolumens beim Anwachsen der Kantenlänge.

	A	B	C	D	E	F	G
1	Kantenlänge a	2	3	4	5	6	7
2	Volumen V	8	27				

a) Durch welche Eingabe berechnet das Programm den Wert in Zelle D2?
b) Welche Zellen würdest du vergleichen, um die folgende Frage zu beantworten: Wie verändert sich das Würfelvolumen, wenn sich die Kantenlänge verdoppelt?

3 Wie entwickelt sich der Preis von 80 € für ein Paar Schuhe, wenn er abwechselnd um 20 % heraufund um 20 % herabgesetzt wird?

a) Die Zahl in Zelle B2 wird mit der Formel =B1*A2 berechnet. Erkläre.
b) Erkläre die Zahl in A3.
c) Welche Formel steht in Zelle B5? Welche in Zelle B6?

	A	B
1	q	80
2	1,2	
3	0,8	
4	1,2	
5	0,8	
6	1,2	
7	0,8	

76

Lösungen zum Eingangstest und Übungsaufgaben – Teil B Komplexe Aufgaben

1 Im Jahr 1834 bekam Frankreich vom ägyptischen Vizekönig den abgebildeten Obelisken aus Granit geschenkt. Der Obelisk wurde auf einen Sockel gestellt und mit einer 3,6 m hohen goldenen Spitze versehen.

a) Wie hoch ist der Obelisk ungefähr?

b) Durch welche geometrische Form kann das Volumen des Obelisken ungefähr bestimmt werden?

c) Berechne die ungefähre Masse des Obelisken (Dichte Granit: 2,8 Tonnen pro m³).

2 Auf dem Fotokunstpfad in Zingst ist die Brille ein beliebtes Motiv.

a) Schätze die Maße der Brille (Breite, Höhe, Länge der Bügel).

b) Wie groß müsste eine Person ungefähr sein, zu der diese Brille passt?

3

Wie viele Personen sind auf dem Foto ungefähr versammelt?

26 Riesentasse (von S. 51)

http://nale.fi/hzwg

In Koblenz steht vor einem Café die rechts (siehe S. 51) abgebildete Riesentasse.

a) Schätze folgende Größen:
Tassenhöhe; oberer/unterer Tassendurchmesser

b) Jenny hat die folgenden drei Körper gezeichnet, um das Volumen der Riesentasse damit abzuschätzen. Welcher der drei Körper wird das beste Ergebnis liefern? Kreuze an und begründe deine Antwort.

☐   ☐   ☐

c) Wie teuer wäre ein Cappuccino in dieser Riesentasse, wenn 0,2 l Cappuccino in diesem Café 2,80 € kosten?

Die folgenden Maßangaben beziehen sich auf das Foto vorn im Text.

Zu a)
Die Frau dient als Vergleichsgröße. Die Maße der Tasse werden also mit der Größe der Frau verglichen. Die Frau ist ungefähr dreimal so groß wie die Tasse hoch ist. Unter der Annahme, dass die Frau 1,65 m groß ist, beträgt die Tassenhöhe 1,65 m : 3 = **55 cm.** Der obere Tassendurchmesser ist etwa gleich der Tassenhöhe, also auch **55 cm,** der untere (innere!) Tassendurchmesser wird auf **25 cm** geschätzt.

Zu b)
Der **Zylinder** nähert die Form der Tasse am besten an, denn sein Durchmesser ist zwar oben zu klein, aber dafür unten zu groß. Als Durchmesser des Zylinders könnte der Mittelwert aus oberem und unterem Tassendurchmesser gebildet werden. Der Kegel würde einen zu kleinen Wert, der Würfel einen zu großen Wert liefern.

Zu c)
Für den Zylinder aus Aufgabenteil b) ergibt sich mit einer Höhe von 55 cm und einem mittleren Radius von 20 cm folgendes Volumen:
$V = \pi \cdot r^2 \cdot h = \pi \cdot (20\text{ cm})^2 \cdot 55\text{ cm} \approx 69\,115\text{ cm}^3$
Das sind fast 70 Liter. Bei einer Tassengröße von 0,2 l im Café wären das also fast 350 Tassen. Bei einem Preis von 2,80 € pro Tasse kosten 350 Tassen 980 €. Da alle Maße nicht ganz genau sind, kann man feststellen, dass eine Riesentasse Cappuccino **ungefähr 1 000 €** kosten würde.

Abschlusstest

Im Abschlusstest zu den komplexen Aufgaben kannst du zeigen, wie viel du im Vergleich zum Eingangstest dazugelernt hast. Die Lösungen zu diesen Aufgaben findest du im Lösungsheft.

1 Neue Preise

a) Vor einem Monat kostete ein BMX-Fahrrad, für das Anna sich interessiert, noch 639 €. Inzwischen ist es 15 % teurer geworden.

Wie hoch ist der neue Preis gerundet auf Euro? Neuer Preis: _____

b) Der Preis für einen Sturzhelm wurde von 59 € auf 49 € gesenkt. Berechne die Preisänderung in Prozent. Runde auf ganze Prozent. Preissenkung: _____

c) Eine orange Sicherheitsweste kostet nach einer Preissenkung um 5 % jetzt 14,80 €. Wie teuer war sie vor der Preissenkung? Runde auf eine Stelle nach dem Komma. Alter Preis: _____

2 Autofarben

Ein Autohändler führt Statistik darüber, welche Fahrzeugfarben von den Käufern bevorzugt werden. Am beliebtesten sind silbergrau und schwarz (s. Tabelle). Im letzten Jahr verkaufte der Autohändler 228 Autos.

Farbe	Anzahl	Anteil als Bruch	in %
silbergrau	76		
schwarz	57		
Sonstige			

a) Rechne und ergänze die Häufigkeitstabelle. Gib die Anteile als vollständig gekürzten Bruch und in Prozent an.

b) Der Autohändler will in diesem Jahr 300 Autos verkaufen. Mit wie vielen schwarzen Autos kann er dann rechnen?

_____

c) Angenommen, die Farbe silbergrau wird mit einer Wahrscheinlichkeit von $\frac{1}{3}$ und die Farbe schwarz mit einer Wahrscheinlichkeit von $\frac{1}{4}$ gewählt. Wie groß ist dann die Wahrscheinlichkeit, dass bei zwei verkauften Autos
(1) beide Autos silbergrau sind,   (2) ein Auto silbergrau und das andere schwarz ist?
Vervollständige und beschrifte zunächst das Baumdiagramm

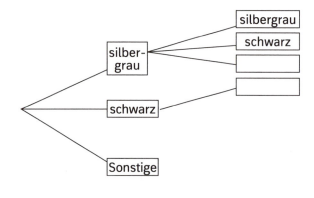

_____

_____

Abschlusstest – Teil B Komplexe Aufgaben

3 Busfahrt

Das Reiseunternehmen „Grenzenlos" bietet Busfahrten nach Paris an. Die Abbildung zeigt die Tankfüllung des Reisebusses während der Fahrt von Köln nach Paris.

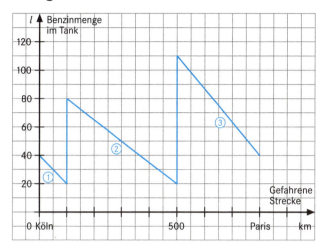

a) Wie oft wurde angehalten, um zu tanken?
_____

b) Wie groß ist die Entfernung von Köln nach Paris ungefähr? _____

c) Auf welcher Teilstrecke ①, ② oder ③ war der Benzinverbrauch pro 100 km am größten?
_____

d) Wie viel Liter Benzin verbrauchte der Bus auf der gesamten Fahrt? _____

4 Behälter mit Kugeln

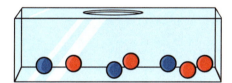

In einem Behälter sind 3 blaue und 4 rote Kugeln. Marc schlägt Björn folgendes Spiel vor:

„Du darfst verdeckt nacheinander zwei Kugeln ziehen, ohne die zuerst gezogene Kugel in den Behälter zurückzulegen. Du gewinnst, wenn die beiden Kugeln die gleiche Farbe haben, sonst gewinne ich."

Zeichne ein Baumdiagramm und berechne die Gewinnwahrscheinlichkeiten.

Baumdiagramm:

Gewinnchance für Marc: _____

Gewinnchance für Björn: _____

5 Lotterie

Die 2000 Lose einer Lotterie setzen sich so zusammen:

- 80 % Nieten
- 15 Hauptgewinne von je 50,00 €
- 4 % Preise von je 6,00 €
- Rest Trostpreise von je 0,50 €
Ein Los kostet 1,00 €.

a) Hat der Losverkäufer recht? Begründe.
_____
_____

b) Es wurden alle Lose verkauft. Berechne den Gewinn der Lotterie.
_____

Jedes fünfte Los gewinnt!

Teil B Komplexe Aufgaben – Abschlusstest

6 Flugzeug

Nach 26,3 km Flug befindet sich das Flugzeug über Alsburg.

a) In welcher Höhe überfliegt es Alsburg?

_____

b) Berechne den Steigungswinkel und gib die Steigung in Prozent an.

_____

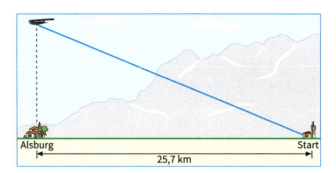

Alsburg — Start — 25,7 km

7 CD

a) Wie groß ist der Datenbereich, also die beschreibbare Fläche einer CD?

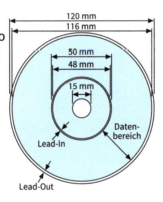

_____

b) Eine CD wird von innen nach außen beschrieben. Diesen beschriebenen Anteil kann man sehen. Wie weit muss die CD beschrieben sein, damit der Datenbereich zur Hälfte gefüllt ist? (Wann ist die CD „halb voll"?)

_____

8 Reisepreis

Ein Reiseveranstalter verlangt bei der Buchung einer Reise sofort eine Anzahlung von 20 % des Reisepreises und vier Wochen vor Abfahrt den Restbetrag.

a) Ergänze in Zeile 4 der Tabelle die Werte für die Anzahlung und den Restbetrag.

	A	B	C
1	**Reisepreis**	**Anzahlung (20%)**	**Restbetrag**
2	500,00 €	100,00 €	400,00 €
3	750,00 €	150,00 €	600,00 €
4	998,00 €		
5	1.437,00 €	287,40 €	1.149,60 €

b) Gib für die Zellen B4 und C4 Formeln an, mit denen diese Werte berechnet werden können.

B4: _____ C4: _____

Abschlusstest – Teil B Komplexe Aufgaben

9 Ferienplanung

Die vierköpfige Familie Dogan sucht eine Ferienwohnung in Österreich. Die drei abgebildeten Angebote kommen in die engere Wahl.

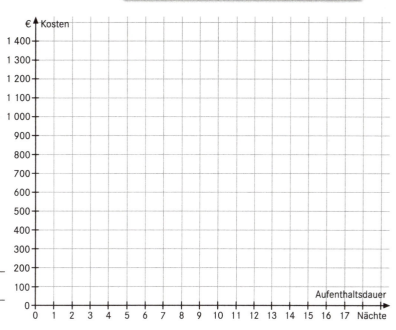

Ferienwohnung Sonne
70 € pro Nacht · pauschale Nebenkosten (Strom und Endreinigung: 40 € pro Person)

Ferienwohnung Alpenblick
Endreinigung EUR 50,00 pro Aufenthalt, keine weiteren Nebenkosten
EUR 80 pro Nacht

Ferienappartement Höhenluft
90 € pro Nacht · Keine weiteren Nebenkosten

a) Beschreibe den Preis y des Angebots „Ferienwohnung Sonne" durch eine Funktionsgleichung (x – Anzahl Nächte).

y = _____

b) Stelle die Zuordnungen der drei Angebote im Koordinatensystem dar.

c) Familie Dogan will genau zwei Wochen bleiben. Begründe mithilfe der Grafik, für welches Angebot sich die Familie entscheiden sollte.

_____

_____

10 Sonnenfinsternis

Am 19. März 2015 berichtete ein Internetdienst:

Stromnetz vor Härtetest
Während der morgigen Sonnenfinsternis werden die Solaranlagen in Deutschland (Gesamtleistung: ca. 18 Gigawatt) maximal 6 Gigawatt liefern. Das sind gerade mal 3 % der normalen Leistung!

Die nebenstehende Meldung ist fehlerhaft. Begründe.

_____

_____

_____

11 Verein

Rechts abgebildet siehst du eine Umfrage unter 325 Jugendlichen, die in ihrer Freizeit Fußball spielen.

a) Wie viel Prozent der befragten Jugendlichen sind auch Mitglied im Fußballverein?

_____

b) Helena meint dazu: „Von allen Befragten, die in einem Verein Fußball spielen, sind nur 30 % Mädchen."
Stimmt das? Begründe deine Antwort.

_____

c) Justus ergänzt: „Wenn Jungen in ihrer Freizeit Fußball spielen, dann sind sie auch deutlich häufiger im Verein als Mädchen, die in ihrer Freizeit Fußball spielen." Hat Justus recht? Begründe.

_____

	spielen in ihrer Freizeit Fußball	davon im Verein
Mädchen	75	15
Jungen	250	35

Teil B Komplexe Aufgaben – Abschlusstest

12 Zahlenrätsel

a) Finde zu den Zahlenrätseln eine passende Gleichung und löse sie.

(1) Verdoppelst du die Summe aus dem Fünffachen einer Zahl und 7, so erhältst du das um 53 vermehrte Produkt aus der Zahl und −3.

(2) Subtrahierst du von einer Zahl −8, so erhältst du das Fünffache der Zahl vermehrt um 64.

(3) Max verringert das Vierfache einer Zahl um 17, Moritz verdreifacht die Differenz zwischen der Zahl und 2. Beide erhalten das gleiche Ergebnis.

(A) $2(5x+7) = -3x + 53$

(D) $x - 8 = 5x + 64$

(G) $4x - 17 = 3x - 2$

(B) $2 \cdot 5x + 7 = -3x + 53$

(E) $x : 8 = 5x + 64$

(H) $4x - 17 = 3(x - 2)$

(C) $2(5x+7) = -3x \cdot 53$

(F) $x - (-8) = 5x + 64$

(I) $4(x - 17) = 3(x - 2)$

(1) _____ (2) _____ (3) _____

13 Haus mit Pultdach

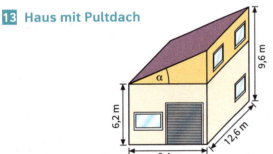

a) Berechne den umbauten Raum des Hauses.

_____

b) Wie groß ist der Flächeninhalt der Seitenflächen?

_____

c) Berechne den Neigungswinkel α des Daches.

14 Taschengeld

Eine Gruppe von Jugendlichen wurde nach der Höhe ihres monatlichen Taschengeldes befragt. Das Ergebnis wurde in einem Boxplot dargestellt. Formuliere einige Aussagen, die du am Boxplot ablesen kannst. Benutze dabei auch die Begriffe *Spannweite*, *Median*, *unteres Quartil*, *oberes Quartil* und *Streuung*.

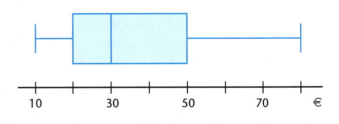

Abschlusstest – Teil B Komplexe Aufgaben

15 Aralsee

Der Aralsee war ein großer, abflussloser Salzsee in Kasachstan und früher der viertgrößte Binnensee der Erde.

Vor etwa 60 Jahren begann der See auszutrocknen. Mittlerweile ist die Austrocknung so stark fortgeschritten, dass der Aralsee in mehrere Teile zerfallen ist. Das linke Bild zeigt die Größe des Sees im Jahr 1960, das rechte Bild die Größe im Jahr 2010.

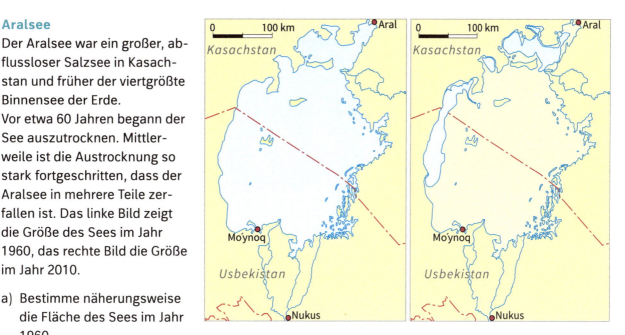

a) Bestimme näherungsweise die Fläche des Sees im Jahr 1960.

_____

b) Bestimme näherungsweise die Fläche des Sees im Jahr 2010.
Wie viel Prozent seiner Größe von 1960 hatte der Aralsee zu diesem Zeitpunkt verloren?

_____

16 Ernährung

Auf Lebensmittelverpackungen finden sich zahlreiche Informationen für den Verbraucher.

1 Portion enthält:
Zucker 4,9 g*

*5,6 % der empfohlenen Tagesmenge eines Erwachsenen

a) Welche Tagesmenge Zucker wird empfohlen?
_____

b) Welcher prozentuale Anteil der empfohlenen Tagesmenge an Zucker ist in folgendem Frühstück enthalten?
   (1) eine Scheibe Vollkorntoast mit Butter und Marmelade _____

   (2) zwei Scheiben Vollkorntoast mit Schokobrotaufstrich _____

   (3) ein Glas Kakaomilch _____

Lebensmittel	1 Portion sind:	Zuckergehalt pro Portion (in g)
Vollkorntoast	1 Scheibe	0,5
Butter	Butter für eine Scheibe Toast	0,5
Schokobrotaufstrich	Brotaufstrich für eine Scheibe Toast	10,0
Marmelade	Marmelade für eine Scheibe Toast	15,0
Kakaomilch	1 Glas	20,0

17 Gleichungen

Löse die Gleichungen. Überlege zuerst, ob du eine Lösungsformel brauchst.

(1) $(x + 3) \cdot (8 - 2x) = 0$
Lösungen: _____

(2) $x^2 + 5x = 0$
Lösungen: _____

(3) $3x^2 - 8 = 4$
Lösungen: _____

(4) $2x^2 - 12x + 4 = 18$
Lösungen: _____

18 Gebäude

Das Foto zeigt die Front einer Ausstellungshalle. In dem eingezeichneten Koordinatensystem lässt sich die Außenlinie im oberen Teil durch eine Parabel mit der Funktionsgleichung

$y = -\frac{1}{9}x^2 + 18$

beschreiben (x und y in Meter).

a) Gib die Höhe der Ausstellungshalle (in Meter) an. _____

b) Zeige, dass in einer Höhe von 9 m die Ausstellungshalle genau doppelt so breit wie hoch ist.

c) Berechne die Nullstellen der Parabel und beurteile damit, ob auch im unteren Teil der Außenlinie der Halle die Beschreibung durch diese Parabel geeignet ist.

Abschlusstest – Teil B Komplexe Aufgaben

19 Nerobergbahn

Seit mehr als 120 Jahren fährt in Wiesbaden die Nerobergbahn, die ausschließlich durch Schwerkraft einen Höhenunterschied von 83 m überwindet. Und das geht so: Der talwärts fahrende Wagen zieht den anderen Wagen nach oben. Das nötige Gewicht liefert das sogenannte Ballastwasser, das jeweils der nach unten fahrende Wagen in einem Tank mit sich führt.
Ermittle die Länge der roten Gleisstrecke von Nerotal nach Neroberg.

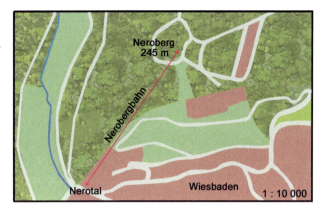

20 Felswand

Um die Höhe einer Felswand zu bestimmen (in der Zeichnung die Strecke $\overline{AF}$), wird diese von den zwei Punkten B und C, die 30 Meter voneinander entfernt sind, angepeilt.
Bestimme die Höhe der Felswand durch eine maßstäbliche Zeichnung und durch Berechnung.

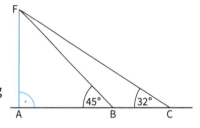

21 Maßänderungen

a) Richtig oder falsch? Korrigiere falsche Aussagen und begründe.

  (1) Verdreifacht man den Radius eines Kreises, verdreifacht sich auch der Umfang.
  (2) Verdoppelt man den Radius eines Kreises, verdoppelt sich auch der Flächeninhalt.

b) Wie verändert sich das Volumen eines Kegels, wenn man seine Höhe und zugleich seinen Radius verdoppelt? Schreibe auf, wie du rechnest.

Teil B Komplexe Aufgaben – Abschlusstest

22 Wucherzins

Private Kredite können teuer werden. Rechts ist der Schuldenverlauf für einen Kredit von 5 000 € dargestellt.

a) Erstelle eine Wertetabelle für die ersten sechs Jahre. (Runde die Euro-Beträge.)

b) Berechne den Zinssatz, den der Kreditgeber verlangt.

c) Es wird nichts zurückgezahlt. Wie lange dauert es, bis die Schulden 30 000 € übersteigen?

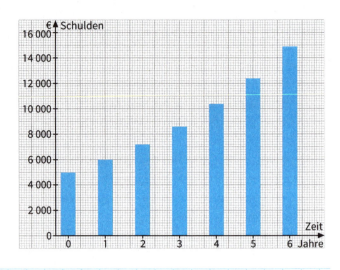

23 Sonderpreis

a) Kreuze an, mit welchen Methoden (1), (2) oder (3) der Mofapreis bei Barzahlung richtig berechnet wird.

☐ (1) Man berechnet 15 % von 1 500,– € und subtrahiert das Ergebnis von 1 500,– €.

☐ (2) Man berechnet 85 % von 1 500,– € und zieht noch 3 % des gesenkten Preises ab.

☐ (3) Den Preis bei Barzahlung kann man so berechnen: 1 500 € · 0,85 · 0,97.

b) Was kostet das Mofa bei Barzahlung?

Preis: _____

24 Werkstück

In ein zylindrisches Werkstück aus Messing (Dichte $\rho = 8{,}73 \frac{g}{cm^3}$) sind zwei gleichgroße kegelförmige Vertiefungen gefräst.

a) Berechne die Masse des Werkstücks.

b) Berechne den Oberflächeninhalt des Werkstücks.

Abschlusstest – Teil B Komplexe Aufgaben

25 Lustige Abfallbehälter

In einem Ort auf Sardinien fordern diese bunten Behälter zur Mülltrennung auf.

a) Schätze folgende Größen:

   Höhe h der Behälter (ohne „Kopf"): _____

   Höhe k der Behälter (mit „Kopf"): _____

   oberer Durchmesser d_o: _____

   unterer Durchmesser d_u: _____

b) Entscheide und begründe, mit welchem der drei abgebildeten Körper sich das Volumen am besten abschätzen lässt.

(1)  (2)  (3)

26 Kugeln

Hier siehst du eine Folge von Figuren, die aus blauen und weißen Kugeln bestehen.

Figur	1	2	3	4	5	6
Anzahl aller Kugeln						
Anzahl der blauen Kugeln						
Anzahl der weißen Kugeln						

a) Skizziere die Figur 6 und fülle die Tabelle aus.

b) Begründe, dass die Anzahl der blauen Kugeln in der n-ten Figur mit dem Term $3 \cdot n$ berechnet werden kann.

_____

_____

_____

_____

Die Anzahl aller Kugeln in der Figur n kann mit dem Term $\frac{1}{2} \cdot (n+2) \cdot (n+1)$ berechnet werden.

c) Wie viele Kugeln hat die Figur 15 insgesamt? _____

d) Wie viele weiße Kugeln hat die Figur 20? _____

Teil C Zentrale Aufgaben

In diesem Teil deines Arbeitsbuches findest du die Original-Prüfungsarbeiten aus den letzten Jahren. Bearbeite mindestens eine dieser Arbeiten unter Prüfungsbedingungen, d. h. in der für jeden Prüfungsteil vorgeschriebenen Zeit und nur mit den zugelassenen Hilfsmitteln. Eine Formelsammlung findest du im Lösungsheft.

Beachte: 2020 fand aufgrund der Corona-Pandemie keine Zentrale Prüfung statt. Im Jahr 2021 konnten die Lehrkräfte im Prüfungsteil I zwischen zwei Versionen (V1, V2) wählen. Diese unterschieden sich in drei Aufgaben. Damit ihr alles üben könnt, stellen wir euch alle Aufgaben zur Verfügung. Entscheide dich zunächst für eine der beiden Versionen V1 oder V2. Die drei zusätzlichen Aufgaben aus der Version kannst du im Anschluss bearbeiten.

Zentrale Prüfung NRW Mittlerer Schulabschluss (MSA) 2021

Bearbeitungszeit: 1. Prüfungsteil 30 Minuten; 2. Prüfungsteil 90 Minuten

Prüfungsteil I

Aufgabe 1
Schätze: Wie viele Röhrchen sind im markierten Teil des Insektenhotels zu sehen? Beschreibe, wie du vorgegangen bist.

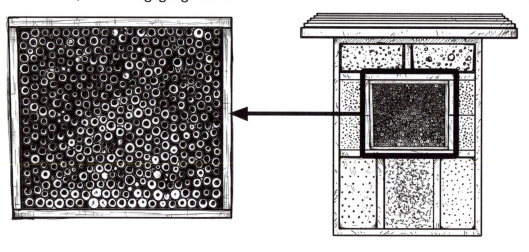

_____
_____
_____

Aufgabe 2 (V1)
Rechne die Größen in die angegebene Einheit um.

2,5 h = _____ Sekunden;   1296 cm = _____ Meter;   50 g = _____ Kilogramm

Aufgabe 2 (V2)
Ordne der Größe nach. Beginne mit der kleinsten Zahl: $\frac{2}{10}$ 0,15 10^{-1} 0,05

_____ < _____ < _____ < _____

Quelle (Aufgaben): Qualitäts- und UnterstützungsAgentur – Landesinstitut für Schule, Soest 2021

Aufgabe 3 (V1)
Eine Pyramide aus Holz hat eine quadratische Grundfläche mit der Seitenlänge 15 cm und eine Höhe von 24 cm.
Berechne das Volumen und das Gewicht der Pyramide, wenn 1 cm³ Holz 0,8 g wiegt.

Aufgabe 3 (V2)
Herr Celik hat einen alten LKW gekauft.

a) Berechne das Volumen des quaderförmigen Laderaums.

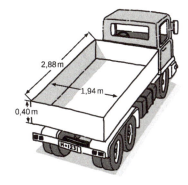

b) Der Boden und die inneren Seitenwände des Laderaums müssen neu lackiert werden. Die Kosten für das Lackieren betragen 39 € pro angefangenen Quadratmeter (m²).
Berechne den Preis der neuen Lackierung.

Aufgabe 4 (V1)
a) Ordne die rechts abgebildeten Funktionsgraphen von f, g und h den angegebenen Gleichungen zu.

f		y = −0,5x + 2
g		y = 0,5x + 3
h		y = 2x + 3

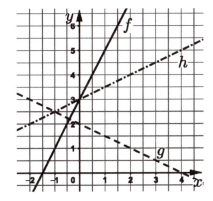

b) Gib eine lineare Gleichung an, die zu folgender Wertetafel passt:

x	0	1	2
y	2	3,5	5

y = _____

Aufgabe 4 (V2)

a) Löse das lineare Gleichungssystem. Notiere deinen Lösungsweg.

   I. 6x − 4y = −26

   II. 2x + 4y = 2

b) Ergänze den fehlenden Wert in Gleichung I so, dass das angegebene Gleichungssystem keine Lösung hat. Begründe deine Entscheidung.

   I. y = ____ x − 7

   II. y = 3x + 5

Aufgabe 5

Am 1. Juli 2020 wurde in Deutschland befristet die Mehrwertsteuer (= MwSt.) von 19 % auf 16 % gesenkt. Herr Meyer hat ein Geschäft für Bekleidung und hat die Senkung der Mehrwertsteuer an seine Kunden weitergegeben. Dafür hat er eine Excel-Tabelle angelegt:

	A	B	C	D	E
1	Produkt	Preis ohne MwSt.	Preis mit 19 % MwSt.	Preis mit 16 % MwSt.	Ersparnis in €
2	T-Shirt	7,52	8,95	8,72	0,23
3	Pullover	11,72	13,95	13,60	0,35
4	Kapuzenpullover	33,57			1,01

a) Ergänze die fehlenden Werte in Zeile 4 für den Kapuzenpullover.

b) Der Wert welcher Zelle lässt sich mit der Formel „=B3*1,19−B3*1,16" berechnen?

   Gib die Zelle an.   Zelle _____

c) Herr Meyer stellt fest: „Obwohl die Mehrwertsteuer um 3 % abgesenkt wurde, betrug die Ersparnis für den Kunden nicht 3 %."
   Begründe durch eine Rechnung, dass diese Aussage zutrifft.

Prüfungsteil II

Aufgabe 1: Glaskugel

Ein Unternehmen stellt lackierte Glaskugeln her (Abbildung 1).
Die Glaskugeln haben einen Durchmesser von 8 cm.

Abbildung 1: Glaskugel

a) Berechne das Volumen einer Glaskugel.

Nach der Herstellung der Form wird die Kugeloberfläche lackiert. Mit einem Liter Farbe kann eine Fläche von 12 m² lackiert werden.

b) Berechne, wie viele Glaskugeln mit einem Liter Farbe lackiert werden können.

c) Ein Praktikant behauptet: „Für eine Glaskugel mit doppeltem Durchmesser benötigt man auch doppelt so viel Farbe."
Hat der Praktikant recht? Begründe.

Bevor die lackierten Glaskugeln verpackt werden, durchlaufen sie eine Qualitätskontrolle. Zuerst wird die Form, danach die Lackierung auf Fehler kontrolliert. Alle Glaskugeln mit einem Fehler werden direkt aussortiert. Das Baumdiagramm zeigt die Anteile. Die Anteile werden im Folgenden als Wahrscheinlichkeiten gedeutet.

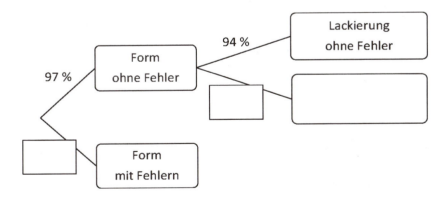

d) Ergänze die drei fehlenden Angaben im Baumdiagramm.

e) Begründe, warum der untere Ast des Baumdiagramms nicht fortgeführt ist.

f) Insgesamt werden 2 000 Glaskugeln kontrolliert.
Berechne, wie viele fehlerfreie Glaskugeln zu erwarten sind.

Aufgabe 2: Blobbing

Blobbing ist eine Wassersportart im Freien (Abbildung 1). Eine vereinfachte Darstellung des Ablaufs ist in Abbildung 2 dargestellt. Beim Blobbing liegt ein mit Luft gefülltes Kissen im Wasser.

(1) Der *Jumper* springt vom Turm auf das Luftkissen.

(2) Auf der anderen Seite des Kissens ist der *Blobber*. Durch den Sprung befördert der *Jumper* den *Blobber* in die Luft.

(3) Der *Blobber* wird in die Luft geschleudert und landet dann im Wasser.

Abbildung 1: Ablauf eines Blobbingsprunges als überlagerte Aufnahme

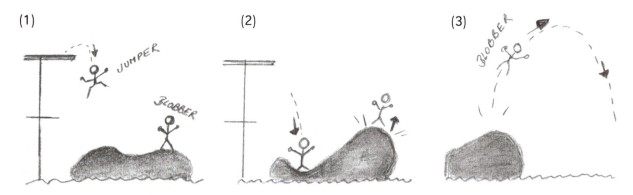

Abbildung 2: Vereinfachte Darstellung des Blobbing-Ablaufs (nicht maßstabsgetreu)

Der *Jumper* kann zwischen verschiedenen Absprunghöhen wählen. Ein Sprung aus fünf Meter Höhe dauert ca. 1 Sekunde. Ein Sprung aus zehn Meter Höhe dauert ca. 1,42 Sekunden.

Absprung-höhe	Sprung-dauer
0 m	0 s
3 m	0,77 s
5 m	1 s
10 m	1,42 s
15 m	1,75 s

Tabelle 1: Sprungdauer in Abhängigkeit von der Absprunghöhe

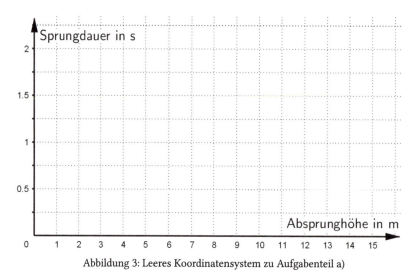

Abbildung 3: Leeres Koordinatensystem zu Aufgabenteil a)

a) Skizziere zu den Werten aus Tabelle 1 den passenden Graphen in dem abgebildeten Koordinatensystem (Abbildung 3).

b) Überprüfe, ob es zwischen der Absprunghöhe und der Sprungdauer einen linearen Zusammenhang gibt. Notiere deinen Lösungsweg.

Abbildung 4 zeigt die Flugbahn eines *Blobbers* A.

c) Begründe mithilfe der Abbildung 4, dass sich die Funktion f mit $f(x) = a \cdot (x - 5)^2 + 6$ und $a < 0$ zur Modellierung der Flugbahn von *Blobber* A eignet.

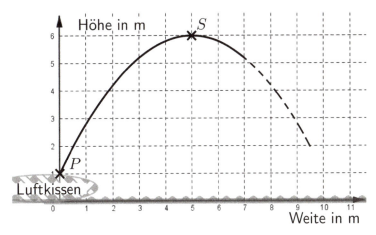

Abbildung 4: Flugbahn des Blobbers A

d) Zeige durch eine Rechnung, dass der Streckfaktor a hier $a = -0{,}2$ beträgt.

Die Flugbahn von *Blobber* A kann somit durch die Funktion f mit $f(x) = -0{,}2 \cdot (x - 5)^2 + 6$ beschrieben werden.

e) Die Funktionsgleichung g mit $g(x) = -0{,}2 \cdot x^2 + 2x + 1$ beschreibt dieselbe Flugbahn. Zeige durch Termumformungen, dass die Funktionsgleichungen von f und g dieselbe Parabel beschreiben.

f) Berechne, wie weit *Blobber* A geflogen ist.

g) Die Flugbahn eines zweiten *Blobbers* B wird mit der Funktion h mit $h(x) = -0{,}28 \cdot (x - 5)^2 + 8$ beschrieben. Nenne *eine* Gemeinsamkeit und *einen* Unterschied der Flugbahn des zweiten *Blobbers* B im Vergleich zur Flugbahn von *Blobber* A.

Aufgabe 3: Muster

Jan möchte ein Muster aus rechtwinkligen gleichschenkligen Dreiecken konstruieren. Er beginnt mit dem Dreieck D_1 (Abbildung 1).

a) Zeige mit einer Rechnung, dass die Länge der Hypotenuse von Dreieck D_1 ca. 4,243 cm beträgt.

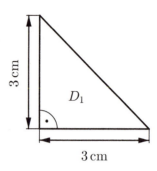

Abbildung 1: Dreieck D_1

Jan setzt das Muster mit den beiden weiteren Dreiecken D_2 und D_3 fort (Abbildung 2).

b) Ergänze das Dreieck D_4 zeichnerisch in Abbildung 2. Beschreibe, wie du vorgegangen bist.

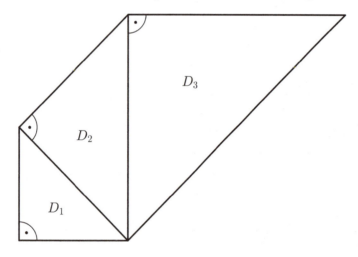

Abbildung 2: Muster bis Dreieck D_3 zu Teilaufgabe b) – d)

c) Jan kann nur acht Dreiecke zeichnen, ohne dass die Dreiecke sich überschneiden. Begründe dies mithilfe der Winkel.

d) Zeige rechnerisch, dass der Flächeninhalt von Dreieck D_2 doppelt so groß ist wie der Flächeninhalt von Dreieck D_1.

Jan berechnet weitere Flächeninhalte der Dreiecke in seinem Muster (Abbildung 3) und hält die Ergebnisse in einer Tabelle fest.

Dreieck	D_1	D_2	D_3	D_4	D_5	...
Flächeninhalt (in cm²)	4,5	9	18	36	72	...

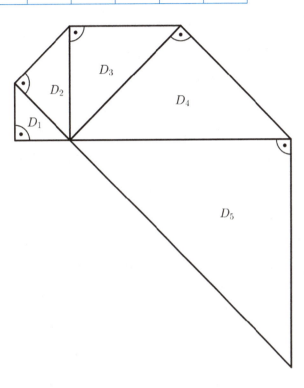

Abbildung 3: Muster bis Dreieck D_5 verkleinert dargestellt

e) Begründe, dass kein Dreieck in dem Muster einen Flächeninhalt von genau 250 cm² hat.

f) Jan möchte das Muster aus Papier herstellen. Dazu schneidet er die einzelnen Dreiecke aus DIN-A4-Blättern (21 cm x 29,7 cm) aus. Jan behauptet: „Auch das Dreieck D_8 kann ich aus einem einzigen DIN-A4-Blatt ausschneiden."
Entscheide begründet, ob Jans Behauptung zutrifft.

Zentrale Prüfung NRW Mittlerer Schulabschluss (MSA) 2019

Bearbeitungszeit: 1. Prüfungsteil 30 Minuten; 2. Prüfungsteil 90 Minuten

Prüfungsteil I

Aufgabe 1
Ordne die Zahlen der Größe nach. Beginne mit der kleinsten Zahl.

$\frac{6}{10}$ $-0{,}626$ $-6{,}26$ $\frac{1}{6}$

_____ < _____ < _____ < _____

Aufgabe 2
Ein Rechteck hat die Seitenlängen a = 5 cm und b = 3 cm.

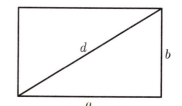

a) Berechne die Länge der Diagonalen d.

_____

b) Wie verändert sich der Flächeninhalt dieses Rechtecks, wenn man jede Seitenlänge verdoppelt? Begründe.

_____

_____

c) Ein anderes Rechteck hat einen Flächeninhalt von 24 cm². Wie lang könnten die Seiten sein? Gib zwei unterschiedliche Möglichkeiten an.

_____

_____

Aufgabe 3
Isabelle zeichnet mit einer Geometriesoftware den Graphen f einer quadratischen Funktion mit: $f(x) = x^2 + c$. Sie erstellt einen Schieberegler, mit dem sie den Wert für c verändern kann.

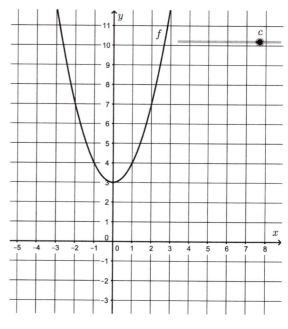

a) Der Schieberegler zeigt den Wert für c nicht an. Gib den Wert für c an.

_____

b) Für welche Werte von c verläuft der Graph f vollständig oberhalb der x-Achse? Gib den Bereich für c an.

_____

Quelle (Aufgaben): Qualitäts- und UnterstützungsAgentur – Landesinstitut für Schule, Soest 2019

Aufgabe 4

Tarek plant Urlaub in einer Jugendherberge. Mit einer Tabellenkalkulation berechnet er die Kosten für die Jugendherberge.

	A	B	C
1	Kosten für die Jugendherberge		
2	Anzahl der Nächte	7	
3			
4		Preis pro Nacht in €	Preis für 7 Nächte in €
5	Übernachtung	18,00	126,00
6	Frühstück	4,00	28,00
7	Abendessen	6,00	42,00
8	Tourismussteuer (5 % vom Übernachtungspreis)	0,90	6,30
9			
10	Gesamtkosten in €		202,30

Abbildung: Tabellenblatt zur Berechnung der Kosten für die Jugendherberge

a) Kreuze jeweils an, ob die Formel in diesem Zusammenhang geeignet ist, den Wert in Zelle C8 zu berechnen.

Formel	geeignet	nicht geeignet
=B5/3	☐	☐
=B8*B2	☐	☐
=C10−(C5+C6+C7)	☐	☐

b) Tarek möchte Geld sparen und deshalb kein Abendessen buchen. Berechne, wie viel Prozent von den Gesamtkosten er dann spart.

Aufgabe 5

Löse das lineare Gleichungssystem. Notiere deinen Lösungsweg.

I. $4x + y = 16$
II. $-2x - 2y = 4$

Prüfungsteil II

Aufgabe 1: Kaugummiautomat

Steffi hat zum Geburtstag einen Kaugummiautomaten und eine Tüte mit Kaugummikugeln bekommen (Abbildung 1).

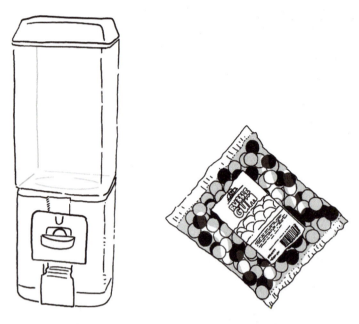

Abbildung 1: Kaugummiautomat und Tüte mit Kaugummikugeln

a) Eine Kaugummikugel hat einen Durchmesser von 14 mm.
   Bestätige durch eine Rechnung, dass das Volumen einer Kaugummikugel ca. 1,44 cm³ beträgt.

b) 1 cm³ Kaugummimasse wiegt 0,82 g.
   Berechne, wie viele Kaugummikugeln in einer 300-Gramm-Packung sind.

c) Der Behälter für die Kaugummikugeln ist 16,5 cm breit, 16,5 cm tief und 42,5 cm hoch.
   Steffi möchte wissen, wie viele Kaugummikugeln in den Behälter passen und rechnet
   (16,5 · 16,5 · 42,5) : 1,44 ≈ 8 035.
   Erkläre Steffis Rechnung und beurteile, ob Steffis Rechnung geeignet ist, die Anzahl der Kaugummikugeln in der Realität zu berechnen.

Steffi füllt eine Mischung aus 8 roten und 12 weißen Kaugummikugeln in den Automaten. Durch Drehen am Automaten erhält man zufällig eine rote oder eine weiße Kaugummikugel.

d) Begründe, dass die Wahrscheinlichkeit, beim ersten Drehen eine rote Kaugummikugel zu erhalten, $\frac{2}{5}$ beträgt.

e) Das Baumdiagramm (Abbildung 2) zeigt die Wahrscheinlichkeiten, beim ersten und zweiten Drehen eine rote oder weiße Kaugummikugel zu erhalten.
Ergänze die fehlenden Einträge im Baumdiagramm.

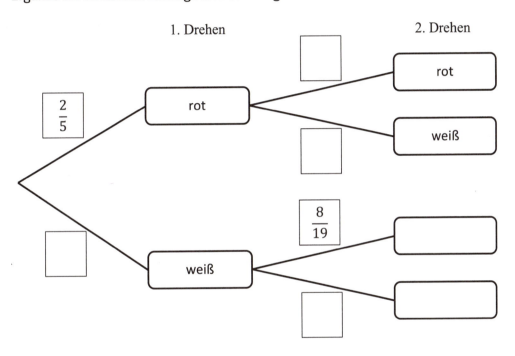

Abbildung 2: Baumdiagramm für zweimaliges Drehen

f) Steffis Bruder behauptet: „Die Wahrscheinlichkeit, zwei verschiedenfarbige Kaugummikugeln zu erhalten, ist kleiner als 50 %."
Hat er recht? Überprüfe mit einer Rechnung.

Aufgabe 2: Schwimmbecken

Familie Sommer hat ein Schwimmbecken gekauft (Abbildung 1).
Das Schwimmbecken ist 1,50 m hoch und hat ein Volumen von 14,43 m³.

a) Bestätige durch eine Rechnung, dass der Flächeninhalt der Grundfläche des Schwimmbeckens 9,62 m² beträgt.

b) Das Becken wird bis 20 cm unterhalb des Randes mit Wasser gefüllt.
Berechne, wie viele Liter Wasser in das Becken gefüllt werden.

c) Das Becken steht auf einer quadratischen Terrasse, die an zwei Seiten jeweils 80 cm übersteht (Abbildung 2).
Bestimme rechnerisch die Maße der Terrasse.

Abbildung 1: Schwimmbecken

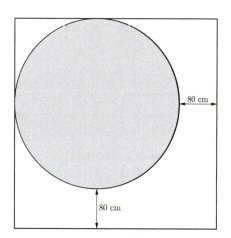

Abbildung 2: Skizze des Schwimmbeckens auf der Terrasse

Familie Sommer fährt in den Urlaub. In dieser Zeit wachsen Algen auf der Wasseroberfläche des Schwimmbeckens. Am Tag der Abreise bedecken die Algen schon ca. 0,5 m² der Wasseroberfläche und vermehren sich täglich um 20 %. Das Wachstum der Algen auf der Wasseroberfläche kann mit der folgenden Exponentialfunktion f beschrieben werden:

$f(x) = 0{,}5 \cdot 1{,}2^x$ x ist die Zeit in Tagen; x = 0 ist der Tag der Abreise

d) Erläutere die Bedeutung der Werte 0,5 und 1,2 sowie die Bedeutung von f(x) im Zusammenhang mit dem Wachstum der Algen.

e) Berechne, wie viele Quadratmeter der Wasseroberfläche nach 6 Tagen bedeckt sind.

f) Das Algenwachstum lässt sich mit der Funktionsgleichung nur für einen begrenzten Zeitraum darstellen.
Erkläre, warum dies so ist.

Aufgabe 3: Würfel

Monya und Paul haben eine Kiste mit 500 gleichen Würfeln. Mit 3 Würfeln legen sie Figur 1 und erweitern diese Figur schrittweise (Abbildung 1).

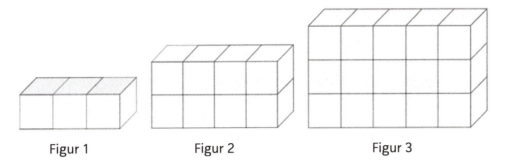

Figur 1 Figur 2 Figur 3

Abbildung 1: Würfelfiguren

a) Wie viele Würfel benötigt man für Figur 4? Ergänze den Wert in der Tabelle.

Figur	1	2	3	4
Anzahl der Würfel	3	8	15	

Die Anzahl der Würfel für Figur n kann mit folgendem Term berechnet werden:
(I) $n \cdot (n + 2)$

b) Bestimme mithilfe des Terms die Anzahl der Würfel für Figur 8.

c) Begründe anhand der Figuren in Abbildung 1, dass mit dem Term die Anzahl der Würfel für jede beliebige Figur n berechnet wird.

d) Berechne mit dem Term, welche Figur n aus genau 224 Würfeln besteht.

e) Die Anzahl der Würfel für Figur n kann mit den beiden Termen berechnet werden:
(I) $n \cdot (n + 2)$ (II) $(n + 1)^2 - 1$
Zeige durch Termumformungen, dass die Terme (I) und (II) gleichwertig sind.

f) Bestimme die größtmögliche Figur n, die Monya und Paul mit 500 Würfeln legen können und gib an, wie viele Würfel zum Legen der nächsten Figur fehlen.

Zentrale Prüfung NRW Mittlerer Schulabschluss (MSA) 2018

Bearbeitungszeit: 1. Prüfungsteil 30 Minuten; 2. Prüfungsteil 90 Minuten

Prüfungsteil I

Aufgabe 1

a) Ordne der Größe nach. Beginne mit der kleinsten Zahl.

b) Miriam behauptet: „65 % sind mehr als $\frac{25}{30}$." Hat Miriam recht? Überprüfe die Behauptung durch eine Rechnung.

Aufgabe 2

In einem Beutel befinden sich 8 rote, 2 blaue und 6 grüne Kugeln.

a) Gib die Wahrscheinlichkeit an, eine blaue Kugel zu ziehen.

b) Bestimme die Wahrscheinlichkeit für das Ereignis „Es wird eine rote oder eine grüne Kugel gezogen".

   Antwort: _____

Aufgabe 3

Eine Kugel hat einen Radius von 6 cm.

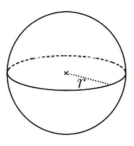

a) Berechne die Oberfläche der Kugel.

b) Sina überlegt: „Wenn ich den Radius verdopple, dann verdoppelt sich auch die Oberfläche."
   Hat Sina recht? Begründe deine Entscheidung.

Quelle (Aufgaben): Qualitäts- und UnterstützungsAgentur – Landesinstitut für Schule, Soest 2018

Aufgabe 4
Löse das lineare Gleichungssystem. Notiere deinen Lösungsweg.

I. 3x + 4y = 22

II. 5x − 4y = −6

Lösung: x = _____ y = _____

Aufgabe 5
Marlon zeichnet mit einer Geometriesoftware den Graphen g der Funktion g(x) = 2x + b.
Er erstellt einen Schieberegler, mit dem er den Wert für b verändern kann.

a) Der Schieberegler zeigt den Wert für b nicht an. Gib den Wert für b an.

b = _____

b) Marlon stellt für b den Wert 5 ein. Zeichne den Graphen in das Koordinatensystem.

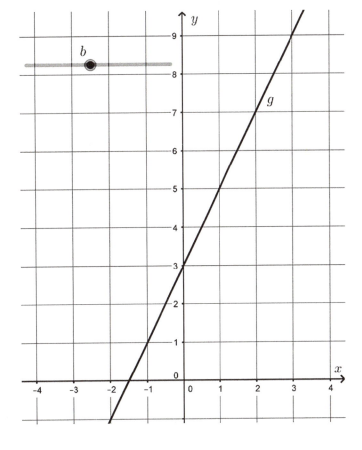

Prüfungsteil II

Aufgabe 1: Fuldatalbrücke

Max und Justus machen einen Ausflug von Frankfurt zur Fuldatalbrücke in Baunatal (Abbildung 1).
Die Freunde gehen zu Fuß zum Bahnhof in Frankfurt. Der Fußweg hat eine Länge von 2,4 km. Sie gehen mit einer durchschnittlichen Geschwindigkeit von vier Kilometern pro Stunde [$\frac{km}{h}$].

a) Berechne, wie viele Minuten die beiden bis zum Bahnhof benötigen.

Abbildung 1: Fuldatalbrücke

Antwort: _____

Die Freunde fahren mit dem Zug um 8:14 Uhr in Frankfurt los und kommen um 11:13 Uhr in Baunatal an. Der abgebildete Graph stellt vereinfacht den Verlauf ihrer Zugfahrt dar (Abbildung 2).

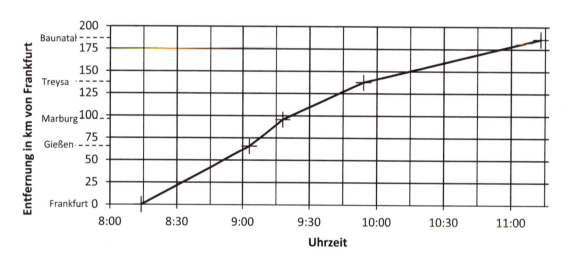

Abbildung 2: Verlauf der Zugfahrt

b) Auf welcher Teilstrecke fährt der Zug mit der höchsten Durchschnittsgeschwindigkeit? Begründe deine Entscheidung.

Antwort: _____
_____

Um 8:30 Uhr fährt in Baunatal ein Güterzug nach Frankfurt los. Er fährt die Strecke mit einer durchschnittlichen Geschwindigkeit von 100 Kilometern pro Stunde [$\frac{km}{h}$].

c) Zeichne den Verlauf der Fahrt des Güterzugs in die Grafik ein (Abbildung 2). Entnimm der Grafik den Streckenabschnitt, auf dem sich die beiden Züge begegnen und gib die ungefähre Uhrzeit an.

Antwort: _____
_____
_____

Der Zug durchfährt Kurven in Schräglage. Um diese Schräglage zu erreichen, werden die Gleise unterschiedlich hoch verlegt (Abbildung 3). Der Neigungswinkel α darf maximal 7,1° betragen.

d) Max behauptet: „Wenn der Neigungswinkel α = 7,1° beträgt, dann beträgt der Höhenunterschied der Gleise u ≈ 17,7 cm."
Hat Max recht? Begründe mit einer Rechnung.

Abbildung 3: Zug in Schräglage

In Baunatal fotografieren Max und Justus die Brücke für den Mathematikunterricht. Der Brückenbogen kann durch eine Parabel g der Form g(x) = d · (x – e)² + f angenähert werden (Abbildung 4).

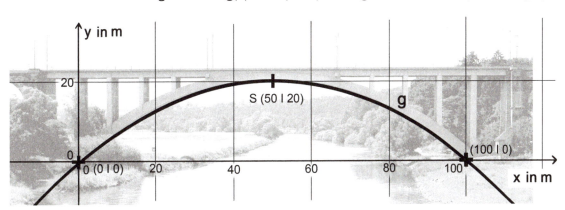

Abbildung 4: Fuldatalbrücke, Brückenbogen durch eine Parabel angenähert, alle Angaben sind in Metern

e) Begründe, dass die Funktionsgleichung g(x) = –0,008 · (x – 50)² + 20 geeignet ist, um den Brückenbogen zu beschreiben.

f) Justus legt den Ursprung des Koordinatensystems in den Scheitelpunkt der Parabel.
Gib die veränderten Werte für e und f an. Wie verändert sich der Wert für d?

e = _____   f = _____

d = _____, weil _____

Aufgabe 2: Kaffee

Kaffee ist das Lieblingsgetränk in Deutschland. Im Durchschnitt trinkt jede Person etwa 165 Liter Kaffee im Jahr, davon 5 % aus Pappbechern.

a) Berechne, wie viele Liter Kaffee jede Person durchschnittlich im Jahr aus Pappbechern trinkt.

   Antwort: _____

Pro Jahr benutzt jede Person durchschnittlich ca. 34 Pappbecher. In Deutschland leben derzeit ca. 82 Millionen Menschen. Karin behauptet: „Jede Stunde werden in Deutschland ungefähr 320 000 Pappbecher in den Müll geworfen."

b) Hat Karin recht? Begründe.

Die obere Öffnung eines handelsüblichen Pappbechers hat einen Durchmesser von 7 cm.

c) Der Boden einer Sporthalle mit 27 m Breite und 45 m Länge reicht nicht aus, um 320 000 Pappbecher so wie in Abbildung 1 nebeneinander aufzustellen.
Bestätige dies durch eine Rechnung.

Abbildung 1: Pappbecher nebeneinander aufgestellt

Ein Pappbecher hat die Form eines Kegelstumpfes (Abbildung 2). Das Volumen des Kegelstumpfes lässt sich mit der folgenden Formel berechnen:

$$V = (r_1^2 + r_1 \cdot r_2 + r_2^2) \cdot \frac{\pi \cdot h}{3}$$

d) Der Pappbecher hat folgende Maße:
   $r_1 = 3$ cm, $r_2 = 3{,}5$ cm und $h = 8{,}5$ cm.
   Bestätige mithilfe der angegebenen Formel, dass das Volumen eines solchen Bechers ca. 280 ml beträgt.

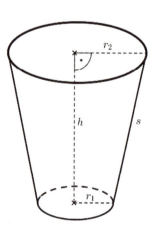

Abbildung 2: Kegelstumpf

e) Karin berechnet das Volumen näherungsweise mit der Formel für den Zylinder. Als Radius nimmt sie den Mittelwert der beiden Radien des Kegelstumpfes, die Höhe bleibt gleich.
Karin behauptet: „Das Ergebnis weicht um weniger als 1 % vom Ergebnis des Kegelstumpfvolumens ab." Hat sie recht? Begründe deine Antwort mit einer Rechnung.

Antwort: _____

Karin misst die Temperatur des Kaffees zu verschiedenen Zeiten. Sie stellt die Messwerte graphisch dar (Abbildung 3).
Der abgebildete Graph stellt eine gute Näherung für den Abkühlungsprozess dar.

f) Entscheide, welche Funktionsgleichung zu dem Graphen gehört. Begründe deine Entscheidung.

(I) $T_1(t) = 80 \cdot 0{,}94^t$

(II) $T_2(t) = 0{,}94^t + 80$

(III) $T_3(t) = 80 \cdot 1{,}8^t$

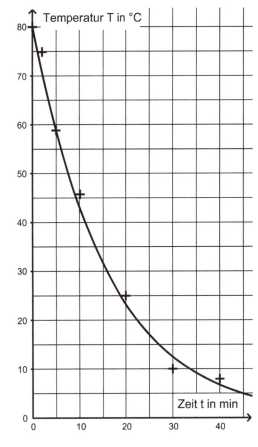

Abbildung 3: Temperatur des Kaffees zu verschiedenen Zeiten

Aufgabe 3: Sierpinski-Dreiecke

Die Sierpinski-Dreiecke entstehen folgendermaßen (Abbildung 1):
- Das Ausgangsdreieck ist ein gleichseitiges Dreieck (Figur 0).
- Die Mittelpunkte der Dreiecksseiten werden miteinander verbunden. Es entstehen vier kleine gleichseitige Dreiecke. Das mittlere Dreieck wird weiß gefärbt (Figur 1).
- Dieser Vorgang wird für alle schwarzen Dreiecke wiederholt (Figur 2, 3, 4, ...).

Figur 0   Figur 1   Figur 2   Figur 3   Figur 4

Abbildung 1: Sierpinski-Dreiecke, Figur 0 bis Figur 4

Jede Seitenlänge des Dreiecks in Figur 0 beträgt 10 cm.

a) Bestätige durch eine Rechnung, dass der Flächeninhalt des Dreiecks in Figur 0 $A_0 = 43{,}3 \text{ cm}^2$ beträgt (Abbildung 2).

Abbildung 2: Dreieck zu Figur 0

b) Begründe den folgenden Zusammenhang anhand der Abbildung 1:
Der Flächeninhalt aller schwarzen Dreiecke einer neuen Figur beträgt $\frac{3}{4}$ der Fläche der schwarzen Dreiecke der vorherigen Figur.

c) Der Flächeninhalt A_n aller schwarzen Dreiecke in Figur n kann mit folgendem Term berechnet werden: $43{,}3 \cdot 0{,}75^n$ (in cm²).
Bei welcher Figur n beträgt der Flächeninhalt aller schwarzen Dreiecke zum ersten Mal weniger als 4 cm²? Notiere dein Vorgehen.

Vera berechnet mit einer Tabellenkalkulation die Flächeninhalte der schwarzen Dreiecke.

	A	B	C	D	E
1	Figur	Anzahl der schwarzen Dreiecke	Fläche eines schwarzen Dreiecks [cm²]	Fläche aller schwarzen Dreiecke [cm²]	Anteil an der Gesamtfläche
2	0	1	43,300	43,300	1,000
3	1	3	10,825	32,475	0,750
4	2	9	2,706	24,356	0,563
5	3	27	0,677	18,267	
6	4	81	0,169	13,700	0,316
7	5	243	0,042	10,275	0,237
8	6	729	0,011	7,706	0,178

d) Berechne den fehlenden Wert in Zelle E5. Runde auf drei Nachkommastellen.

e) Betrachte die Zelle D3. Gib eine Formel an, mit der sich der Wert in dieser Zelle berechnen lässt.

= _____

f) Die Summe der Flächeninhalte der schwarzen und der weißen Dreiecke ergibt in jeder Figur zusammen 43,3 cm².
Wie entwickeln sich die Flächeninhalte der schwarzen und der weißen Flächen, wenn man die Figuren immer weiter fortsetzt? Beschreibe.

Zentrale Prüfung NRW Mittlerer Schulabschluss (MSA) 2017

Bearbeitungszeit: 1. Prüfungsteil 30 Minuten; 2. Prüfungsteil 90 Minuten

Prüfungsteil I

Aufgabe 1

a) Berechne die Länge der fehlenden Seite im Dreieck (Abbildung).

   Antwort: _____

b) Entscheide, ob ein Dreieck mit den Seitenlängen a = 6 cm, b = 8 cm und c = 10 cm rechtwinklig ist. Begründe deine Antwort.

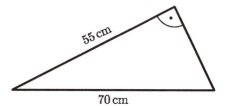

Aufgabe 2

Vergleiche die Zahlen und setze das Zeichen >, < oder = ein.

$\frac{5}{10}$ ☐ $\frac{5}{7}$ 0,05 ☐ $5 \cdot 10^{-3}$ $-0,1$ ☐ $-\frac{1}{10}$

Aufgabe 3

2015 wurde in Deutschland mit Produkten aus Fairem Handel ein Umsatz von 1,14 Milliarden Euro erzielt. Das Kreisdiagramm zeigt die Anteile verschiedener Produkte am Gesamtumsatz des Fairen Handels.

a) Berechne, wie hoch der Umsatz mit Kaffee in Milliarden Euro war.

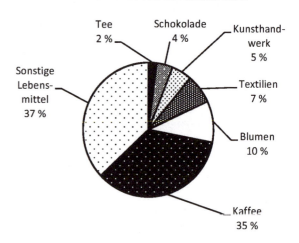

Anteile verschiedener Produkte am Gesamtumsatz des Fairen Handels 2015

b) Beurteile die folgenden Aussagen mithilfe des Kreisdiagramms.

Aussage	trifft zu	trifft nicht zu
Ein Zehntel des Gesamtumsatzes wurde mit Blumen erzielt.	☐	☐
Mehr als 40 % des Gesamtumsatzes wurden mit Kaffee und Tee erzielt.	☐	☐
Der Umsatz mit Textilien und Kunsthandwerk war dreimal so hoch wie mit Schokolade.	☐	☐

Quelle (Aufgaben): Qualitäts- und UnterstützungsAgentur – Landesinstitut für Schule, Soest 2017

Aufgabe 4

a) Löse das lineare Gleichungssystem. Notiere deinen Lösungsweg.

   I. 2x + y = 14

   II. 3x − 2y = 7

   Lösung: x = _____ y = _____

b) Begründe, warum das folgende lineare Gleichungssystem keine Lösung hat.

   I. y = 4x + 8

   II. y = 4x + 5

   Antwort: _____

Aufgabe 5

Frau Sommer hat ein Bekleidungsgeschäft. Für die Rabattaktion „10 % Rabatt auf alle Pullover" möchte sie die neuen Preise mit einer Tabellenkalkulation berechnen.

	A	B	C	D
1	**Rabatt in %**	10		
2	Produkt	alter Preis in €	Rabatt in €	neuer Preis in €
3	Pullover rot	39,99	4,00	35,99
4	Pullover schwarz	44,99	4,50	40,49
5	Pullover mit Kapuze	29,99	3,00	26,99
6	Pullover blau	18,99	1,90	17,09
7	Pullover gestreift	24,99	2,50	22,49

a) Entscheide, mit welchen Formeln man den Wert in Zelle D3 berechnen kann. Kreuze an.

Formel	geeignet	nicht geeignet
=B3*(1+B1/100)	☐	☐
=B3−C3	☐	☐
=B3*(1−B1/100)	☐	☐
=B3+C3	☐	☐

b) Der Wert in Zelle B1 wird erhöht. Wie verändert sich der Wert in Zelle D6? Beschreibe den Zusammenhang.

Antwort: _____

Stichwortverzeichnis

Ähnlichkeit 10, 29, 38, 64
Achsenabschnitt 21, 23, 60
Anteil 6, 11, 33, 44, 46, 48, 55, 59, 62, 63, 78, 81
antiproportionale Zuordnung 7, 20, 40
arithmetisches Mittel 10, 32, 38, 70, 82

Balkendiagramm 11, 33, 63
Baumdiagramm 50, 62, 67, 73, 78, 79
Boxplot 49, 70, 82
Bruchrechnen 6, 14, 36

Diagramm 11, 33, 36, 42, 43, 46, 48, 54, 55, 63, 66, 68, 79, 86
Dichte 39, 47, 53, 65, 77, 86
Dreieck 9, 26, 37, 61, 85
-, Flächeninhalt 9, 26, 37, 61, 71
-, Umfang 26
Dreisatz 20, 46, 51, 42, 55, 63, 77, 83
Durchschnitt 10, 18, 32, 42, 55
Durchmesser 28
Dynamische Geometrie-Software 10, 31

Ereignis 11, 34, 35, 48, 73
Ergebnis 11, 34, 35, 48, 67, 73

Flächeninhalt 9, 25, 26, 28, 36, 37, 40, 45, 49, 61, 71, 82, 83
-, Dreieck 9, 26, 37, 61, 71
-, Kreis 57, 64, 80, 85
-, Parallelogramm 9, 26, 61, 71
-, Quadrat 36, 47, 53, 64, 72
-, Raute 30
-, Rechteck 9, 25, 36, 45
-, Trapez 57, 61, 71, 82
Funktion 7, 8, 20, 21, 22, 23, 37, 38, 39, 40, 42, 43, 44, 45, 54, 55, 58, 60, 68, 79, 81, 84, 86
-, Graph 7, 8, 20, 21, 23, 38, 40, 42, 43, 44, 45, 54, 55, 58, 60, 79, 81

Gerade 8, 21, 23
Gleichung 6, 7, 8, 16, 19, 37, 41, 49, 50, 69, 72, 82, 84
Gleichungssystem 6, 16, 37
Größe 6, 17, 39

Halbkugel 42, 44, 53, 58
Häufigkeit
-, absolute 36, 41, 46, 62, 78, 81
-, relative 6, 11, 33, 36, 41, 46, 62, 78, 81

Kapital 6, 15, 38, 47, 50, 66, 74, 86
Kegel 44, 51, 53, 58, 64, 65, 72, 77, 85, 86
Koordinatensystem 9, 26, 37, 54, 81
Kreis 9, 28, 39, 44, 53, 57, 64, 75, 80, 85
Kreisdiagramm 11, 33, 36, 55
Kugel
-, Oberflächeninhalt 42, 53
-, Volumen 42, 44, 53, 58, 64

lineare Funktion 8, 23, 37, 38, 40, 81, 86

Mantel 28, 53
Maßeinheiten 6, 17, 39
Maßstab 43, 49, 51, 56, 71, 75, 85
Median 10, 32, 49, 70, 82
Mehrwertsteuer 7, 18
Mittelwert (arithmetischer) 10, 32, 38, 70, 82
Muster erkennen 69, 87

Netz 9, 28, 35, 39, 41, 67
Nullstelle 45, 60, 84

Oberflächeninhalt 9, 28, 39
-, Kegel 53, 72, 86
-, Kugel 42
-, Prisma 61, 82
-, Pyramide 64
-, Quader 42, 53, 64
-, Zylinder 9, 28, 39, 53, 72, 86
Ordnen (Zahlen) 6, 14, 36

Parabel 8, 21, 22, 38, 39, 45, 60, 84
Parallelogramm 9, 26, 61, 71
Pfadregeln 62, 67, 73, 78, 79
p-q-Formel 60
Prisma 45, 58, 61, 82
proportionale Zuordnung 7, 20, 40, 43, 55, 58, 63, 77, 81
Prozent 6, 15, 18, 24, 36, 38, 42, 44, 46, 48, 52, 55, 57, 59, 62, 63, 68, 74, 76, 78, 80, 81, 83, 86, 87
Pyramide 53, 64, 77
Pythagoras 10, 30, 37, 43, 45, 56, 57, 61, 72, 80, 85

Quader
-, Volumen 9, 27, 39, 42, 53, 58, 61, 64, 77
-, Oberflächeninhalt 27, 42, 53, 64
Quadrat 36, 47, 53, 64, 72
quadratische Funktion 8, 21, 22, 38, 39, 45, 60, 84
quadratische Gleichung 45, 50, 60, 72, 84
Quartil 49, 70, 82

Radius 28, 44, 47, 57, 65, 72, 85
Rechteck
-, Flächeninhalt 9, 25, 36, 45
-, Umfang 9, 25, 36, 64

Säulendiagramm 55, 70
Schätzen 6, 17, 49, 51, 71, 77, 83, 87
Scheitelpunkt 8, 22, 39, 45, 60
Sechseck 40, 57
Sinus 45, 51, 61, 75, 82
Spannweite 10, 32, 49, 70, 82
Steigung 23, 37, 38, 42, 54, 75
Strahlensatz 10, 29, 38
Streifendiagramm 11, 33, 36
Streuung 49, 70, 82

Tabellenkalkulation 7, 18, 40, 51, 76, 80
Tangens 45, 53, 61, 65, 75, 80, 82, 85
Term aufstellen 14, 19, 64, 69, 87
Texte erfassen 7, 19, 23, 41, 43, 44, 47, 49, 54, 59, 63, 69, 72, 81
Trapez 57, 61, 71, 82
Trigonometrie 45, 51, 53, 61, 75, 80, 82, 85

Umfang
-, Drachen 10, 30
-, Dreieck 26, 57
-, Kreis 28, 44, 57, 75, 85
-, Parallelogramm 61
-, Quadrat 36, 47, 64, 72
-, Raute 30
-, Rechteck 9, 25, 64

Verhältnisgleichung 10, 29, 46, 63
Vierfeldertafel 62, 81
Volumen 9, 39, 47, 51, 87
-, Kegel 44, 51, 53, 58, 64, 65, 72, 77, 85, 86
-, Kugel 42, 44, 53, 58, 64
-, Prisma 45, 58, 61, 82
-, Pyramide 53, 64
-, Quader 9, 27, 39, 42, 53, 58, 61, 64, 77, 87
-, Würfel 51, 64, 76
-, Zylinder 28, 39, 47, 51, 53, 65, 72, 77, 86, 87

Wachstum exponentiell 8, 24, 37, 47, 66, 68
Wahrscheinlichkeit 11, 34, 35, 38, 41, 48, 50, 67, 73, 78, 79
Wertetabelle 20, 24, 42, 45
Winkel 10, 31, 33, 41, 45, 51, 57, 61, 75, 82
Würfel
-, Volumen 64, 76

Zahlen
-, negative 6, 14, 36
-, positive 6, 14, 36
Zahlengerade 14, 36
Zahlenrätsel 16, 19, 49, 69, 72, 82
Zeit 17, 42
Zentralwert 10, 32, 49, 70, 82
zentrische Streckung 29, 57
Zinsen 6, 15, 24, 38, 47, 50, 66, 74, 86
Zufallsversuch 34, 35, 38, 41, 48
-, zweistufig 50, 62, 67, 73, 78, 79
Zuordnung 7, 8, 20, 21, 37, 38, 39, 40, 42, 43, 44, 54, 55, 79, 81
Zylinder
-, Oberflächeninhalt 9, 28, 39, 53, 72, 86
-, Volumen 28, 39, 47, 51, 53, 65, 72, 77, 86, 87